JN013682

おうちで作れる

世界のおやつ

本山 尚義

廣済堂出版

はじめに

世界はおいしいものにあふれてる！　そう思いませんか？　この本を手に取ってくださった方は、きっとそう思っていますよね！

私は世界のおいしい料理のことを考えるとワクワクします。世界の料理の本を眺めていたら、丸一日でも飽きません。

私は世界30カ国をバックパックを背負って旅し、現地の方とかかわりあいながら、各国の料理を学んできました。

料理は「想像する力」や「思いやる力」を養ってくれます。

今、世界の情勢は平和に向かっているでしょうか？　世界の料理は、自分の住む場所とは異なる土地に興味を抱く糸口になります。料理を通じて世界中の人が互いに興味をもち、思いやりあって、平和を実感できる世の中になることが私の望みです。

今回のテーマであるおやつは、料理のなかでもとくに普段着のリ

こんにちは！
本山です

ラックスタイムのメニューです。おやつからは、その国の人のいちばん素の状態の笑顔が感じられる気がします。遠い国の笑顔を思いやる気持ちが、平和の原動力になると思うのです。

本書では、日本国政府が承認している196カ国に、台湾・香港・マカオ・北朝鮮・パレスチナを加えた計201地域から、地元で親しまれているおやつを1点ずつご紹介します。ただ代表的なおやつを取り上げるというのではなく、1冊を通してなるべくバラエティ豊かなメニューが楽しめるよう、知恵を絞りました。

また、私がこれまでに出版した『全196カ国おうちで作れる世界のレシピ』『世界のおつまみレシピ』同様、日本で入手しやすい材料を使って、おうちで気軽に作れるよう、レシピを工夫しました。

世界のおやつを作りながら、路地裏の屋台を想像してください。オヤジと客とのにぎやかなやりとりやはしゃぎ回る子どもが目に浮かびませんか？　森の近くにある小さな家のテーブルを想像してください。そこでもオーブンからは同じ甘い匂いが漂っていて、ケーキが焼けるのを待つ人がいるのです。

さあ、世界のおやつを巡る旅を、ご一緒しましょう！

もくじ

EUROPE
ASIA
AFRICA
OCEANIA

本書の見方

日持ち

食べられる期間。

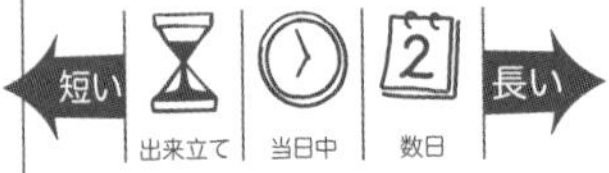

短い
2
長い
出来立て
当日中
数日

必ずシリカゲルを入れて密封し、冷蔵庫で保管を。メニューによっては、温め直しが必要。

アルコール

使っているお酒の量。

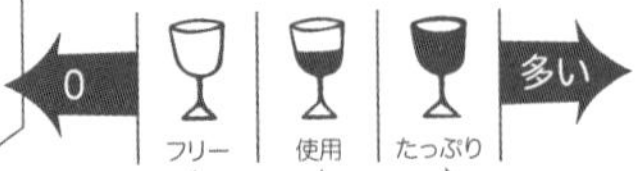

0
多い
フリー
使用
たっぷり

フリー：使っていない
使用：香りづけ程度
たっぷり：酔っ払い注意！

調理 40 min.
難易度 ほどほど
日持ち 当日中
アルコール フリー
生地が薄く、そしてとにかく大きいのが特徴。
ここではおかず系の具を合わせましたが、
リンゴやシロップ、粉糖などをトッピングすることも。
011
オランダ王国
パンネクック
トッピングが楽しい薄焼きパンケーキ
材料（4枚分）
生地
強力粉・薄力粉…各50g
もち粉…30g
ベーキングパウダー…小さじ¼
塩…小さじ½
卵…1個
牛乳…300ml
油…大さじ1
A
ロースハム…4枚（5mm幅の短冊切り）
ミックスチーズ…200g
作り方
❶生地の材料すべてをムラなく混ぜ合わせ、冷蔵庫で30分休ませる
❷フライパンに油を熱し、❶を¼ずつ流し入れ、中火で両面とも焼き色がつくまで焼く（目安は表3分、裏2分）
❸Aをのせて、230度のオーブンで約8分焼き、焦げ目をつける
★Aのロースハムの代わりに、ツナ、ソーセージ、サラダチキン、ゆでてつぶした卵でもおいしい
Advice 生地は、クレープよりも少し厚めだよ
027 ヨーロッパのおやつ

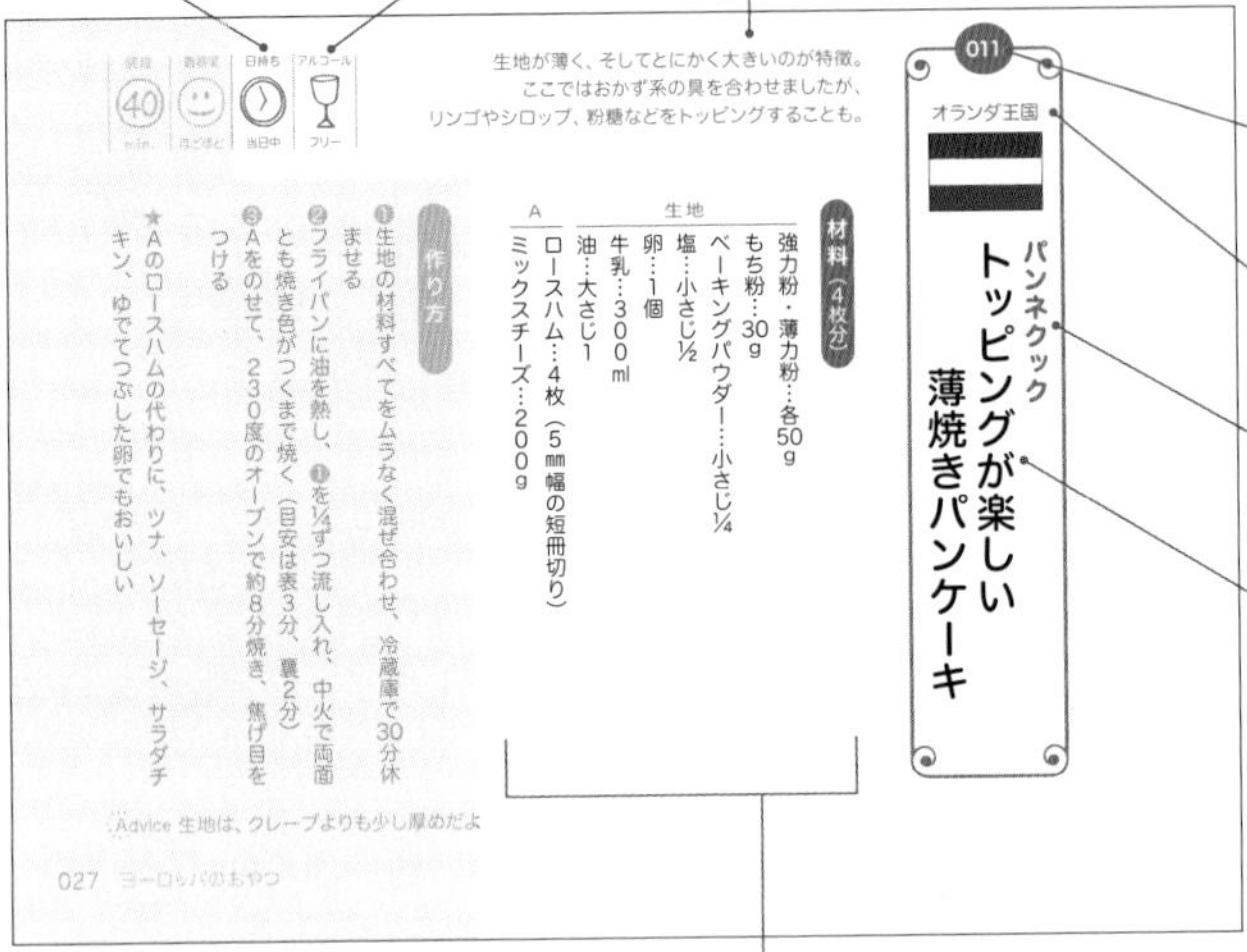

ミニ解説

通し番号

国名

現地名

メニュー

材料

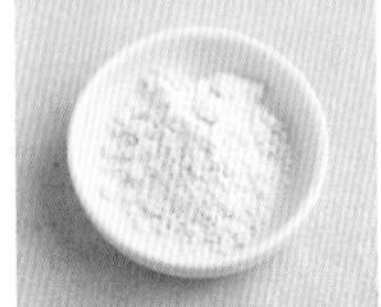

小麦粉
とくに断りがない場合は、薄力粉。

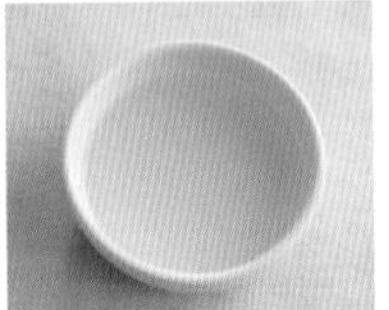

油
とくに断りがない場合は、サラダ油。

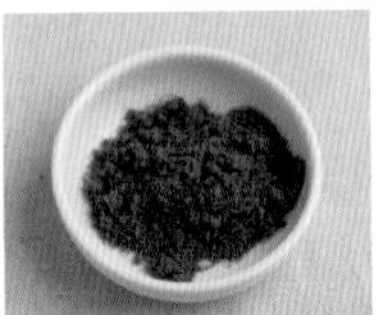

スパイス
とくに断りがない場合は、パウダー。

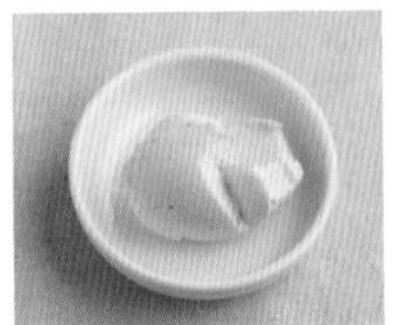

バター
スイーツ系では、無塩バターを使用。

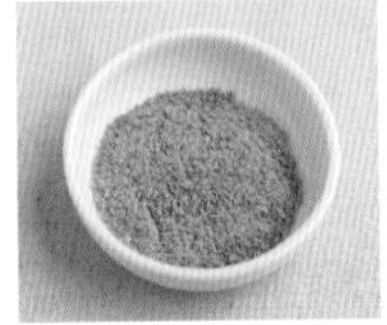

ブラウンシュガー
黒糖や砂糖で代用OK。

⇒分量の正しい計り方 P008

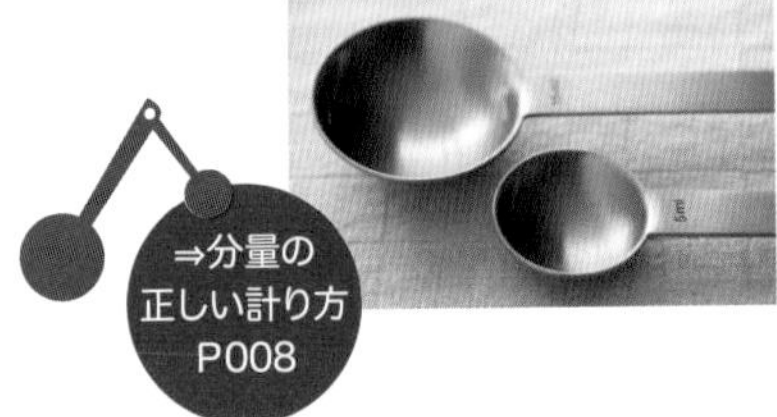

大さじ・小さじ
必ず計量スプーンを使い、正確に計りましょう。
そうでないと、ふくらまなかったり、固まらなかったりします。

調理

作業時間を分数で表示。直火やオーブン、電子レンジでの加熱時間は含まれますが、豆などを水に浸して戻したり、発酵させたり、冷蔵庫で冷やしたりする時間は含まれません。

難易度

調理の難しさ。

やさしい ← → 難しい

カンタン｜ほどほど｜チャレンジ

作り方

特殊な道具をなるべく使わず、手軽に作れる方法をご紹介しています。下記は、どのレシピにも共通して必要な作業です。個々には書いていませんので、ご注意ください。

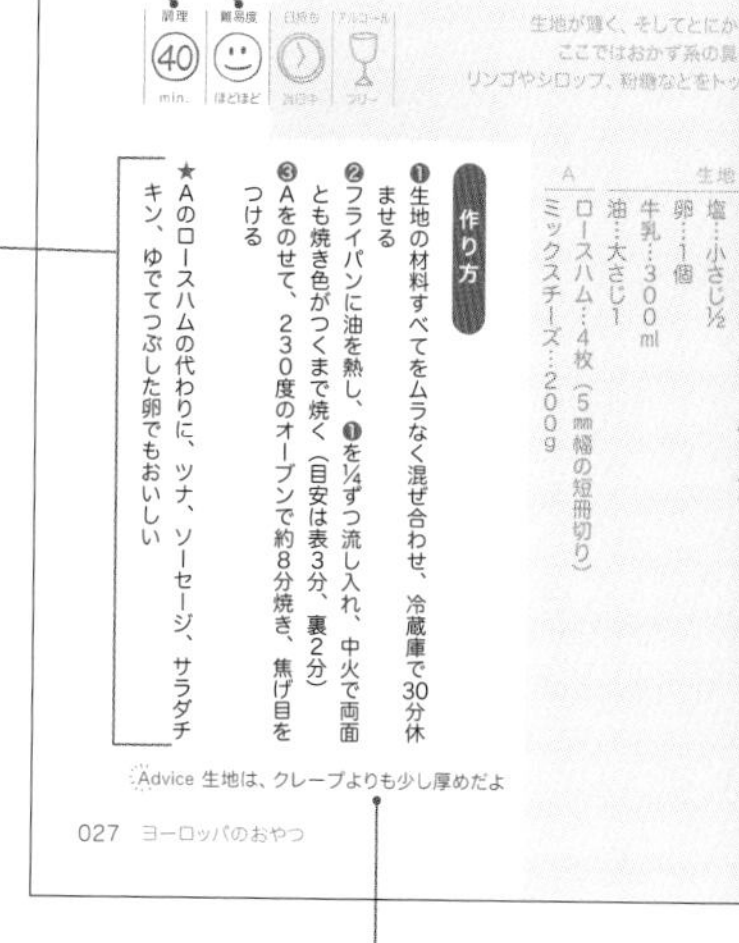

ワンポイントアドバイス

粉はふるう

粉（小麦粉、米粉、コーンスターチ、コーンフラワー、ベーキングパウダー、粉糖、ココア、抹茶）はふるっておきましょう。ベーキングパウダーは小麦粉と合わせてから一緒にふるいます。

型の下準備

ケーキ型や耐熱皿に生地を入れる場合は、オーブンシートを敷いておきましょう。ただし、型にバターを塗ったり、小麦粉をふったりする場合やシフォンケーキ（P125のエンゼルフードケーキなど）の場合は不要です。

電子レンジの温度

500Wを前提にしています。

オーブンの予熱

必ず、指定の温度に予熱しておきましょう。

珍しい食材が見つかるお店

カルディコーヒーファーム........https://www.kaldi.co.jp/
富澤商店……https://tomiz.com/
Amazon……https://www.amazon.co.jp/
楽天市場……https://www.rakuten.co.jp/

分量の正しい計り方

大さじ・小さじは必ず、軽量スプーンを使いましょう。食事用のスプーンでは正しく計れません。とくにお菓子類は、わずかな分量の違いで、ふくらまなかったり固まらなかったりするので、ご用心！

▼大さじ1・小さじ1

液体

表面張力でギリギリこぼれないところまで入れます。

粉末

ふんわりと山盛りにしてから、へらなどで表面をすりきります。

▼大さじ1/2・小さじ1/2

液体

底が丸いので 1/2 の深さではなく、2/3 の深さまで入れます。

粉末

ふんわりと山盛りにして表面をすりきってから、へらなどで半分量を取り除きます。

すりきり

▼ひとつまみ

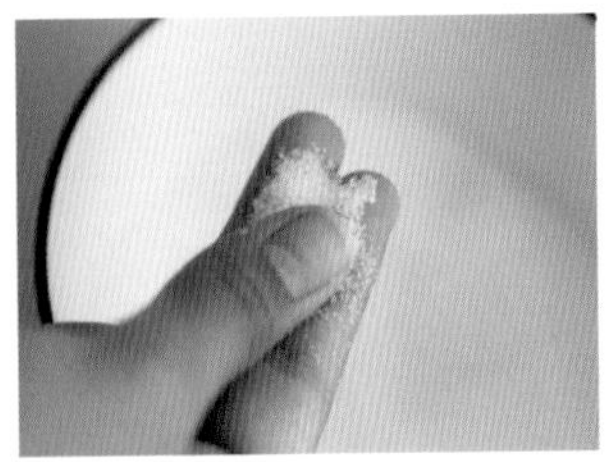

親指と人差し指と中指の３本でかるくつまみます。

▼少々

親指と人差し指の２本でかるくつまみます。

大さじ・小さじは何g？

分量は、キッチンスケールを使うと、より正確に計れます。

最初はめんどうに思えるかもしれませんが、コツをつかめばそうでもありません。お菓子類の場合は、わずかな量の違いで失敗しがちなので、とくにおススメです。

本書では少ない分量の場合、大さじ・小さじで表記していますが、下記の表でgに換算できます。

⇒キッチンスケールでの効率的な計り方P010

おもな材料の［大さじ・小さじ→g］換算表

	1杯あたり重量（g）大さじ	小さじ
水	15	5
薄力粉・強力粉	9	3
米粉	9	3
キャッサバ粉	9	3
コーンミール	11	4
コーンスターチ	6	2
ベーキングパウダー	12	4
ドライイースト	9	3
粉ゼラチン	9	3
砂糖	9	3
グラニュー糖	12	4
粉糖	9	3
ハチミツ	21	7
油	12	4
バター	12	4
塩	18	6
醤油	18	6
酢	15	5
レモン汁	15	5

	1杯あたり重量（g）大さじ	小さじ
ショウガ汁	15	5
ショウガ（すりおろし）	17	6
胡椒	6	2
ワイン・酒	15	5
牛乳	15	5
生クリーム	15	5
サワークリーム	13	4
スキムミルク	6	2
コンデンスミルク	21	7
ヨーグルト	15	5
クリームチーズ	15	5
粉チーズ	6	2
ココアパウダー	6	2
ゴマ	9	3
すりゴマ	8	2.5
きな粉	5	2
レーズン	12	4
イチゴジャム	21	7
ピーナッツバター	17	6

独立行政法人国立健康・栄養研究所『栄養摂取状況調査のための 標準的図版ツール（2009年版）』に基づく重量目安表（2009年版）などを参考に作成

キッチンスケールでの効率的な計り方

同時に加える材料は別々に計るのではなく、まず器をのせた状態でキッチンスケールの目盛りを0に合わせ、材料を次々に器に足していくとあまり手間がかかりません。

▼小麦粉 100g と砂糖 50g を計る場合

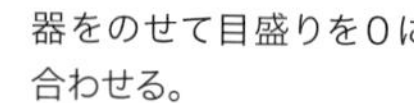

1 器をのせて目盛りを0に合わせる。

2 小麦粉をのせる。

3 そこに砂糖を加える。

電子レンジを使ったゼラチンのふやかし方

電子レンジで手軽にふやかせます。やりすぎると吹きこぼれるので、様子を見ながら 10 秒ずつ何回か加熱するのがコツ。計 20 秒が目安です。なお、本書では粉ゼラチンを使っています。

1 ゼラチンに水を加え、軽くかき混ぜる。

2 10 秒ずつ何回か加熱。写真はまだ再加熱が必要な状態。

3 この状態になればOK。

基本のホイップクリーム

生クリーム 100ml に砂糖小さじ 1 を加え、泡立てます。ハンドミキサーがあると楽です。市販のホイップクリームを使ってもOK。

▼8分立て

ツノが立つが、もち上げると先端がすぐにお辞儀するような状態。

▼10分立て

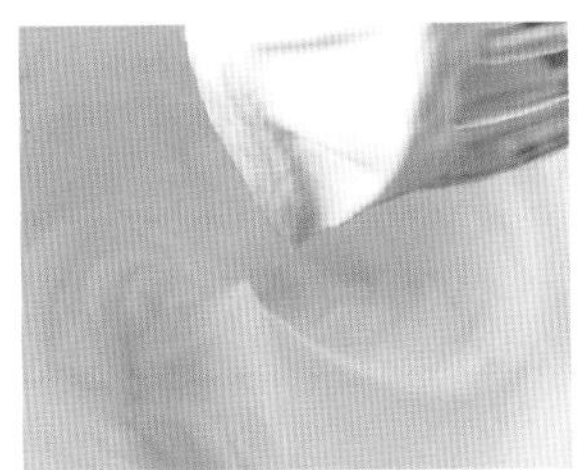

しっかりとツノが立つ状態。

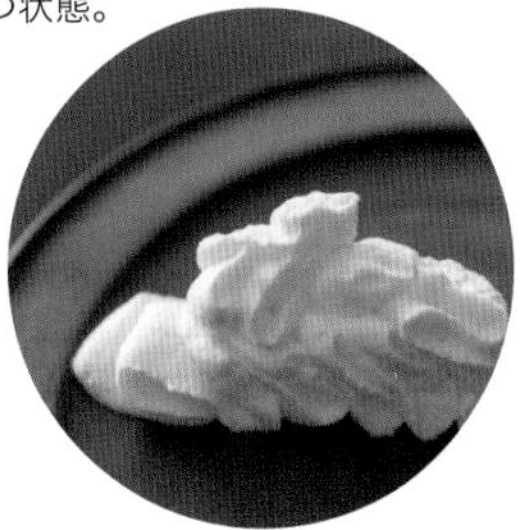

基本のカラメル

砂糖 200g と水 90ml を、フライパンで火にかけて作ります。市販のカラメルソースを使ってもOK。

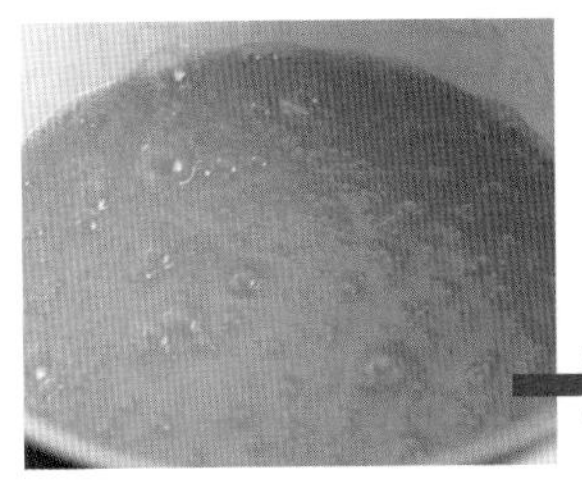

1 ゆすりながら強火で熱し、このように縁が焦げてきたらすぐに火からおろします。

2 このくらいの焦げ茶色になったら、湯を大さじ 1 ずつ、計 100ml 加えます。かなりはねるので、注意！

3 再沸騰させてよく混ぜ、火を止めて、粗熱を取れば、できあがり。

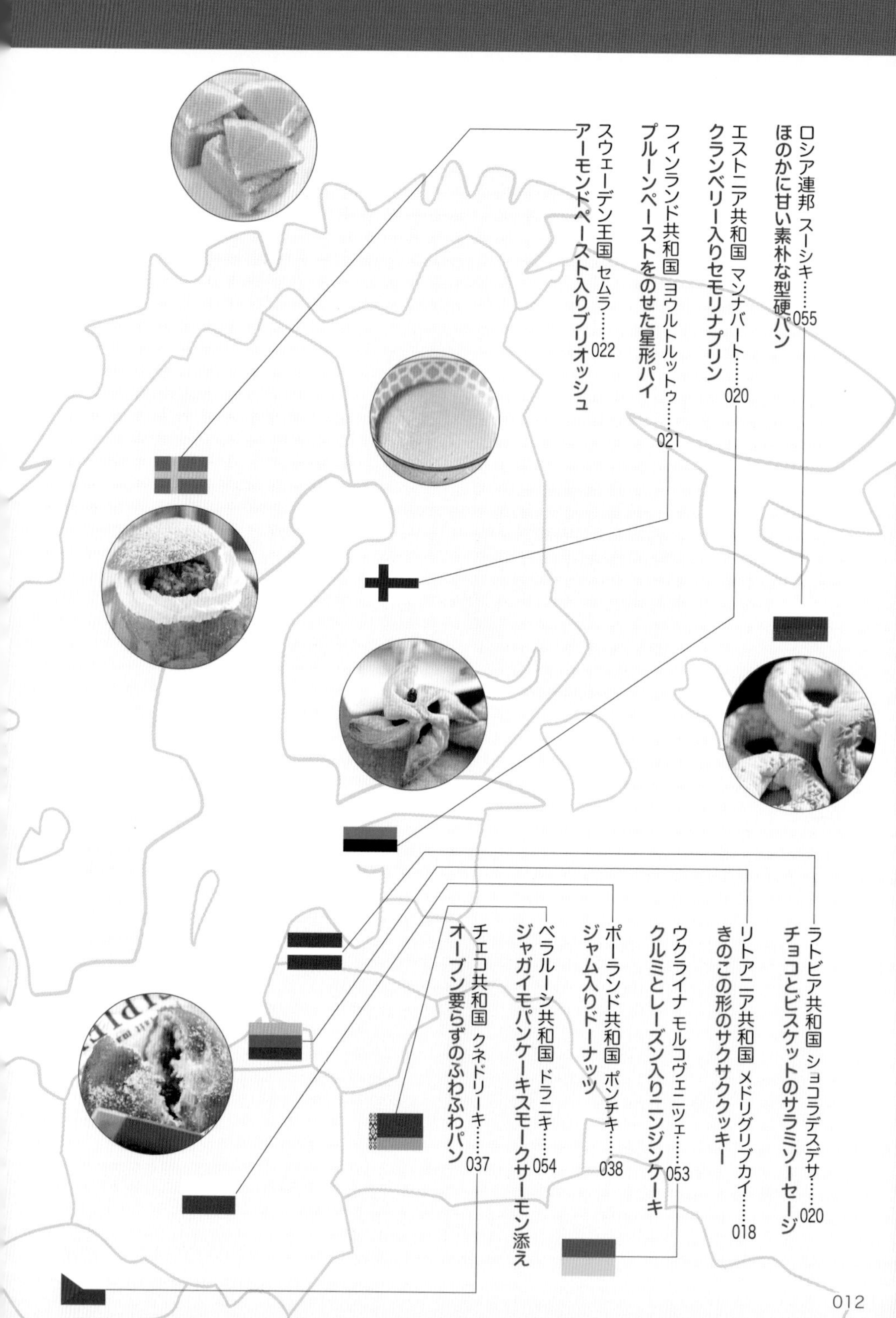
ロシア連邦 スーシキ……055
ほのかに甘い素朴な型硬パン
エストニア共和国 マンナバート……020
クランベリー入りセモリナプリン
フィンランド共和国 ヨウルトルットゥ……021
プルーンペーストをのせた星形パイ
スウェーデン王国 セムラ……022
アーモンドペースト入りブリオッシュ
ラトビア共和国 ショコラデスデサ……020
チョコとビスケットのサラミソーセージ
リトアニア共和国 メドリグリブカイ……018
きのこの形のサクサククッキー
ウクライナ モルコヴェニツェ……053
クルミとレーズン入りニンジンケーキ
ポーランド共和国 ポンチキ……038
ジャム入りドーナッツ
ベラルーシ共和国 ドラニキ……054
ジャガイモパンケーキスモークサーモン添え
チェコ共和国 クネドリーキ……037
オーブン要らずのふわふわパン

EUROPE

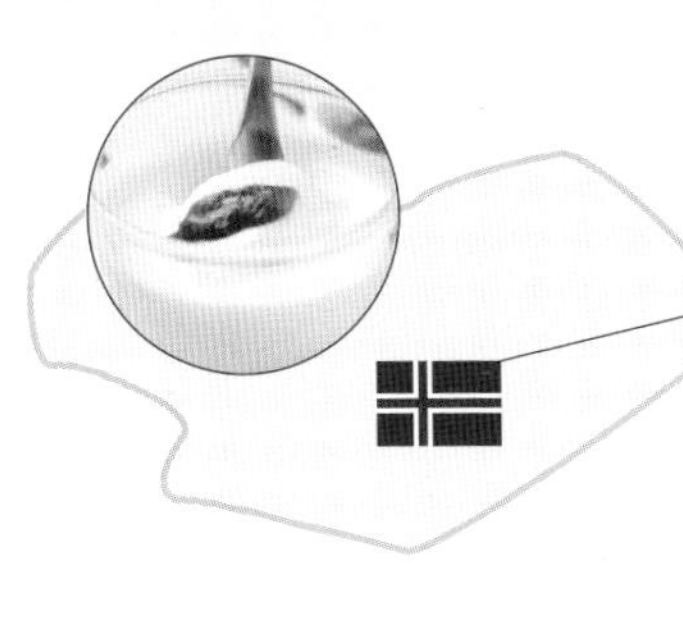

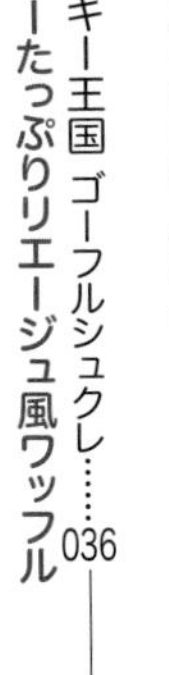

アゼルバイジャン共和国 フィルニ……055
シナモンバター風味の米粉プリン

アルメニア共和国 ガパマ……058
カボチャのドライフルーツごはん詰め

ジョージア ハチャプリ……056
半熟卵とろけるチーズパン

モルドバ共和国 コスマルイグクタ……052
チェリー入りクレープのサワークリームサンド

キプロス共和国 シュシュコ……059
アーモンド入りブドウのグミ

ルーマニア アルバカザパダ……051
レモンバタークリームのクッキーサンド

ハンガリー ペイグリ……040
ケシの実ペースト入りロールケーキ

セルビア共和国 ギバニッツア……041
チーズたっぷりパートフィロのパイ

右下参照

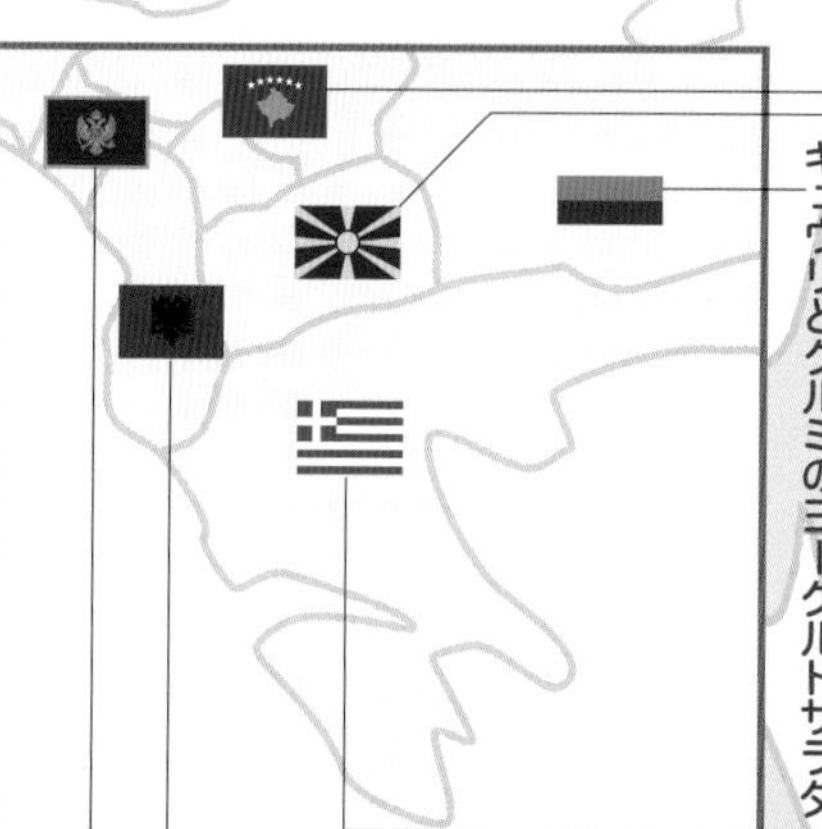

コソボ共和国 ブレク……049
ミンチとポテトの焼き春巻き

北マケドニア共和国 ティクヴァルニク……050
カボチャの焼きプリン

モンテネグロ カカマック……047
チーズとベーコン入りコーンミール粥

アルバニア共和国 キーフキ……048
ライスコロッケのピリ辛焼きナスソース

ギリシャ共和国 ポルトカロピタ……060
サクサクパイのオレンジシロップ漬け

ブルガリア共和国 スネジャンカ……050
キュウリとクルミのヨーグルトサラダ

EUROPE

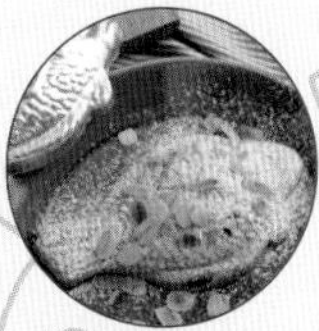

オーストリア共和国 ヴィンナショコラーデ……036
卵黄入りチョコドリンク

スロバキア共和国 ブブラニナ……039
ベリーたっぷりふんわりスフレ

アンドラ公国 クレマアンドラーナ……065
カスタードのふわふわメレンゲのせ

スペイン王国 ピオノノ……066
カスタード入りひと口ロールケーキ

ポルトガル共和国 パンデロー……065
卵たっぷり半熟カステラ

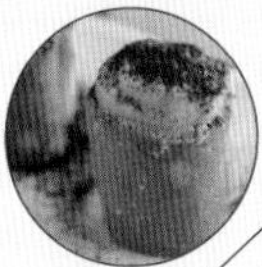

マルタ共和国 ランプキーパイ……061
魚とほうれん草のパイ

ボスニア・ヘルツェゴビナ トゥファヒジェ……046
クルミ入りアップルコンポート

クロアチア共和国 ブレスクヴィッツェ……044
クルミ入り桃クッキー

サンマリノ共和国 ブストゥレンゴ……064
ドライフルーツ入りライスプディング

バチカン市国 ホスチア……059
ミサ用薄焼きパン

スロベニア共和国 クレムナレジナ……042
カスタードプディングパイ

イタリア共和国 カンノーロ……062
リコッタクリーム入り揚げクッキー

リヒテンシュタイン公国 エイプリルクグロフ……031
エイプリルフールの魚ケーキ

スイス連邦 エンガディナー……034
クルミぎっしりキャラメルタルト

モナコ公国 フーガスデモナコ……033
アニスとナッツのパリパリパン

フランス共和国 ギモーヴ……032
フルーツマシュマロ

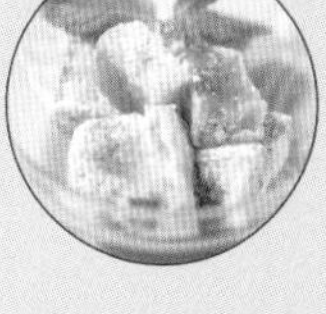

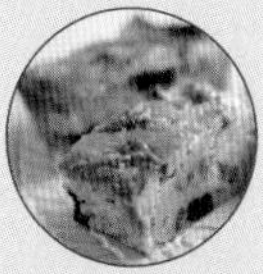

おうちで作ろう！ヨーロッパのおやつ

EUROPE

さすがは宮廷料理人が技を競い合い、究極の美味を追求してきた土地柄。普段着のおやつにもどこか、その洗練されたセンスが漂います。クリスマスなどの行事メニューはとくに、見た目もカワイイ！

じゅわじゅわ
ジューシー

調理	難易度	日持ち	アルコール
30 min.	 ほどほど	 2 数日	フリー

この国で、子どもが自分で初めて作るおやつといえばコレ、と言われるほど、超カンタン！あっさりサッパリ食べられるひんやりメニュー。

001

英国

ベリーシロップの食パンプディング

サマープディング

材料（15㎝角の器1個分）

冷凍ミックスベリー…400g
グラニュー糖…100g
食パン…薄切り3枚
ミント…適宜

作り方

❶食パンの耳を切り落とし、縦3等分にカットしておく
❷ミックスベリーとグラニュー糖を中火で約20分煮込む
❸漉してシロップと果実に分け、飾り用に果実を少し取り分けておく
❹❶を❸のシロップに浸してから、ラップを敷いた器の内側に敷き詰める
❺❸の果実を詰めてラップをかけ、皿などで重しをして、冷蔵庫でひと晩休ませる
❻器から取り出し、ミックスベリーとミントを飾る

Advice ❸のシロップは炭酸で割って飲んでもおいしいよ！

きのこの山が
おうちで作れちゃう

002

リトアニア共和国

メドリグリブカイ
きのこの形のサクサククッキー

クリスマスの頃によく作られるという伝統菓子。軽いビスケットにレモン風味の砂糖衣とチョコレートで飾りつけをします。

調理 40 min. 難易度 ほどほど 日持ち 2 数日 アルコール フリー

材料（8個分）

A
- 砂糖…50g
- バター…50g
- ハチミツ…小さじ1
- シナモン…小さじ½
- ナツメグ…少々

B
- 小麦粉…200g
- ベーキングパウダー…小さじ½

C
- 卵…1½個
- サワークリーム…25g
- 粉糖…100g

D
- 卵白…1個分
- レモン汁…小さじ1
- ダークチョコレート…200g

作り方

❶Aを混ぜ合わせて煮溶かす
❷ボウルでBを混ぜ合わせ、❶を加える
❸Cを加え、なめらかになるまで混ぜ合わせる
❹きのこの軸形と笠形のものを8個ずつ作り、オーブンシートにのせて、180度のオーブンで15分焼く
❺Dをよく混ぜておく
❻ダークチョコレートを湯せんまたは電子レンジで溶かす
❼❹の軸のクッキーには❺、笠のクッキーには❻を塗り、接合部分には❻を接着剤としてピンセットか箸でつけて、キノコの形にする

Advice 小さく作ったほうが、きのこの山っぽくなるよ！

私の世界料理修行❶

世界30カ国でアポなし修行

●私には1996年から約3年間、アジア・ヨーロッパ・アフリカの30カ国で、アポなし飛びこみの料理修行をした経験がある。また、帰国後の国内でも、外国の方を積極的に探してはふるさとの味を教えてもらっている。

当然、いつもうまくいくとはかぎらない。失敗も命の危険を感じる大ピンチもあった。このコラムでは、そんなエピソードや料理を快く教えてもらうコツなどを紹介していきたいと思う。

ジブラルタル海峡を渡るフェリーにて

003

ラトビア共和国

ショコラデスデサ
チョコとビスケットのサラミソーセージ

砕いたビスケットとチョコなどを冷やし固めただけ。お茶のお供にもウイスキーのアテにもピッタリで日持ちもよいので、冷蔵庫に常備したくなります。

調理 20 min.　難易度 カンタン　日持ち 2 数日　アルコール フリー

材料（長さ15㎝1本分）

- ビスケット…100g
- マーマレード…50g
- A
  - 卵…½個
  - 砂糖…大さじ1⅔
  - 溶かしバター…大さじ3
- ココアパウダー…大さじ3

作り方

1. ビスケットを粉々に砕き、マーマレードを混ぜ合わせておく
2. Aを混ぜ合わせて、とろみがつくまで弱火にかける
3. そこにココアパウダー、1の順に加え、混ぜ合わせる
4. ラップでソーセージ状に包み、冷蔵庫で冷やし固める

004

エストニア共和国

マンナバート
クランベリー入りセモリナプリン

セモリナ粉というひきわり小麦のお粥を冷やしたもの。世界中にセモリナプリンを愛する地域は多いのですが、ベリー味は北欧の特徴。さわやかな夏のデザートです。

調理 10 min.　難易度 カンタン　日持ち 2 数日　アルコール フリー

材料（2杯分）

- クランベリージュース…200㎖
- セモリナ粉…20g
- 砂糖…小さじ2

作り方

1. 材料すべてを中火にかける
2. とろみがついてきたら弱火にし、混ぜながらさらに5分煮込む
3. 器に移し、冷蔵庫でよく冷やす

やさしい甘さ

005

フィンランド共和国

ヨウルトルットゥ
プルーンペーストをのせた星形パイ

調理	難易度	日持ち	アルコール
30 min.	ほどほど	2 数日	フリー

直訳すれば、クリスマスのタルトという名のパイ菓子。
その形はクリスマスの星を表しています。
サンタクロースのふるさとで愛される聖夜の定番です。

材料（8個分）

プルーン…2個
強力粉…適宜
冷凍パイシート…100g
粉糖…適宜

作り方

❶プルーンを3分ゆで、種を取り除いて細かく刻む
❷強力粉をふった台の上にパイシートを広げ、いったん三つ折りにしてから前の大きさになるまでのばし、90度回転させてまた同じことをくり返す
❸❷をビニール袋に入れて冷蔵庫で30分休ませる
❹一辺5㎝の正方形に切りわける
❺それぞれ四角から中心に向けて深さ2・5㎝の切り込みを入れ、中心に❶をのせる
❻各切り込みの左側の先端を正方形の中心に折り返すと星の形になる
❼オーブンシートにのせ、220度のオーブンで10〜15分、色がつくまで焼く

Advice ❻で右側の先端が折れ曲がらないように注意して！

コーヒーに
ピッタリ！

006

スウェーデン王国

セムラ
アーモンドペースト入りブリオッシュ

昔は、イースター前に断食をする習慣があり、
これは断食前のごちそうのひとつとして食されたとか。
その習慣が消えた今も、冬のスイーツとして人気です。

調理	難易度	日持ち	アルコール
30 min.	チャレンジ	当日中	フリー

材料（6個分）

- バター…100g
- 牛乳…75ml
- ドライイースト…小さじ1⅔
- A
  - 強力粉…150g
  - 薄力粉…100g
  - 塩…小さじ¼
  - カルダモン…小さじ½
- 溶き卵…½個分
- 溶き卵（ツヤ出し用）…適宜
- アーモンドパウダー…200g
- B
  - 砂糖…35g
  - 牛乳…大さじ1
- ホイップクリーム（作り方P011）…適宜
- 粉糖…適宜

作り方

❶バターと牛乳を温め、ドライイーストを加える
❷Aを混ぜて❶と溶き卵を加え、よく混ぜる
❸ラップをして暖かいところで休ませ、2倍にふくらんだらゲンコツで叩いてガスを抜く
❹再びラップをして暖かいところで休ませ、2倍にふくらんだらまたゲンコツで叩いてガスを抜いてから、6等分してそれぞれを丸め、オーブンシートにのせる
❺暖かいところで約10分、また2倍にふくらむまで休ませてから表面に溶き卵を塗り、190度のオーブンで12分焼く
❻アーモンドパウダーを炒って冷ます
❼Bを加え、ペースト状にする
❽❺の上を少しカットし、❼を詰め、ホイップクリームを絞り、カットした部分でフタをして、粉糖をふる

Advice アーモンドパウダーがないときはアーモンドを細かく砕いて

私の世界料理修行❷

オランダ屋台の〝企業秘密〟

●オランダでは、屋台料理の一つであるキベリングにハマった。キベリングとは、タラのフライのタルタルソース添え。サクサクとした生地に包まれたジューシーなタラをたっぷりのタルタルソースで食べる。ハイネケンビールとの相性もバツグンだ。

ある屋台に狙いをつけ、おじさんに直談判する。「日本で料理人をしているのだが、作り方を教えてくれないか？」。おじさんは感心した表情でこう言った。「手順はいいが、味つけはダメ。あんたも料理人ならわかるだろ？」。この〝企業秘密〟は料理修行最大の難関。このときにかぎらずその後も幾度となく私を苦しめた。

甘じょっぱさがクセになる

007

ノルウェー王国

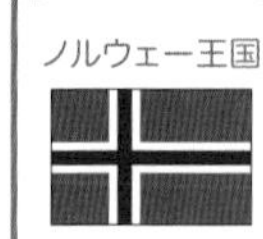

レフセ

しっとり食感のジャガイモ入りクレープ

地域によっていろんなバリエーションがあり、ごく薄いものや、生地にジャガイモを入れないもの、サーモンなどのおかず系の具を挟むものまでさまざま。

調理 30 min.　難易度 ほどほど　日持ち 出来立て　アルコール フリー

材料（4枚分）

牛乳…200ml
生クリーム…70ml
卵…1個
砂糖…65g

A
ジャガイモ（ゆでてつぶしたもの）…50g
小麦粉…50g
ベーキングパウダー…小さじ1

バター…125g

B
粉糖…150g
バニラエッセンス…少々
シナモン…少々

ブラウンチーズ（なければその他のチーズ）…適宜

作り方

❶牛乳と生クリームを混ぜておく
❷卵と砂糖を白っぽくなるまで混ぜ合わせ、❶とAを加えて、さらに混ぜ合わせる
❸室温に戻したバターにBを加え、よく混ぜておく
❹油（分量外）をひいたフライパンに❷を¼ずつ入れ、弱めの中火で両面とも焼き色がつくまで（目安は表3分、裏2分）焼いたものを、4枚作る
❺4枚に❸を塗り、チーズをのせる

Advice ジャガイモはなるべくなめらかになるまでつぶしておこう

チーズの塩気が隠し味

008

アイルランド

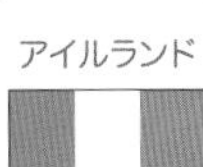

ギネスチョコレートケーキ

黒ビール入り大人のチョコレートケーキ

あのギネスビールを練り込んだケーキ。
それに由来するほどよい苦みが、おいしさの秘密です。
上のクリームは、ビールの泡を表現しているのかも!?

調理  60 min.
難易度  ほどほど
日持ち  2 数日
アルコール  使用

材料（18㎝のケーキ型）

- ギネスビール…125ml
- バター…125g
- ココアパウダー…40g
- 砂糖…100g
- A
  - サワークリーム…80g
  - 卵…1個
  - バニラエッセンス…少々
- B
  - 小麦粉…130g
  - ベーキングパウダー…小さじ1
- クリームチーズ…100g
- C
  - 粉糖…60g
  - 生クリーム…大さじ4

作り方

❶ギネスビールとバターを合わせて煮溶かし、ココアパウダーと砂糖を加えて混ぜておく
❷Aを混ぜ合わせ、❶を加えてさらによく混ぜる
❸Bを加えて、さっくりと混ぜ合わせる
❹型に流し入れ、180度のオーブンで45分焼く
❺クリームチーズを電子レンジで20秒加熱して柔らかくし、Cを混ぜ合わせる
❻❹の粗熱が取れたら型から出し、❺をかける

Advice ギネスじゃない黒ビールを使ってもOK

009

アイスランド共和国

スキール
クリームチーズ入り濃厚ヨーグルト

本来はレンネットという酵母を使って作られる乳製品。ここでは日本にある材料でその味を再現してみました。シリアルやパン粥に添えても、おいしくいただけます。

調理	難易度	日持ち	アルコール
5 min.	カンタン	当日中	フリー

材料（4杯分）

ヨーグルト…200g
クリームチーズ…30g
生クリーム…大さじ1
ハチミツ…適宜
お好みのジャム…適宜

作り方

❶ザルにキッチンペーパーを敷いてヨーグルトをのせ、冷蔵庫で5時間置く
❷ボウルに移し、電子レンジで少し柔らかくしたクリームチーズと生クリームを加え、よく混ぜる
❸グラスに移し、お好みでハチミツやジャムをかける

かすかに塩味

010

デンマーク王国

イマーファメーシュ
ヨーグルトムースのラズベリーソース添え

本来はイマー（ymer）という乳製品で作るのですが、日本では手に入らないので、ヨーグルトで代用。イマーとは北欧神話の巨人ユミルのことでもあります。

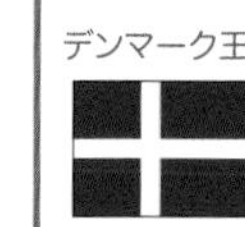
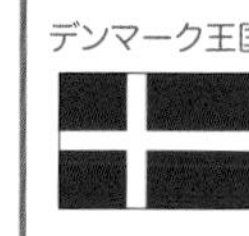

調理	難易度	日持ち	アルコール
20 min.	カンタン	当日中	フリー

材料（2杯分）

冷凍ラズベリー…50g
砂糖…50g
A 生クリーム…50ml
A バニラエッセンス…少々
A 砂糖…大さじ1
ヨーグルト…250g
ミント…適宜

作り方

❶冷凍ラズベリーと砂糖を約10分煮、粗熱をとってから冷蔵庫で冷やしておく
❷Aを混ぜ合わせ、すくったら柔らかいツノが立つようになるまで泡立てる
❸ヨーグルトを加え、よく混ぜる
❹器に盛りつけ、❶のソースをかけてミントを飾る

おつまみにも◎

011

オランダ王国

パンネクック
トッピングが楽しい薄焼きパンケーキ

生地が薄く、そしてとにかく大きいのが特徴。
ここではおかず系の具を合わせましたが、
リンゴやシロップ、粉糖などをトッピングすることも。

調理	難易度	日持ち	アルコール
 40 min.	ほどほど	 当日中	フリー

材料（4枚分）

生地
- 強力粉・薄力粉…各50g
- もち粉…30g
- ベーキングパウダー…小さじ¼
- 塩…小さじ½
- 卵…1個
- 牛乳…300ml
- 油…大さじ1

A
- ロースハム…4枚（5mm幅の短冊切り）
- ミックスチーズ…200g

作り方

❶生地の材料すべてをムラなく混ぜ合わせ、冷蔵庫で30分休ませる

❷フライパンに油を熱し、❶を¼ずつ流し入れ、中火で両面とも焼き色がつくまで焼く（目安は表3分、裏2分）

❸Aをのせて、230度のオーブンで約8分焼き、焦げ目をつける

★Aのロースハムの代わりに、ツナ、ソーセージ、サラダチキン、ゆでてつぶした卵でもおいしい

Advice 生地は、クレープよりも少し厚めだよ

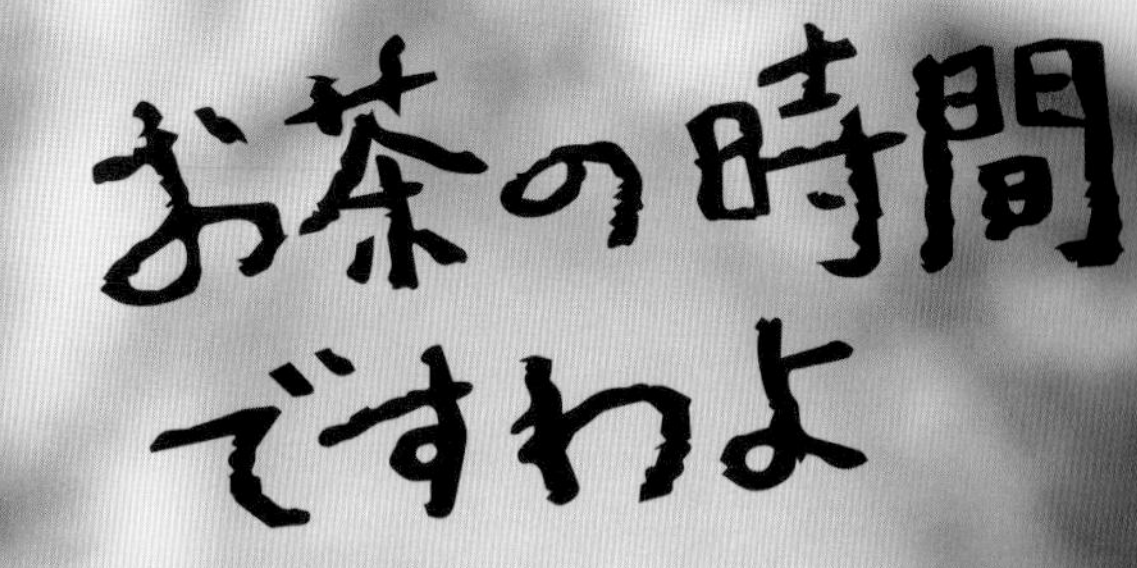
お茶の時間
ですわよ

ドイツ連邦共和国

フランクフルタークランツ
バタークリームたっぷりのふんわりケーキ

「フランクフルトの花輪」という名のリング型ケーキ。ホールケーキの華やかさがあるうえ、日持ちもいいので持ち寄りパーティーの手みやげにピッタリ。

調理 60 min.　難易度 チャレンジ　日持ち 2 数日　アルコール フリー

材料（18㎝のリング型）

A
- バター…大さじ1⅔
- 牛乳…大さじ1
- 卵…2個

B
- 卵黄…1個分
- グラニュー糖…60g
- 小麦粉…60g

C
- コーンスターチ…50g
- 卵…1個

- グラニュー糖…大さじ2
- 牛乳…100㎖
- バター…150g（室温に戻しておく）

D
- アーモンドダイス…100g
- グラニュー糖…50g
- 水…大さじ3

作り方

❶Aを電子レンジで5〜10秒加熱し、溶かしておく
❷Bをもったりするまで泡立てて、ふるって混ぜ合わせたCを加える
❸型に流し込み、180度のオーブンで25分焼く
❹卵とグラニュー糖をもったりするまで混ぜ合わせ（ハンドミキサーがあると楽）、温めた牛乳を少しずつ加える
❺とろみがつくまで弱火で温めてから、室温まで冷ます
❻バターに❺を2、3回に分けて加える
❼Dをフライパンに入れて中火にかけ、白っぽくなるまで熱する
❽❸を上下半分にカットして2層にし、層の間と表面にたっぷり❻を塗り、❼をまんべんなくまぶす

私の世界料理修行❸

ドイツビールとソーセージの報い

●インドの旅でフランクフルトに住んでいるという日本人と親しくなり、彼が「ドイツに来たら、ぜひウチに泊まってくれ」といってくれた。その言葉に甘えて、のちに2週間ほど居候させてもらった。

ドイツでの楽しみといえば、やっぱりソーセージとビール。宿主の彼が毎日、郷土料理のおいしいお店やビヤホールに連れていってくれた。アイスバインやシュバイネハクセといったさまざまな豚肉料理の味わい、本場のソーセージの肉汁のうま味、クラフトビールのコクに感動し、至福の日々だった。ただ、3キロの体重増加という厄介なおまけもついてきたのだが。

ファイン！
（美味）

Advice ❺のクリームが温かいうちはバターと混ぜちゃダメ！

おニ人、爆睡中？

ボックスメンチェン
聖ニコラの日の人形パン

12月6日、聖ニコラの日に作られる人型パン。聖ニコラは、飢餓のために殺された子どもを蘇らせたと言われており、それがこのパンの由来という説も。

調理  20 min.
難易度  チャレンジ
日持ち  数日
アルコール フリー

材料（2個分）

生地
- 強力粉…125g
- バター…50g
- 卵…½個
- 砂糖…大さじ1⅓
- 塩…小さじ½
- ドライイースト…小さじ1
- 40度の湯…大さじ2½

- 溶き卵（ツヤ出し用）…適宜
- レーズン…適宜

作り方

❶生地の材料すべてをよく練り合わせ、ラップをして暖かいところで休ませる
❷2倍にふくらんだら台の上でのばし、ゲンコツで叩いてガスを抜いてから再びラップをして暖かいところで休ませる
❸再び2倍にふくらんだら台の上に取り出し、ゲンコツで叩いてガスを抜いてから、6等分して人型に成形し、オーブンシートにのせる
❹また暖かいところで休ませ、2倍にふくらんだら、レーズンを胸ボタンの位置に飾り、溶き卵を塗って180度のオーブンで12分焼く

Advice 生地はなめらかになるまでしっかり練り合わせて！

洋風たい焼き?!

014

リヒテンシュタイン公国

エイプリルクグロフ
エイプリルフールの魚ケーキ

ヨーロッパには、4月1日のエイプリルフールに魚料理や魚の形の菓子を食べる習慣があり、その一つ。アーモンドをウロコに見立てています。

調理 40 min.｜難易度 ほどほど｜日持ち 2 数日｜アルコール フリー

材料（かれいケーキ型＝150ml相当）

強力粉…110g
卵黄…1個分
牛乳…50ml
砂糖…大さじ2¼
塩…ひとつまみ
ドライイースト…小さじ⅔
（以上A）

バター…大さじ2
レーズン…大さじ2
スライスアーモンド…適宜
粉糖…適宜

作り方

❶Aを混ぜ合わせ、まとまったらバターを加える
❷薄い膜ができるまでしっかり混ぜ、レーズンを加える
❸ラップをして、暖かいところに置き、2～2・5倍になるまで約1時間休ませる
❹型にバター（分量外）を塗って小麦粉（分量外）をふる
❺❸をゲンコツで叩いてガスを抜いてから丸め、型に入れる
❻200度のオーブンで20分焼く
❼スライスアーモンドと粉糖で飾りつける

Advice この型は久保寺軽金属工業所製。楽天市場などで買えるよ！

ふるっふる

015

フランス共和国

ギモーヴ

フルーツマシュマロ

卵白を使うマシュマロと違い、ゼラチンで固めます。
ここではジャムを使いましたが、
生のフルーツを煮詰めて作るとよりフルーティーに。

調理 15 min.

難易度 カンタン

日持ち 数日

アルコール フリー

材料（約16個）

ゼラチン…10g
水…80㎖
お好みの果物ジャム…100g
ハチミツ…30g
レモン汁…小さじ1
コーンスターチ…適宜

作り方

❶ゼラチンを水でふやかしておく（P010）
❷ジャム、ハチミツ、レモン汁を混ぜ合わせ、❶も加える
❸高速のハンドミキサーで8分間混ぜ合わせる（泡立て器の場合は、できるだけ素早く表面が白っぽくなるまで混ぜる）
❹バットに流し入れ、冷蔵庫で冷やす
❺冷めてから2㎝角に切り分け、くっつきあわないようにコーンスターチをまぶす（壊れやすいので、扱いに注意！）

Advice 混ぜ合わせる時はできるだけ手早く！

オリエンタルな香り

016

モナコ公国

フーガスデモナコ
アニスとナッツのパリパリパン

フーガスとは、葉っぱ型の平たいパンの一種で、
フランスのプロヴァンス地方が有名です。
それに対して、アニスとたっぷりのナッツがモナコ流。

調理	難易度	日持ち	アルコール
		 	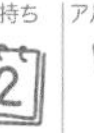
min.	ほどほど	数日	使用

材料（2枚分）

A
- 小麦粉…100g
- ドライイースト・塩…各小さじ¼
- ぬるま湯…50㎖
- オリーブオイル・レモンの皮（すりおろし）・ラム酒・アニスリキュール・アニスシード…各小さじ½
- バター…大さじ½

強力粉（打ち粉用）…適宜
卵黄…適宜
アーモンド・ピスタチオ・ヘーゼルナッツなど（砕いたもの）…各小さじ½

作り方

❶Aを混ぜ合わせ、ラップをかけて暖かいところで2倍にふくらむまで休ませる
❷打ち粉をした台の上に取り出して、ゲンコツで叩いてガスを抜く
❸2等分し、それぞれを麺棒でのばし、厚さ約5㎜のだ円形を2枚作る
❹溶いた卵黄を塗り、ナッツ類を貼りつける
❺オーブンシートにのせ、180度のオーブンで20分焼く

Advice アニスリキュールがない場合、アニスシードだけでもOK

ねっとりクルミの
凝縮感！

スイス連邦

エンガディナー クルミぎっしりキャラメルタルト

スイス南東部、エンガディン地方の郷土菓子。この地方の菓子職人が国外の出稼ぎ先でクルミを知り、クッキーに練り込んだのが始まり、という説も。

材料（18㎝のケーキ型かタルト型）

❶のバター…60g（室温に戻しておく）
グラニュー糖…60g
卵…1個
バニラエッセンス…少々
小麦粉…150g
クルミ…60g

A
グラニュー糖…40g
ハチミツ…30g
生クリーム…大さじ4

❹のバター…30g
卵黄…適宜

作り方

❶バターを泡立て器でよくかき混ぜてクリーム状にし、グラニュー糖→卵（少しずつ）→バニラエッセンスの順で加えて混ぜ合わせる
❷小麦粉を加え、さっくりと混ぜ合わせてラップをして30分休ませる
❸クルミを電子レンジで1分30秒、裏返してまた1分30秒加熱し、粗く刻んでおく
❹Aを混ぜあわせ、バターと❸も加えて冷ましておく
❺型にまず❷の⅔を敷きつめ、❹を流し入れてから、❷の残りをかぶせる
❻表面に卵黄を塗り、冷蔵庫で10分休ませる
❼写真を参考にしてフォークで模様をつけ、180度のオーブンで40分焼く

Advice ❸の工程はゼッタイ省いちゃダメ！

私の世界料理修行❹

ベルギーの小便小僧の前で男性からナンパ!?

●ベルギーでは、料理修行に苦戦をした。ヨーロッパ人はアジア人に比べガードが固く、厨房に入らせてくれないのだ。何度もレストランの扉を叩いたが、皆目話すら聞いてくれなかった。

そんなとき、小便小僧の前で日本人男性から突然ナンパされた。一瞬、詐欺かと怪しんだが、どうやら日本人と話をしたかったようだ。彼は日本企業のベルギー支社で働いていて、黄色人種差別に日々悩まされているという。だからこそ私の苦労もわかるようで、彼のアパートに居候しないかと提案してくれた。お礼は夕食を作ること。お安い御用だ。そして、料理上手なベルギー人マダムまで紹介してくれたのだった。

018

ベルギー王国

ゴーフルシュクレ

バターたっぷりリエージュ風ワッフル

溶け残ったザラメのシャリシャリ感がおいしさの秘密。ベルギーワッフルにはもう１種類、生地は甘さ控えめでトッピングを楽しむブリュッセル風もあります。

調理 10 min.　難易度 カンタン　日持ち 出来立て　アルコール ノリー

材料（5個分）

A
- 薄力粉…60g
- 強力粉…30g
- グラニュー糖…小さじ1
- ドライイースト…小さじ¼

- バター…50g
- 牛乳…大さじ1⅔
- 溶き卵…½個分
- ザラメ…大さじ2

作り方

❶Aに室温に戻したバターと牛乳→溶き卵の順で加え、粉っぽさがなくなるまで混ぜ合わせる
❷ザラメを加えてまとめ、ラップをかけて約20分休ませる
❸5等分して、それぞれを直径10cm×厚さ1cmの円形に整える
❹フライパンに並べ、フタをして中火で、両面を色づくまで焼く
★クリームやジャムを添えても◎

019

オーストリア共和国

ヴィンナショコラーデ

卵黄入りチョコドリンク

刻んだチョコで作るホットチョコレートはココアとはまったく別物の大人の飲み物。このウイーン風は、卵黄も加わってさらに濃厚です。

調理 5 min.　難易度 カンタン　日持ち 出来立て　アルコール フリー

材料（2杯分）

- セミスイートチョコレート…100g（細かく刻む）
- 牛乳…200ml
- 卵黄…1個分
- ホイップクリーム（作り方P011）…適宜

作り方

❶セミスイートチョコレートと牛乳を沸騰させないように混ぜながら、3分間煮る
❷小さなボウルに卵黄と❶を大さじ1だけ入れて混ぜ、❶の鍋に戻す
❸絶対に沸騰させないように気をつけて、弱火で約1分煮る
❹カップに移し、ホイップクリームを飾る

ゆでたてをどうぞ！

020

チェコ共和国

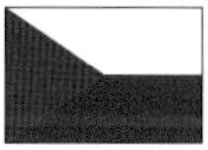

クネドリーキ
オーブン要らずのふわふわパン

焼かずにゆでて作る、クセのない味わいのパン。ジャムなどをつけておやつになるほか、シチューや肉料理に添えられて主食にもなります。

調理	難易度	日持ち	アルコール
30 min.	ほどほど	出来立て	フリー

材料（2人分）

A
- 強力粉…150g
- 薄力粉…50g
- ドライイースト…小さじ1⅔
- 砂糖…小さじ2
- 塩…ひとつまみ

- 牛乳…100㎖
- 溶き卵…½個分
- 湯…適宜
- ジャム・カッテージチーズ・サワークリーム…お好みで

作り方

❶Aを混ぜ合わせ、温めた牛乳と溶き卵を加えてよく混ぜる
❷ラップをして暖かいところに置き、2倍にふくらんだらゲンコツで叩いてガスを抜き、またラップをして暖かいところで休ませる
❸再び2倍にふくらんだら、またゲンコツで叩いてガスを抜いてから2等分し、それぞれを円錐形に整える
❹たっぷりの湯に入れて、弱火で10分ゆでて、裏返してさらに10分ゆでる
❺お好みでジャム、カッテージチーズ、サワークリームを添える

Advice 弱火厳守！　煮立たせちゃダメだよ

ジャムの甘ずっぱさがイイ感じ

ポーランド共和国

ポンチキ
ジャム入りドーナッツ

卵や牛乳、バターの入ったリッチな生地のドーナッツ。謝肉祭の最後の木曜日にこれを食べないと不幸になる、という言い伝えがあり、1日1億個近く売れるとか。

調理 20 min.｜難易度 チャレンジ｜日持ち 当日中｜アルコール 使用

材料（6個分）

卵黄…2個分
砂糖…大さじ3⅓
牛乳…130㎖

A
強力粉…280g
ドライイースト…小さじ2
塩…小さじ⅓

B
バニラエッセンス…少々
ラム酒…30㎖

バター…大さじ1⅔
お好みのジャム…大さじ3
揚げ油…適宜
グラニュー糖…適宜

作り方

❶卵黄と砂糖をすり混ぜておく
❷Aを合わせたところに、人肌ぐらいに温めた牛乳を注ぎ入れて混ぜ、❶とBを入れてよくこねる
❸バターを加えてさらにこね、まとめる
❹ラップをかけて暖かいところで休ませ、2倍にふくらんだら、台の上に出し、ゲンコツで叩いてガスを抜く
❺6個に分けて固く絞った濡れぶきんをかぶせ、暖かいところで30分休ませてから、160度の油で両面2分ずつ、キツネ色になるまで揚げる
❻菜ばしでそれぞれに大き目の穴を空けて、絞り袋でジャムを注入し、グラニュー糖をまぶしつける

Advice ジャムを注入する穴は大き目にね！

いくらでも
食べられそう

022

スロバキア共和国

ブブラニナ
ベリーたっぷりふんわりスフレ

その名は、泡を意味する「ブブニナ」に由来。
淡雪のような軽い口どけが特徴です。
イチゴやサクランボ、アンズなどで作ることも。

調理  min.
難易度  カンタン
日持ち  当日中
アルコール  フリー

材料（10×15cmの耐熱皿）

A
- 小麦粉…55g
- 粉糖…30g
- ベーキングパウダー…小さじ½

卵白…3個分
牛乳…50ml
卵黄…3個分

B
- 油…大さじ2
- レモンの皮（すりおろし）…小さじ1
- 塩…ひとつまみ

ラズベリーなどお好みのベリー類…20個

作り方

❶Aを合わせておく
❷卵白をツノが立つまで泡立てておく
❸牛乳と卵黄を混ぜ合わせ、❶を加えて混ぜ合わせてから、❷とBも加えてさっくり混ぜる
❹耐熱皿に流し入れてお好みのベリー類をのせ、200度のオーブンで焼き色がつくまで30〜45分焼く

Advice 卵白は、逆さにしても落ちてこないほどしっかり泡立てて！

023

ハンガリー

ベイグリ
ケシの実ペースト入りロールケーキ

店では年中売られていますが、本来はクリスマス菓子。おうちで数本焼き、新年にかけていただくそうです。食べるときは、2㎝程度にスライスするのがおすすめ。

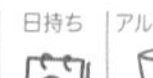

調理 60 min. ｜ 難易度 チャレンジ ｜ 日持ち 2 数日 ｜ アルコール フリー

材料（2人前）

A
- ケシの実…60g
- 刻んだレーズン・刻んだクルミ・アーモンドパウダー…各10g
- 牛乳・アプリコットジャム…各大さじ2
- グラニュー糖…大さじ1
- バター…大さじ1

- 卵白…1個分
- 牛乳…100ml

B
- 中力粉…160g
- 卵黄…1個分
- バター…30g
- グラニュー糖…大さじ1
- ドライイースト・塩…各小さじ½

作り方

❶Aを耐熱皿に入れ、電子レンジで30秒加熱してから練り合わせ、泡立てた卵白を混ぜておく
❷温めた牛乳にBを加えてこね、ラップをかけて1時間休ませてから25㎝角にのばし、4辺とも幅1㎝の余白を残して❶をまんべんなく塗る
❸端からきっちりと巻いていき、綴じ目を下にして冷蔵庫で1時間休ませる
❹表面に溶き卵（分量外）を塗り、上部と側面に竹串で穴を開け、ラップをかけて暖かいところで30分休ませる
❺170度のオーブンで焼き色がつくまで約40分焼く

Advice Bのバターは室温に戻しておこう!

上はパリパリ
中はミッチリ

024

セルビア共和国

ギバニッツァ
チーズたっぷりパートフィロのパイ

材料（15×5cmの耐熱皿）

冷凍パートフィロ…250g

A
- 卵…1½個
- 油…大さじ1½
- ヨーグルト…50ml
- ベーキングパウダー…小さじ¼
- 炭酸水…50ml
- 塩…小さじ1

フェタチーズ…75g
カッテージチーズ…50g
油…大さじ1⅓

ふだんのおやつとして人気なばかりか
クリスマスやお祝いごとにも欠かせない定番メニュー。
セルビア以外のバルカン諸国でも広く愛されています。

調理  60 min.
難易度  ほどほど
日持ち  2 数日
アルコール  フリー

作り方

❶冷凍パートフィロを冷蔵庫で解凍しておく
❷Aとチーズ類を混ぜ合わせておく
❸耐熱皿に油（分量外）を塗り、底にフィロを2枚敷く
❹フィロを2枚取り分けておき、残りは❷に浸してくしゃくしゃにしてから、❸の皿にすき間なく詰めていく
❺取り分けておいた2枚のフィロをかぶせ、油を塗る
❻200度のオーブンで焼き色がつくまで40分焼く
❼オーブンから出して、水（分量外）を霧吹きなどでさっとふりかけ、濡れふきんをかけて10分おく
❽切り分けて温かいうちに食べる

Advice フェタチーズがなければ、カッテージチーズだけでも◎

生クリーム
カスタード
ダブルクリームが
リッチ♪

スロベニア共和国

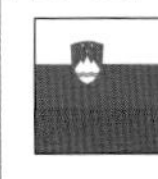

クレムナレジナ
カスタードプディングパイ

サクサクのパイにゴージャスなフィリング。
国北西部ブレッド湖畔の銘菓として有名ですが、
微妙に違うケーキは周辺国にもあり、どこでも大人気！

材料（8個分）

冷凍パイシート…2枚

A
- 牛乳…220ml
- グラニュー糖…60g
- バニラエッセンス…少々

卵白…1個分

B
- 卵黄…2個分
- コーンスターチ…大さじ1⅔
- 小麦粉…大さじ1
- 塩…ひとつまみ

C
- 生クリーム…150ml
- 砂糖…大さじ1⅔

作り方

❶パイシート全体にフォークで穴をたくさん開けてオーブンシートにのせ、あればタルトストーンをのせて200度のオーブンで20分焼く
❷Aを混ぜ合わせて、ひと煮立ちさせておく
❸卵白を柔らかいツノが立つまで泡立てておく
❹Bを混ぜ合わせ、❷を少しずつ加える
❺弱火にかけ、とろみがついたら火からおろして熱いうちに❸を加え、さっくり混ぜ、粗熱をとってから冷蔵庫で冷やしておく
❻Cを混ぜ合わせて、柔らかいツノが立つまで泡立てる
❼冷めた❶の1枚の上に❺を流し入れ、次に❻をのせて、表面を平らにならしてから、残りの❶をかぶせる
❽5cm角に切り分ける

私の世界料理修行❺

フランスの大地の味にノックアウト

●フランスでは少しの間、ビストロで働くことができた。そのときに衝撃だったことがある。

私は日本で7年間、フランス料理の修行経験があった。レストランの料理長を経て、小さなホテルの料理長も務めた。そこそこ腕には自信があった。

だが実際にフランスの食材で調理をしてみると、味がまるで違うのだ。野菜の持つうま味、肉の味、ふだんに使うワインやバター…、どれをとっても、味の強さが違った。これが本場の味なんだと頭をハンマーで殴られた気がした。フランスで初めて作り方を教わった赤ワイン煮込みには、「フランスの大地の味」を感じた。

Advice パイシートはカリっとなるまで焼いてね

形ももも
味ももも

026

クロアチア共和国

クルミ入り桃クッキー

ブレスクヴィツェ

その愛らしさから、旧ユーゴ諸国全体で人気。結婚式やクリスマスなどお祝いごとでは必ず用意される特別なスイーツです。

調理  30 min.　難易度  ほどほど　日持ち 2 数日　アルコール  使用

材料（5個分）

A
- 卵…1½個
- 粉糖…50g
- バニラエッセンス…2滴
- 油…小さじ1

- 小麦粉…125g
- ベーキングパウダー…小さじ½

B
- 桃ジャム（なければアプリコットジャム）…25g
- クルミ（みじん切り）…25g
- ココアパウダー…大さじ1
- 桃リキュール…大さじ1
- ラム酒…小さじ1

- 食紅…耳かき1杯
- 水…大さじ1
- 牛乳…大さじ1
- 粉糖…適宜

作り方

❶Aをよく混ぜ合わせ、小麦粉とベーキングパウダーを加えて、さらによく混ぜる
❷10等分して半球形に整え、オーブンシートにのせて200度のオーブンで10分焼く
❸Bをよく混ぜ合わせておく
❹食紅を水で溶いてから牛乳に混ぜておく
❺❷の外側に❹を塗り、粉糖をまぶす
❻2個1組にして❸をサンドし、桃の形に整える

Advice 桃リキュールがなければ、オレンジキュラソーでもOK

私の世界料理修行❻

ルーマニア美人との幸せな時間

●私は残念ながら東欧には行っていないが、日本でルーマニア料理を教わったことはある。その際、先生の旦那さんからだしぬけにいわれたのは、「目的は料理か？　ウチの嫁か？」。

もちろんジョークだったし、先生は私の子どもの友達のお母さんで、そもそもその場をセッティングしてくれたのは私の妻だったのだが、一瞬、図星を突かれた気がしたのも事実。それは、あまりにもきれいな方だったからだ。ルーマニア人には美人が多いのだという。

その日は、ナスのカナッペ（サラタデヴィネテ）とロールキャベツ（サルマーレ）を習った。幸せな時間だったのは、いうまでもない。

めっちゃジューシー

027

ボスニア・ヘルツェゴビナ

トゥファヒジェ
クルミ入りアップルコンポート

素朴な煮リンゴがクリームでおめかし。
煮リンゴ自体は周辺諸国でもよく食べられていますが、
クルミのフィリングがこの国の特徴です。

調理	難易度	日持ち	アルコール
 30 min.	  カンタン	  当日中	 フリー

材料（2個分）

リンゴ…2個
レモン汁…½個分
A
水…200ml
砂糖…130g
レモン汁…½個分
バニラエッセンス…少々
クルミ…50g
B
牛乳…大さじ1⅓
バター…大さじ1¼
砂糖…小さじ1
ホイップクリーム
（作り方P011）…適宜

作り方

❶リンゴの皮をむき、レモン汁をかけ、芯を上下からくり抜く
❷Aを煮立てた中に❶を加え、5〜7分煮ておく
❸クルミを電子レンジで1分30秒、裏返してまた1分30秒加熱し、飾り用を取り分けておく
❹飾り用以外は細かく刻み、Bを加えて、弱めの中火で3分煮る
❺❷に❹を詰め、上にホイップクリームを絞り、❸のクルミを飾る

★温かいままでも、冷やしてもGOOD!

Advice 煮込みすぎると煮くずれちゃうよ！

ちゃんとトウモロコシの味

調理	難易度	日持ち	アルコール
30 min.	カンタン	出来立て	フリー

かつては貧しい農民を支えてきた満腹メニュー。飽食の時代にはコーンの素朴さがかえって新鮮です。コーンの代わりにジャガイモを使うレシピもあります。

028

モンテネグロ

カカマック
チーズとベーコン入りコーンミール粥

材料（2人分）

A 水…300㎖
　塩…小さじ½

バター…大さじ2½

コーンミール…100g

ベーコン…1枚（みじん切り）

カッテージチーズ…50g

作り方

❶Aを沸騰させてバターを加え、溶けたら、コーンミールを入れてかき混ぜ、弱火で20分煮る

❷ベーコンをカリカリになるまで弱火で炒めておく

❸❶を粘りが出るまで木じゃくしで混ぜる

❹器に盛り、❷とカッテージチーズをのせる

Advice 気をつけて混ぜないと、なべ底が焦げついちゃうよ！

お焦げ感がGOOD!

アルバニア共和国

キーフキ
ライスコロッケのピリ辛焼きナスソース

イタリアのアランチーニに似ていますが
ミントの香りと焼きナスソースが独特。
残りご飯で作れるお助けメニュー。

調理 15 min.　難易度 カンタン　日持ち 当日中　アルコール フリー

材料（2人分）

焼きナス…1本分

A
- ケチャップ…大さじ3⅓
- チリペッパー…小さじ½
- カレー粉…小さじ½

B
- 溶き卵…1個分
- 刻んだミント…小さじ1
- 黒胡椒…小さじ½
- 塩…小さじ1

ご飯…茶碗2杯分
揚げ油…適宜

作り方

❶焼きナスの皮をむき、包丁で細かく叩いてミンチ状にし、Aを加えてソースを作っておく
❷Bをよく混ぜ合わせ、ご飯を加えてさらに混ぜる
❸ゴルフボール状に丸め、180度の油でこんがり揚げる
❹❶のソースを添えて盛りつける

Advice 直火で真っ黒になるまで焼くのが、ナスを香ばしくするコツ

030

コソボ共和国

ブレク
ミンチとポテトの焼き春巻き

食感は具がみっちり詰まったサクサク焼き春巻き。
おつまみにも軽食にもなる腹持ちのいいスナックです。
具にほうれん草やキャベツを加える地方も。

調理	難易度	日持ち	アルコール
 40 min.	ほどほど	当日中	 フリー

材料（4本分）

玉ねぎ…¼個（みじん切り）
油…小さじ½
牛ひき肉…100g
ジャガイモ…¼個（小さめのサイの目切り）
A
オールスパイス…小さじ¼
パプリカ…小さじ¼
胡椒…少々
塩…小さじ¼
春巻きの皮…4枚
溶かしバター…25g
パセリ…適宜

作り方

❶玉ねぎを油で炒め、しんなりしてきたら牛ひき肉とジャガイモ、Aを加え、全体に火が通るまでさらに炒めてから、冷ましておく
❷春巻きの皮に溶かしバターを塗り、1枚あたり❶を¼ずつ細長くのせ、端からくるくると巻いて棒状にする
❸オーブンシートに並べてバターを塗り、200度のオーブンで20分、色づくまで焼く

Advice オールスパイスの代わりにシナモンでもOK

調理 55 min.　難易度 カンタン　日持ち 数日　アルコール フリー

031

北マケドニア共和国

ティクヴァルニク
カボチャの焼きプリン

秋から冬にかけての伝統的なおうちおやつです。この国にはいろんなカボチャスイーツがありますが、これはクセがなく素朴なので、かえって飽きません。

混ぜて焼くだけ

材料（15cmのケーキ型）

- カボチャ…1個（約400g）
- 牛乳…大さじ3⅓
- 卵…1個
- バニラエッセンス…少々
- 小麦粉…小さじ1
- ベーキングパウダー…小さじ½
- ハチミツ…大さじ1
- バター…大さじ1

作り方

❶カボチャは電子レンジで15分加熱し、皮ごとつぶしておく
❷材料すべてをよく混ぜ合わせる
❸型に入れ、200度のオーブンで30分焼く

調理 10 min.　難易度 カンタン　日持ち 出来立て　アルコール フリー

032

ブルガリア共和国

スネジャンカ
キュウリとクルミのヨーグルトサラダ

真っ白い色あいが涼やかな夏のサラダ。その名を直訳すると「白雪」で白雪姫にちなんでいるという説もあります。

材料（2杯分）

- ヨーグルト…200g
- キュウリ…½本（みじん切り）
- 刻んだクルミ…小さじ1
- 刻んだデイル…小さじ1
- オリーブオイル…小さじ1
- 塩…小さじ¼

作り方

❶キッチンペーパーを敷いたザルにヨーグルトを入れ、冷蔵庫に5時間入れて水気を切る
❷材料すべてを混ぜ合わせ、器に盛りつける

033

ルーマニア

アルバカザパダ
レモンバタークリームのクッキーサンド

またもや白雪姫。こちらは白いケーキです。
粉糖を雪に見立てているのでしょう。
クッキーとクリームを3層以上重ねることもあります。

調理 30 min. ／ 難易度 ほどほど ／ 日持ち 当日中 ／ アルコール フリー

材料（4個分）

カスタードパウダー…50g
水…100㎖
A
バター…25g（室温に戻しておく）
レモン汁…½個分
レモンの皮…½個分（すりおろす）
バター…25g
グラニュー糖…20g
卵…½個
小麦粉…60g
粉糖…適宜

作り方

❶カスタードパウダーを水で溶き、Aも加えてよく混ぜ合わせ、レモンバタークリームを作っておく
❷バターにグラニュー糖→卵→小麦粉の順で加え、そぼろ状になるまでよく混ぜ合わせる
❸一つにまとめてラップに包み、冷蔵庫で30分休ませる
❹直径5㎝の棒状にのばしてから、8等分にし、それぞれを厚さ5㎜の小判型に整える
❺オーブンシートにのせ、180度のオーブンで約10分、色づくまで焼く
❻2枚1組にして❶をサンドし、粉糖をふる

Advice クリームは先に挟んでなじませても食べる直前に挟んでも◎

これが魔法の帽子？

034

モルドバ共和国

コスマルイグクタ

チェリー入りクレープのサワークリームサンド

調理	難易度	日持ち	アルコール
 min.	 ほどほど	 数日	  フリー

その名は「グクタの帽子」。
グクタとはモルドバ童話の主人公である男の子のこと。
大きさを変えられる魔法の帽子がトレードマークです。

材料（3人分）

卵…1½個

A
- 砂糖…小さじ1
- 塩…ひとつまみ
- バニラエッセンス…少々
- 溶かしバター…25g

牛乳…250ml
小麦粉…125g
油…適宜

サワーチェリー（瓶詰）…200g
サワークリーム…150g
砂糖…大さじ2
ココアパウダー…適宜

作り方

❶卵を泡立て、A→牛乳の順で加えて混ぜ、さらに小麦粉を加えてさっと混ぜる
❷油をひいたフライパンに薄く流し入れ、中火で両面を焼き色がつくまで焼いたものを5枚作り、それぞれを半分にカットして計10枚にする
❸それぞれをサワーチェリーを芯にしたロール状にする
❹サワークリームに砂糖を混ぜ合わせておく
❺間に❹をはさみながら、❸を積み重ねて三角屋根の形にし、表面にも❹を塗り、チョコパウダーをふりかける

Advice 甘みが薄いサワーチェリーは、先にハチミツに浸けておこう

ほんのり
シナモン

035

ウクライナ

モルコヴェニツェ
クルミとレーズン入りニンジンケーキ

スパイスが効いたキャロットケーキ。
ウクライナ支援のチャリティでもよく見かけますよね。
平和な日々が早く戻ってきますように。

調理  min.
難易度  ほどほど
日持ち 2 数日
アルコール フリー

材料（18㎝のケーキ型）

クルミ…50g

A
- 卵…3個
- 油…大さじ2
- バニラッセンス…適宜
- ハチミツ…大さじ1
- ニンジン（すりおろし）…大さじ3

B
- 小麦粉…140g
- 砂糖…60g
- ベーキングパウダー…小さじ1
- シナモン…小さじ½

レーズン…大さじ2

作り方

❶クルミを電子レンジで1分30秒、裏返してまた1分30秒加熱し、刻んでおく
❷Aをよく混ぜ合わせてから、Bを加えてさらに混ぜ、最後に❶とレーズンを加える
❸型に入れ、180度のオーブンで45分焼く

Advice クローブをシナモンと同量入れてもおいしいよ！

最初にサーモン入れた人天才！

036

ベラルーシ共和国

ドラニキ
ジャガイモパンケーキ スモークサーモン添え

その名は、すりおろすを意味する「ドラーチ」に由来。
すりおろしたジャガイモがたっぷり入っています。
サワークリームとの相性がバツグン！

調理	難易度	日持ち	アルコール
50 min.	カンタン	出来立て	フリー

材料（4枚分）

ジャガイモ…2〜3個（すりおろす）

A
- 小麦粉…大さじ1
- 卵…1個
- ベーキングパウダー…小さじ½
- 塩…小さじ½
- 胡椒…少々

バター…大さじ1

B
- サワークリーム…大さじ2
- スモークサーモン…4枚
- ディル（生）…5g

作り方

1. すりおろしたジャガイモをザルで濾し、軽く水気を切る
2. Aを加えてよく混ぜる
3. バターをひいたフライパンに¼ずつ流し入れ、中火で片面5分ずつ焼いて、4枚作る
4. 器に盛りつけ、Bをのせる

Advice たっぷりの油で焼くのがコツ！

037

ロシア連邦

スーシキ
ほのかに甘い素朴な硬パン

調理	難易度	日持ち	アルコール
20 min.	カンタン	2 数日	フリー

やさしい塩味と絶妙なサイズに有名エビスナックのCMが思わず頭をリフレイン♪中サイズはバランキ、大はブーブリキと呼ばれます。

材料（15個分）

A
- 薄力粉…100g
- 強力粉…100g
- ドライイースト…小さじ½
- 砂糖…小さじ½
- 牛乳…大さじ3
- 水…大さじ3

- 水…大さじ4
- 塩…ひとつまみ
- 白ゴマ…大さじ3

作り方

1. Aを混ぜ合わせて練り、暖かいところで30分休ませる
2. 再度練り、また30分休ませる
3. 15等分にして丸め、指で穴を開けてリング状にする
4. 水に塩を加え、溶かしておく
5. オーブンシートに並べ、4を塗って、白ゴマをふりかける
6. 200度のオーブンで10分焼く

なぜかとまらなくなるー

038

アゼルバイジャン共和国

フィルニ
シナモンバター風味の米粉プリン

調理	難易度	日持ち	アルコール
10 min.	カンタン	2 数日	フリー

プリンというよりは、米の甘いお粥で、熱々でも美味！南インドから中東で広く親しまれているメニューで米粉で作るのが、アゼルバイジャン流。

材料（2杯分）

A
- 牛乳…200ml
- 米粉…50g
- 砂糖…25g
- 塩…ひとつまみ

- バター…適宜
- シナモン…少々

作り方

1. 材料すべてを中火にかける
2. とろみがついてきたら弱火にし、混ぜながらさらに5分煮込む
3. 器に移し、冷蔵庫でよく冷やす
4. バターを削り入れ、シナモンをふりかける

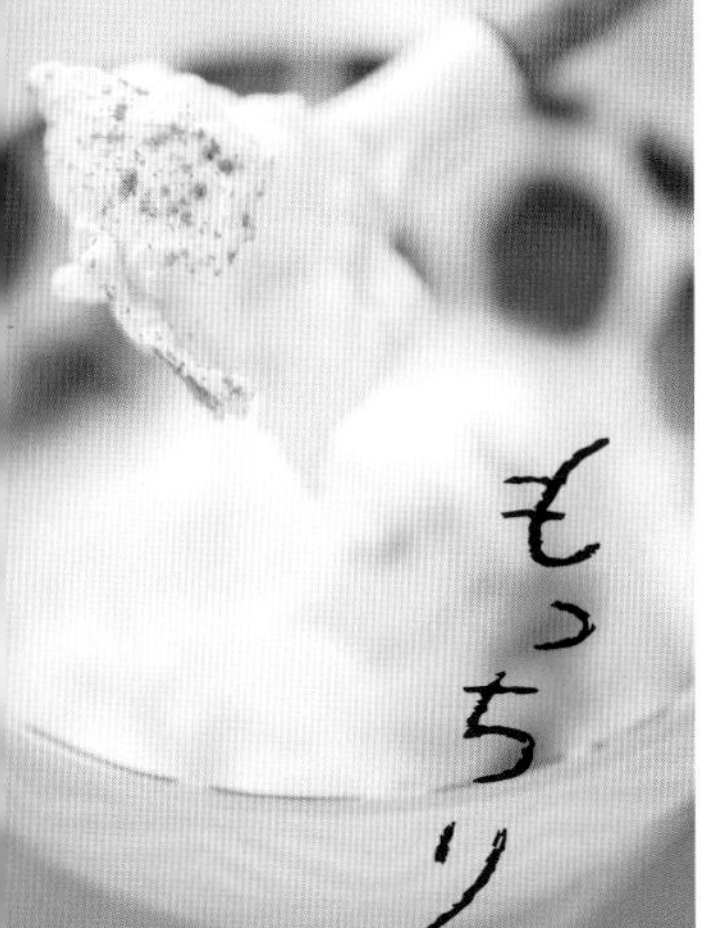

チーズが
とろ〜り

039

ジョージア

ハチャプリ
半熟卵とろけるチーズパン

ふだんおうちで焼かれている気取らない総菜パン。
具は、そのときに台所にあるものなんでもOK！
生地の配合も家によって異なります。

材料（2個分）

A
- 強力粉…160g
- 薄力粉…50g
- 砂糖…大さじ1
- 塩…小さじ½
- ドライイースト…小さじ1
- 湯…120ml

- オリーブオイル…大さじ1
- 強力粉（打ち粉用）…適宜
- カッテージチーズ…60g
- 卵…2個
- ピザ用チーズ…60g
- バター…小さじ1
- パセリ…適宜（みじん切り）

作り方

❶Aを混ぜ合わせ、台の上でオリーブオイルを加えてこねる
❷ラップをかけて暖かいところで、2倍にふくらむまで休ませる
❸2等分し、打ち粉をして麺棒でのばし、直径20㎝の円形を2枚作る
❹2枚とも、上下の両端から中央に向けてくるくると巻き、左右の端をつまんで、ボート型にする
❺オーブンシートにのせ、カッテージチーズをのせて200度のオーブンで10分焼く
❻取り出して中央に凹みを作り、卵1個ずつとピザ用チーズ、バターをのせてさらに約3分焼く
❼焼き上がりにパセリを散らす

ゲムリエリア！
（ウマい）

Advice パンに半熟卵をつけながら食べるとおいしいよ！

カボチャ好きには
たまりません

040

アルメニア共和国

ガパマ

カボチャのドライフルーツごはん詰め

お手軽なのに、丸ごとカボチャが映えるメニュー。
秋の収穫祭やお正月に各家庭で作られる定番です。
自然な甘さなので、付け合わせや朝食にも◎。

調理	難易度	日持ち	アルコール
50 min.	カンタン	2 数日	フリー

材料（1個分）

小さめのカボチャ…1個（約500g）

A
- バスマティ米…50g
- 水…140ml
- 塩…小さじ¼

B
- バター…大さじ2
- ハチミツ…大さじ2⅓
- クルミ…大さじ1
- レーズンなどのドライフルーツ2種…各大さじ1

シナモン…小さじ1

作り方

❶カボチャはくり抜いて種を出し、電子レンジで5分加熱しておく（くり抜いた底が壊れやすいので注意！）
❷Aを強火にかけ、沸騰したら火を止めてフタをし、15分おく
❸ザルに空け、水（分量外）でさっと洗って水気を切る
❹Bと混ぜ合わせて、カボチャに詰め、電子レンジで15分加熱する

Advice ❶でカボチャを逆さまにしてチンすると底が壊れにくいよ

041

キプロス共和国

シュシュコ
アーモンド入りブドウのグミ

市場では店先に吊るされて売られていて、カラフル！芯をクルミなど、グミをリンゴやザクロで作ることも。ジョージアなどの周辺国でも人気です。

調理 30 min.　難易度 カンタン　日持ち 2 数日　アルコール フリー

材料（2本分）

アーモンド…10個
ブドウ100%ジュース…500ml
コーンスターチ…大さじ2
水…大さじ2

作り方

❶アーモンドに穴を空け、糸を通して5個1組にし、2本作る
❷ブドウジュースを⅔の量になるまで煮詰める
❸コーンスターチを水で溶いてから加え、とろみをつける
❹❶のアーモンドを浸して引き上げ、ぶら下げて乾かす
❺❹の作業をブドウの厚みが2～3㎜になるまでくり返す（だいたい10回ぐらい）

042

バチカン市国

ホスチア
ミサ用薄焼きパン

ミサに使われ、キリストの肉を表わすとされるパン。「1枚を分け合う点に意味がある」という考え方から本書ではひと口サイズではなくこの大きさにしました。

調理 30 min.　難易度 カンタン　日持ち 2 数日　アルコール フリー

材料（2枚分）

小麦粉…300g
水…140ml

作り方

❶小麦粉に水を加えてこね、ラップをかけて常温で1時間休ませる
❷2つに分けて、それぞれを麺棒で厚さ約5㎜にまるくのばし、フォークで真ん中に十字の模様をつける
❸油はひかず、テフロンのフライパンで弱火で片面5分ずつ焼く

オレンジじゅわぁ

043

ギリシャ共和国

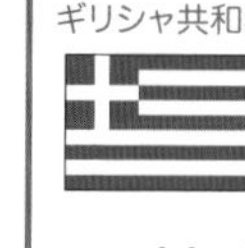

ポルトカロピタ

サクサクパイのオレンジシロップ漬け

ギリシャでコーヒーのお供といえば、コレ！
作りたてよりもひと晩ぐらい置いたほうが
シロップが浸みておいしくなります。

材料（10×20㎝の耐熱皿）

冷凍パートフィロ…215g
飾り用のオレンジ…適宜

A
水…100ml
砂糖…50g
オレンジの皮…½個分

B
卵…1個
グラニュー糖…60g

C
ヨーグルト…50g
オレンジジュース…75ml
オレンジの皮…½個分
ベーキングパウダー…小さじ½
バニラエッセンス…2滴

作り方

❶冷凍パートフィロを広げて細かく砕き、室温で乾かす
❷飾り用のオレンジはイチョウ切りにしておく
❸Aを弱火にかけ、沸騰させてから5分煮詰め、シロップを作っておく
❹Bを混ぜ合わせた中にCを加えて混ぜ合わせ、さらに❶も加える
❺耐熱皿に流し入れ、180度のオーブンで40〜50分、焼き色がつくまで焼く
❻❷のオレンジを飾り、❸のシロップを熱々のうちにかけて冷蔵庫で冷やす

調理  min.
難易度  チャレンジ
日持ち  数日
アルコール  フリー

Advice オレンジの香りが肝なので、がんばってすりおろして！

ワイン あけちゃおうかな？

調理	難易度	日持ち	アルコール
60 min.	ほどほど	当日中	フリー

044

マルタ共和国

ランプキーパイ
魚とほうれん草のパイ

地中海の国ですが、イギリス植民地だったことがあり、食文化も影響を受けています。これもそのひとつ。具を、サバ缶ではなく白身魚にするとより本格的です。

材料（15㎝角のパイ皿）

- サバ水煮（缶）…1缶（190g）
- 玉ねぎ…½個
- ほうれん草…¼束
- オリーブオイル…大さじ1
- レモンの皮（すりおろし）・ミント（みじん切り）…各小さじ1
- トマトピューレ…大さじ2
- ケイパー…大さじ1
- 塩…小さじ½
- 胡椒…少々
- A 卵黄…1個分
- A 水…小さじ1
- 冷凍パイシート…2枚
- 白ゴマ…適宜

作り方

❶魚は細かくほぐしておく

❷みじん切りの玉ねぎとざく切りのほうれん草をオリーブオイルで炒め、レモンの皮とミント、トマトピューレ、みじん切りのケイパー、塩、胡椒を加えて、汁気がなくなるまでさらに炒める

❸冷めたら、Aの半量を加えて混ぜておく

❹パイ皿にパイシートを1枚敷き、❸を詰め、残りのパイシートをかぶせ、はみ出た部分はハサミで切り取る

❺表面にAをハケで塗り、白ゴマをふって、190度のオーブンで45分焼く

Advice ❷で汁気をできるだけ飛ばすのがコツ

ゴッドファーザーに
出てきたよね

イタリア共和国

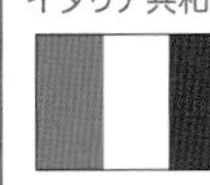

カンノーロ
リコッタクリーム入り揚げクッキー

調理  30 min.　難易度  チャレンジ　日持ち  当日中　アルコール 使用

映画で知名度が大幅アップしたシチリアの伝統菓子。名前は「小さな筒」という意味で複数形はカンノーリ。その筒にぎっしり詰まったリコッタクリームが魅力。

材料（4個分）

リコッタチーズ…100g

A
- 小麦粉…125g
- 砂糖…小さじ2
- 卵…1個
- 白ワイン…大さじ3
- オリーブオイル…大さじ1
- 水…大さじ2

揚げ油…適宜

B
- 生クリーム…50ml
- 粉糖…35g
- オレンジピール・レモンピール…各5g
- ドレンチェリー…大さじ½
- ブランデー…小さじ½

粉糖・ミント…各適宜

作り方

❶割りばしを4本束ね、長さ10㎝のアルミホイルを巻きつけたものを4個作っておく

❷リコッタチーズをペーパータオルで包み、水気を切っておく

❸Aをよく混ぜ合わせ、ラップをかけて冷蔵庫で1時間休ませる

❹麺棒で厚さ1㎜にのばし、対角線が12×16㎝のひし形4枚にカットする

❺バター（分量外）を塗った❶の型に1枚ずつ巻きつけ、冷蔵庫で1時間休ませてから型の割りばしを抜く（アルミホイルはそのまま）

❻180度の油で色よく揚げ、冷めてから型のアルミホイルをはずす

❼Bと❷を混ぜ合わせ、絞り袋で絞り入れる

❽粉糖をふり、ミントを飾る

Advice ❺で、バターを塗るのと冷蔵庫で休ませるのはマスト！

私の世界料理修行❼

イタリアで出合った文化融合の味

●クスクスは北アフリカ発祥のパスタの一種で、イタリアではあまり見かけない。しかし、シチリア島では食べる習慣があると知って、ぜひ現地で食べてみたいと願っていた。

州都パレルモで出合ったのは、アラブ圏でよく食される羊ではなく、魚介を使ったクスクス。そのとき、ハッとした。これこそイスラム世界とヨーロッパの融合なのだと。シチリアは恵まれた立地や豊かな自然ゆえ、大昔から数々の民族に支配されてきた。その歴史から異文化のさまざまなおいしいものが集まっている。

私もそんな場を作りたい！　こうして私は、帰国後に開く店の名を「パレルモ」に決めた。

046

サンマリノ共和国

ブストゥレンゴ
ドライフルーツ入りライスプディング

調理 60 min.　難易度 カンタン　日持ち 当日中　アルコール フリー

生地にご飯も入ったずっしり濃厚なフルーツケーキ。
薄くスライスして、濃いめのコーヒーとご一緒に！
この国特産のデザートワインとの相性も◎。

材料（10㎝角の耐熱皿）

リンゴ…½個（約120g）

A
- 小麦粉…30g
- コーンミール…25g
- ご飯…大さじ1
- パン粉…大さじ1
- 塩…ひとつまみ

B
- 卵…1½個
- ハチミツ…30g
- 牛乳…大さじ1
- 油…小さじ½

C
- 干しイチジク…25g（細切り）
- レモンの皮（みじん切り）…小さじ½
- レーズン…25g

作り方

❶リンゴは皮をむき、サイコロ状に切っておく
❷Aを混ぜ合わせ、Bを加える
❸❶とCも加えてさらに混ぜ合わせ、型に流し入れる
❹180度のオーブンで焼き色がつくまで約45分焼く

Advice 干しイチジクの代わりに、レーズンやプルーンでもOK

047

アンドラ公国

クレマアンドラーナ
カスタードのふわふわメレンゲのせ

調理 20 min. 難易度 カンタン 日持ち 出来立て アルコール フリー

クレームブリュレとよく似ていますが上にたっぷりとメレンゲを飾るのがアンドラ流。雪をかぶったピレネー山脈を模しているのかも？

材料（2杯分）

卵白…1½個
砂糖…大さじ½

A
牛乳…250ml
砂糖…60g

B
シナモン…少々
レモンの皮（すりおろし）…小さじ¼

コーンスターチ…大さじ1
水…大さじ1
卵黄…1½個

作り方

❶卵白に砂糖を加え、泡立ててメレンゲを作る
❷Aを沸騰させて❶のメレンゲを加え、弱火で10分煮て、メレンゲのみ取り出しておく
❸❷の鍋に残った牛乳に、Bと水で溶いたコーンスターチを加えてとろみを出し、卵黄も加えて手早く混ぜ合わせる
❹器に盛り、❶のメレンゲを上にのせ、シナモンをふる

048

ポルトガル共和国

パンデロー
卵たっぷり半熟カステラ

調理 25 min. 難易度 ほどほど 日持ち 数日 アルコール 使用

カステラのルーツといわれている伝統菓子。ここでご紹介するのは半生タイプですが地域によって材料の配合も焼き加減も異なります。

材料（18cmのケーキ型）

卵…2個
卵黄…5個分
グラニュー糖…90g
小麦粉…大さじ2¼
マデラワイン…大さじ2

作り方

❶卵と卵黄を白くもったりするまで泡立て（ハンドミキサーがあると楽）、グラニュー糖を加えて、よく混ぜる
❷小麦粉とマデラワインを加えてさっくりと混ぜ合わせる
❸型に流し入れ、200度のオーブンで15分焼く

★焼きたてでも、冷蔵庫で冷やしてもおいしい！

このサイズが
イイネ！

049

スペイン王国

ピオノノ
カスタード入りひとくちロールケーキ

ローマ教皇ピウス9世（ピオノノ）の即位を祝って19世紀にグラナダ郊外サンタフェの菓子店が発案。上のクリームは王冠を表しているとか。

調理 40 min.　難易度 チャレンジ　日持ち 当日中　アルコール 使用

材料（6個分）

市販のスポンジケーキ…5×10×0.5cm6枚

クリーム
- 砂糖…50g
- コーンスターチ…大さじ1
- 卵…1個
- 水…大さじ2

シロップ
- 砂糖…50g
- 水…50ml
- ラム酒・シナモン…各少々

粉糖…適宜

作り方

❶クリーム用の砂糖とコーンスターチを混ぜておく
❷クリーム用の卵と水を混ぜてから、濾しながら鍋に注ぎ、❶を加える
❸混ぜながら弱火にかけ、クリーム状になったら、別の容器に移して冷ます（クリームできあがり）
❹シロップ用の砂糖を中火で水に煮溶かし、完全に冷めてからラム酒とシナモンを加える（シロップできあがり）
❺スポンジケーキ6枚に❹のシロップを塗ってから、❸のクリームをのせる
❻それぞれ端からくるくると巻く
❼縦置きにして、❸のクリームの残りをのせ、粉糖をふる

Advice 市販のスポンジケーキは分厚いので、厚さを半分にスライスしてね

私の世界料理修行❽

スープに涙したスペインの夜

●スペインでは言葉の壁に悩まされた。深夜バスで入国してすぐ、「泊まりたい」という単純なことすらなかなか伝わらず、宿のチェックインに長時間かかった。やっと部屋を確保すると、すでに夜遅くなっており、腹ペコ。店名も読めないままあるバルに入ろうとしたら、その瞬間、閉店で電気が消えた。言葉が通じず、バルにも見放された気がして、その場にへたりこんだ。

しかし、それを見ていたバルのおばさんがスペイン語で何やらまくし立てて入れてくれ、メニューも読めない私にソパデアホというニンニクスープを出してくれた。空腹にしみる温かさとおばさんのやさしさに思わず涙がこぼれた。

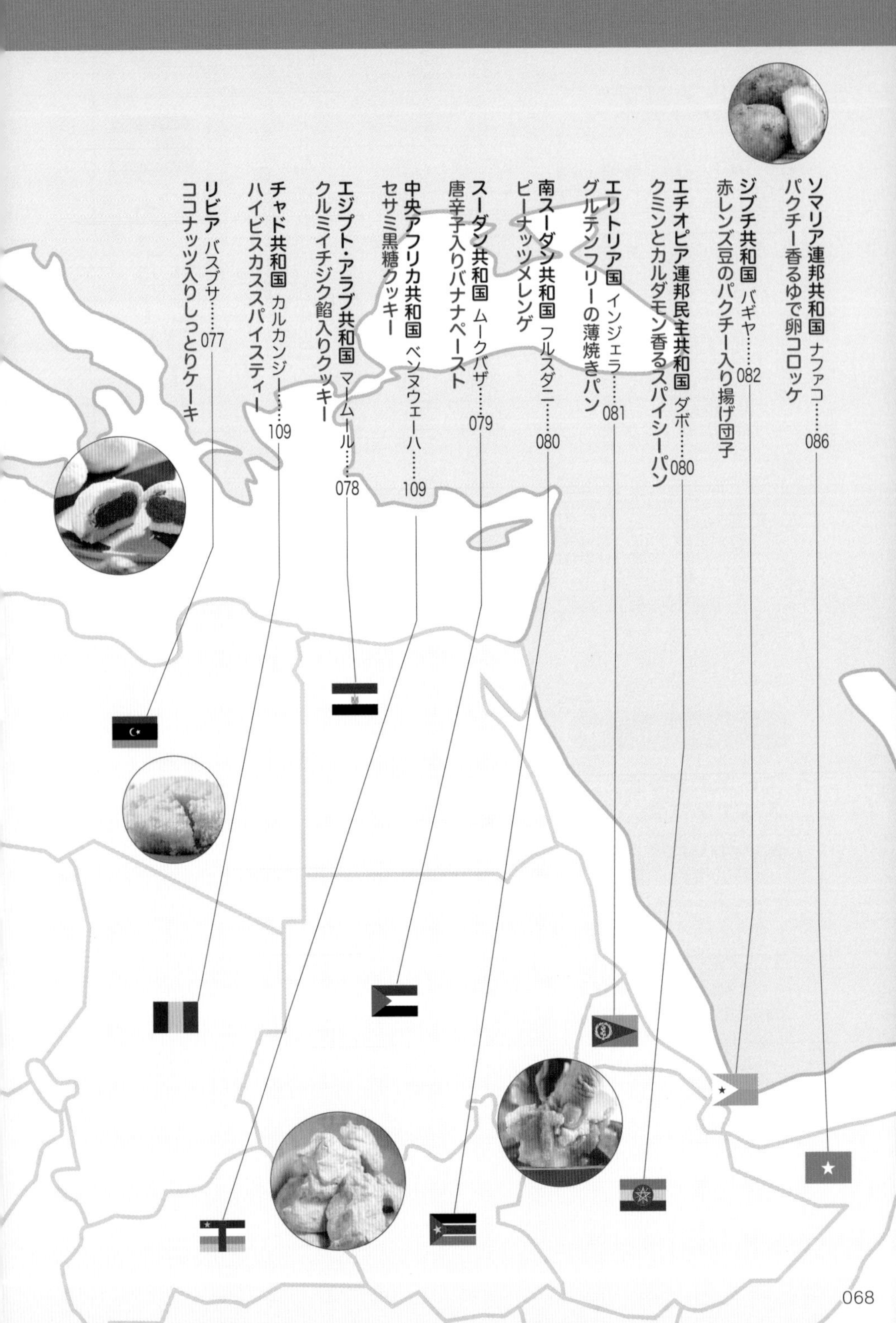

ソマリア連邦共和国 ナファコ……086
パクチー香るゆで卵コロッケ
ジブチ共和国 バギヤ……082
赤レンズ豆のパクチー入り揚げ団子
エチオピア連邦民主共和国 ダボ……080
クミンとカルダモン香るスパイシーパン
エリトリア国 インジェラ……081
グルテンフリーの薄焼きパン
南スーダン共和国 フルスダニ……080
ピーナッツメレンゲ
スーダン共和国 ムークバザ……079
唐辛子入りバナナペースト
中央アフリカ共和国 ベンヌウェーハ……109
セサミ黒糖クッキー
エジプト・アラブ共和国 マームール……078
クルミイチジク餡入りクッキー
チャド共和国 カルカンジー……109
ハイビスカススパイスティー
リビア バスブサ……077
ココナッツ入りしっとりケーキ

AFRICA

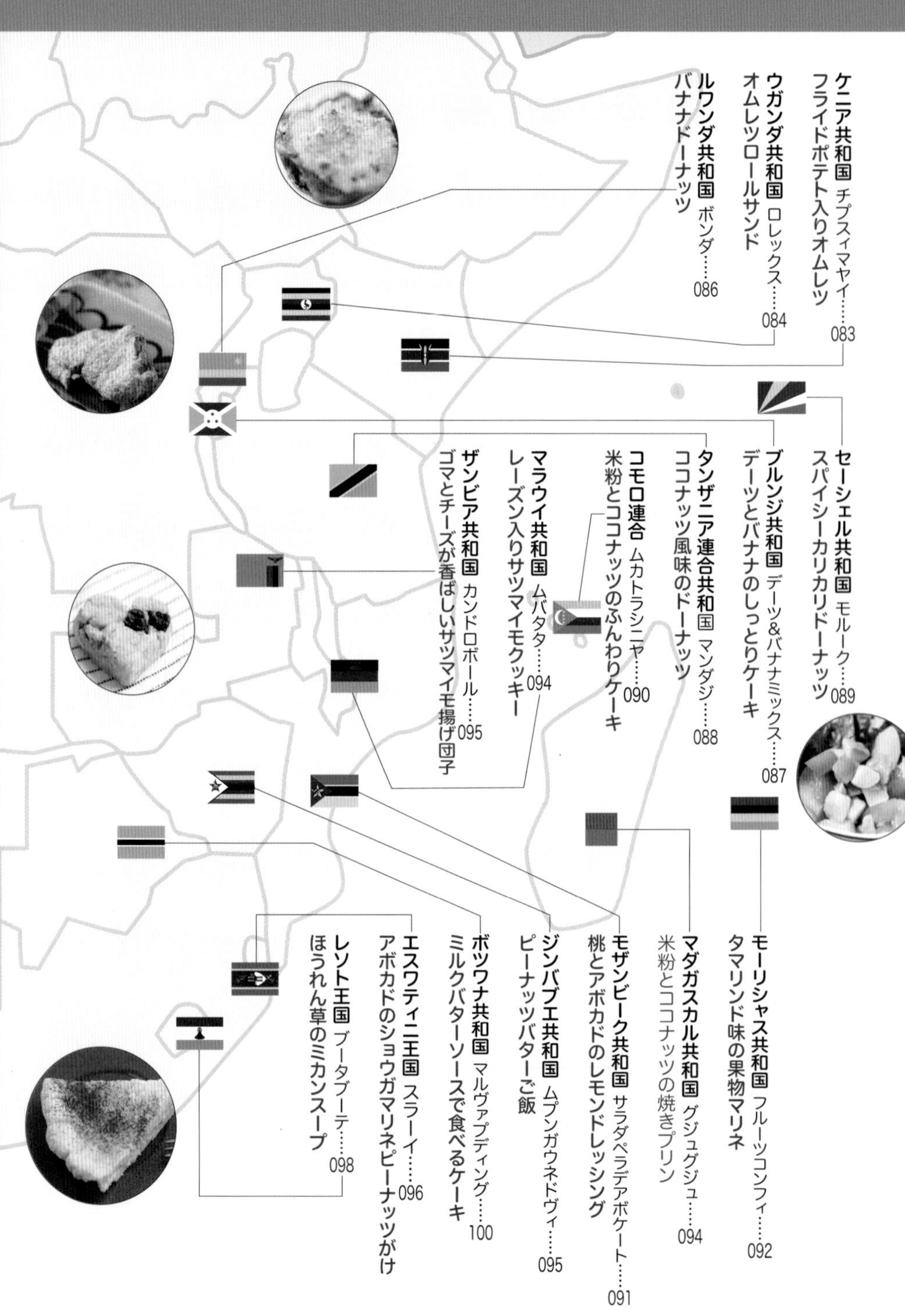
ケニア共和国 チプスィマヤイ……083
フライドポテト入りオムレツ
ウガンダ共和国 ロレックス……084
オムレツロールサンド
ルワンダ共和国 ボンダ……086
バナナドーナッツ
セーシェル共和国 モルーク……089
スパイシーカリカリドーナッツ
ブルンジ共和国 デーツ&バナナミックス……087
デーツとバナナのしっとりケーキ
タンザニア連合共和国 マンダジ……088
ココナッツ風味のドーナッツ
コモロ連合 ムカトラシニヤ……090
米粉とココナッツのふんわりケーキ
マラウイ共和国 ムバタタ……094
レーズン入りサツマイモクッキー
ザンビア共和国 カンドロボール……095
ゴマとチーズが香ばしいサツマイモ揚げ団子
モーリシャス共和国 フルーツコンフィ……092
タマリンド味の果物マリネ
マダガスカル共和国 グジュグジュ……094
米粉とココナッツの焼きプリン
モザンビーク共和国 サラダペラデアボケート……091
桃とアボカドのレモンドレッシング
ジンバブエ共和国 ムプンガウネドヴィ……095
ピーナッツバターご飯
ボツワナ共和国 マルヴァプディング……100
ミルクバターソースで食べるケーキ
エスワティニ王国 スラーイ……096
アボカドのショウガマリネピーナッツがけ
レソト王国 ブータブーテ……098
ほうれん草のミカンスープ

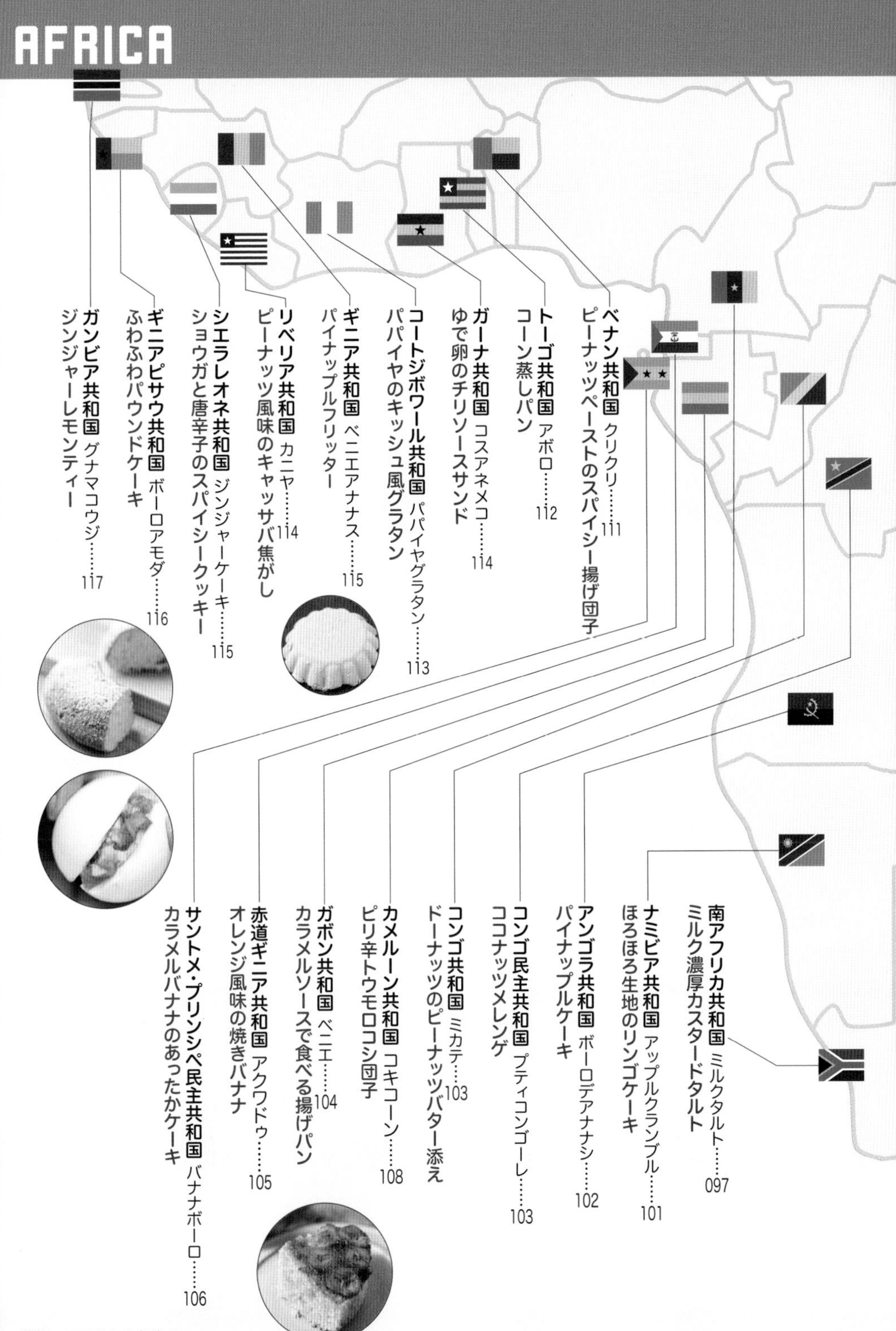
AFRICA
ベナン共和国 クリクリ……111
ピーナッツペーストのスパイシー揚げ団子
トーゴ共和国 アボロ……112
コーン蒸しパン
ガーナ共和国 コスアネメコ……114
ゆで卵のチリソースサンド
コートジボワール共和国 パパイヤグラタン……113
パパイヤのキッシュ風グラタン
ギニア共和国 ベニエアナナス……115
パイナップルフリッター
リベリア共和国 カニヤ……114
ピーナッツ風味のキャッサバ焦がし
シエラレオネ共和国 ジンジャーケーキ……115
ショウガと唐辛子のスパイシークッキー
ギニアビサウ共和国 ボーロアモダ……116
ふわふわパウンドケーキ
ガンビア共和国 グナマコウジ……117
ジンジャーレモンティー
南アフリカ共和国 ミルクタルト……097
ミルク濃厚カスタードタルト
ナミビア共和国 アップルクランブル……101
ほろほろ生地のリンゴケーキ
アンゴラ共和国 ボーロデアナナシ……102
パイナップルケーキ
コンゴ民主共和国 プティコンゴーレ……103
ココナッツメレンゲ
コンゴ共和国 ミカテ……103
ドーナッツのピーナッツバター添え
カメルーン共和国 コキコーン……108
ピリ辛トウモロコシ団子
ガボン共和国 ベニエ……104
カラメルソースで食べる揚げパン
赤道ギニア共和国 アクワドゥ……105
オレンジ風味の焼きバナナ
サントメ・プリンシペ民主共和国 バナナボーロ……106
カラメルバナナのあったかケーキ

おうちで作ろう！アフリカのおやつ

AFRICA

厳しい食糧事情と衛生環境、過酷な気候のため、ドーナッツが圧倒的優勢。でも、それだけじゃないんです。旧宗主国の影響を受けたおしゃれなケーキもあります。いっぽうで、ピリ辛メニューも多し！

ほんのりオレンジ

050

アルジェリア民主人民共和国

グリウエッシュ

オレンジ風味のハニードーナッツ

ラマダンといっても、断食するのは日中だけ。
夜の食卓にはごちそうが並び、このお菓子はその一つ。
モロッコでは、チェバキアの名で親しまれています。

調理  min.
難易度 ほどほど
日持ち 当日中
アルコール  フリー

材料(約10個)

- 小麦粉…100g
- ベーキングパウダー…小さじ¼
- A
  - 砂糖…小さじ½
  - 塩…ひとつまみ
- バター…大さじ1⅓
- 溶き卵…½個分
- 白ワインビネガー…小さじ¼
- 水…大さじ½
- B
  - ハチミツ…大さじ2
  - オレンジフラワーウォーター…小さじ½
- 白ゴマ…大さじ1

作り方

❶Aを合わせ、バターを加えて混ぜる
❷溶き卵、白ワインビネガー、水を加え、よく混ぜ合わせたら、ラップで包んで10分休ませる
❸Bを弱火でひと煮立ちさせる
❹❷を麺棒で厚さ3㎜にのばしてから、1個が4×6㎝になるように切り分ける
❺手綱こんにゃくを作る要領で、それぞれの中心に縦長の切り込みを入れて、その穴に片方の端をくぐらせる
❻180度の油でキツネ色になるまで揚げる
❼❸を回しかけ、白ゴマをふる

Advice オレンジウォーターがない時は、オレンジジュースでもOK

マラケシュの屋台の
オレンジジュース
おいしかったな

モロッコ王国

メスコウタ
オレンジたっぷりふんわりケーキ

この国では、迷路のような路地をくぐり抜けた先に必ず生絞りオレンジジュースの屋台があります。それをそのまま焼き菓子にしたようなフルーティさ！

調理 60 min.

難易度 カンタン

日持ち 2 数日

アルコール フリー

材料（15㎝のケーキ型）

A
- 小麦粉…125g
- ベーキングパウダー…小さじ¼
- 塩…小さじ¼

溶き卵…2個分
砂糖…150g
油…60㎖

B
- オレンジジュース…60㎖
- オレンジの皮…1個分
- バニラエッセンス…適宜

作り方

❶Aを合わせてふるっておく
❷溶き卵と砂糖を合わせ、もったりと白くなるまで泡立て、油を加える
❸❶を加え、混ぜ合わせる
❹Bを加え、混ぜ合わせ、型に流し入れる
❺180度のオーブンで40分焼く

Advice 油が入ることで軽い生地になります

私の世界料理修行⑨

モロッコのハリラの味がやさしい理由

●モロッコでは、ある兄弟が営むレストランで、ハリラというレンズ豆のスープやタジンなど、たくさんの料理を教えてもらうことができた。

兄弟は、大柄のヒゲと小柄なヒゲの凸凹コンビ。大柄のヒゲが主にお客さんのサービス、小柄なヒゲがキッチンでの調理を担当していた。

まず、大柄なヒゲがいう。

「ハリラはラマダンの日没後に飲むスープだ。ラマダンはイスラム教徒の義務のひとつで、ひと月間、日の出から日没まで飲食を絶つ行事なんだ。十分に食べることのできない人の気持ちをわかるためにね。日没後は食事をしていいけど、急に重い物を食べたりせずに、ハリラのようなやさしい食べ物から口に入れるんだよ」。

次に、小柄なヒゲが玉ねぎを手早くみじん切りにしながら続ける。「ハリラには、皮を取ってあるイエローレンティルというレンズ豆を使うんだ。あらかじめ水にひたさなくても、すぐに柔らかくなるから、調理しやすいのさ」。

30分ほどでできたハリラを味見させてもらうと、単にやさしいだけではない、異国の文化の味がした。

民族衣装ジュラバも着てみた

卵がとろ〜り

052

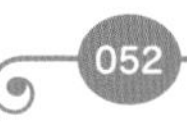

チュニジア共和国

ブリック
ツナ入りポテトと卵の揚げギョーザ

家庭料理としても屋台フードとしても定番の国民食。
おいしさの決め手は、卵を半熟に仕上げること！
具は、ツナの代わりに鶏肉やポテト、チーズでもOK。

調理  40 min.　難易度   ほどほど　日持ち   出来立て　アルコール  フリー

材料（2個）

ジャガイモ…中1個
ツナ（缶）…1缶（70g）
春巻きの皮…2枚
卵…2個
油…適宜

糊
小麦粉…大さじ1
水…大さじ1

A
クミン・コリアンダー・ターメリック・ガラムマサラ…各小さじ½
塩…小さじ½
胡椒…小さじ¼

作り方

❶ジャガイモは皮をむき、ゆでてつぶしておく
❷小麦粉に水を加えて糊を作っておく
❸❶とA、油を切ったツナを合わせて具を作り、2等分する
❹春巻きの皮の2辺の縁に❷の糊を塗り、その縁の内側に❸の具（半量）をくの字型に置く
❺具の内側に卵を割り入れ、皮を三角形に折りたたみ、糊のついた縁をしっかりおさえて止める。同様にもう1個作る
❻200度の油にそっと入れ、キツネ色に揚げる
★レモンを絞ってもおいしい

Advice 生卵を入れてからは手早くしないと皮が破けちゃうよ！

ややモッチリ

053

リビア

バスブサ
ココナッツ入りしっとりケーキ

旧オスマン帝国領一帯で親しまれる伝統的なケーキ。
セモリナ粉による独特の食感が特徴です。
シロップにオレンジやバラの香りが加えられることも。

調理

60 min.

難易度

カンタン

日持ち

2 数日

アルコール

フリー

材料（10㎝×20㎝の耐熱皿）

砂糖…50g
水…50㎖
レモン汁…小さじ1

A
セモリナ粉…50g
砂糖…大さじ2
ココナッツフレーク…大さじ1
ベーキングパウダー…小さじ¼
バター…大さじ2
アーモンドエッセンス…適宜

牛乳…70㎖

作り方

❶砂糖、水、レモン汁を約3分煮立て、シロップを作る
❷Aをよく混ぜ合わせてから、牛乳を少しずつ加えながらさらに混ぜる
❸耐熱皿に入れ、220度のオーブンで約30分、焼き色がつくまで焼く
❹シロップを回しかける

Advice シロップは熱いうちにかけて！

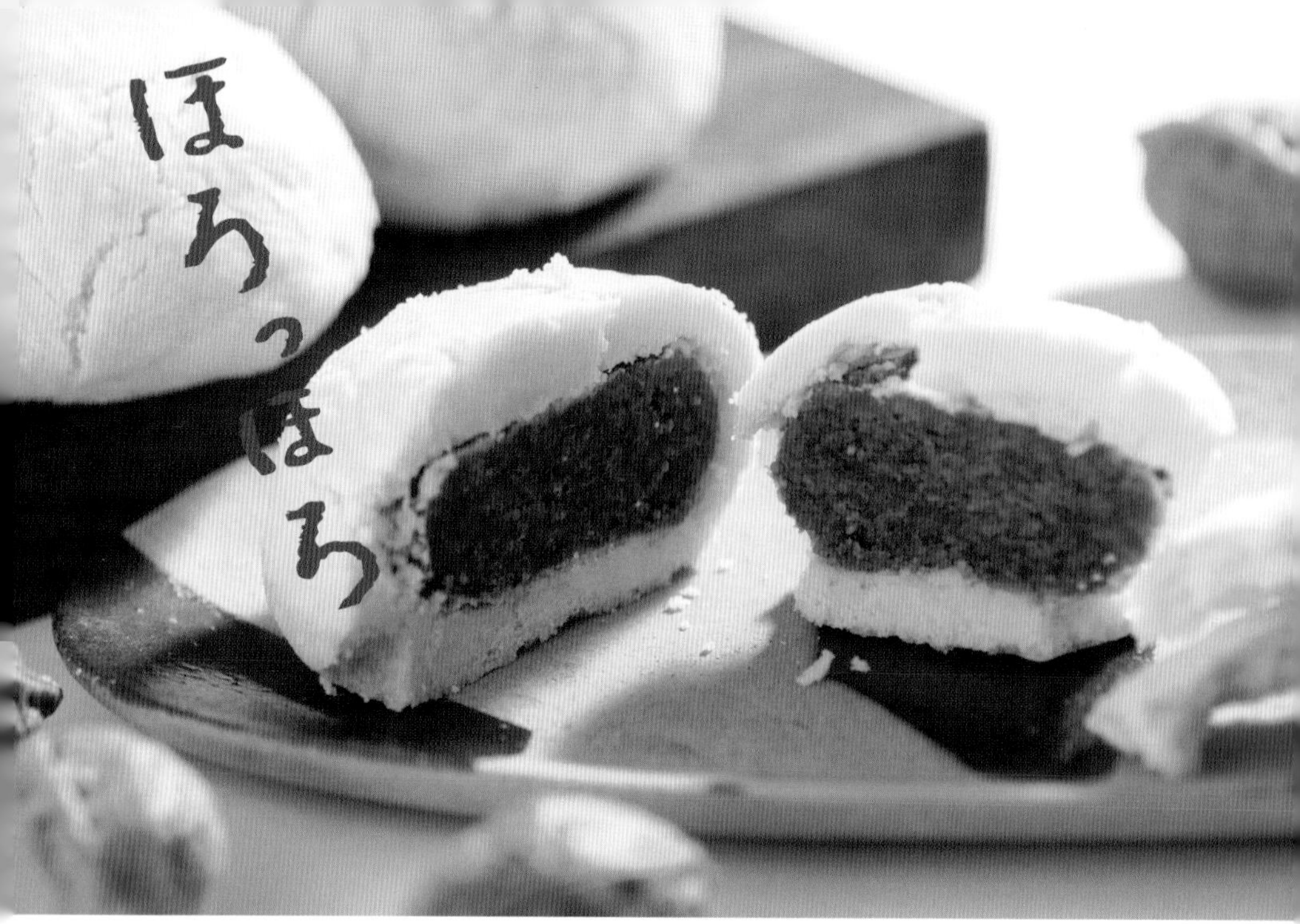

ほろっほろ

054

エジプト・アラブ共和国

マームール
クルミイチジク餡入りクッキー

ラマダン明けのお祝いで必ず作られるバタークッキー。
ピスタチオやアーモンド、デーツの餡も人気。
現地では、手で丸めず、カワイイ型で成型します。

材料（約10個）

干しイチジク…50g
バター…75g
小麦粉…150g
オレンジオイル…小さじ½
牛乳…大さじ½
クルミ…50g

A
オレンジオイル…少々
シナモン…小さじ¼
粉糖…小さじ½

作り方

❶バターは1・5㎝角に切って冷やし、干しイチジクは熱湯に浸けて柔らかくしておく
❷ふるった小麦粉に❶のバターを加え、手ですり合わせてそぼろ状にする
❸オレンジオイルと牛乳を加え、こねて柔らかい生地を作っておく
❹クルミと❶の干しイチジクを細かく刻み、Aを加えてよく混ぜ合わせておく（フードプロセッサーやミキサーを使うと楽）
❺❸の生地を1個あたりゴルフボール大に分け、それぞれにくぼみを作って❹を包みこむ
❻180度のオーブンで20～25分、キツネ色になるまで焼く

Advice ホロホロとした生地なので、扱いは慎重に！

055

スーダン共和国

ムークバザ

唐辛子入りバナナペースト

エチオピアの影響が濃いとされる東部の伝統料理。
バナナだからと油断してはたいへん！　激辛です。
地元でもそのままではなく、パンにつけるのが一般的。

調理	難易度	日持ち	アルコール
20 min.	カンタン	当日中	フリー

材料（2人分）

ピーマン…4個
熟したバナナ…大1本
レモン汁…小さじ1
チリペッパー…小さじ½

作り方

❶ピーマンを縦半分に切って種を出しておく
❷バナナは皮をむいてつぶし、レモン汁とチリペッパーを加える
❸❶につめて180度のオーブンで15分焼く
★かなり辛いので、パンなどに塗って食べるのがオススメ

Advice ピーマンはパプリカでもOK

056

南スーダン共和国

フルスダニ

ピーナッツメレンゲ

この一帯は世界有数のピーナッツの産地。そのピーナッツを使ったシンプルな焼き菓子です。なじみ深い煎り落花生の風味だけど、食感がオシャレ！

調理 40 min.　難易度 カンタン　日持ち 2 数日　アルコール フリー

材料（約10個分）

卵白…3個分
塩…ひとつまみ
A
ピーナッツパウダー…110ml
粉糖…100ml
バニラエッセンス…小さじ1

作り方

❶卵白に塩を加えて泡立て、Aを加える
❷オーブンシートに大さじ1ずつ落とし、150度のオーブンで30分焼く
❸焼きあがったら、オーブンの中でそのまま1時間放置する

サクッ→シュワー

057

エチオピア連邦民主共和国

ダボ

クミンとカルダモン香るスパイシーパン

朝食やティータイムに食されるスパイシーなパン。ワットという辛いシチューと食べることが多いとか。ワットの代わりにカレーでも相性はバツグン！

調理 60 min.　難易度 カンタン　日持ち 2 数日　アルコール フリー

材料（15㎝のケーキ型）

強力粉…110g
塩…ひとつまみ
ベーキングパウダー…小さじ2
A
ドライイースト…小さじ½
クミン…小さじ½
ブラックカルダモン…小さじ¼
水…130ml
油…適宜

作り方

❶Aを合わせて、水を少しずつ加えてこね、ひとかたまりになったらラップをかけて約1時間休ませる
❷内側に油を薄く塗った型に入れ、180度のオーブンで約40分、キツネ色になるまで焼く
❸型からはずし、冷めたら食べやすい大きさに切る

★カレーなどをつけて食べる

意外とふわり

058

エリトリア国

インジェラ

グルテンフリーの薄焼きパン

テフ粉由来の微妙な酸味に、好みがわかれるところ。テフはイネ科の穀物で、鉄やカルシウムなどが豊富なスーパーフードとして、注目され始めています。

調理	難易度	日持ち	アルコール
 20 min.	チャレンジ	当日中	 フリー

材料（2枚分）

A
- テフ粉…60g
- 強力粉…140g
- 塩…小さじ¼
- ドライイースト…小さじ½

水…200ml
油…適宜
お好みのカレー…適宜

作り方

❶深めのボウルにAを入れてよく混ぜ合わせる
❷水を少しずつ加えながら、泡立て器で混ぜてなめらかなクリーム状にする
❸ラップをして暖かいところで1時間発酵させる
❹薄く油を引いたテフロンのフライパンを中火にかけ、❸を½ずつ流し入れて、フタをする
❺表面に小さな空気穴ができるまで（目安1分）、片面のみ焼き、2枚作る
❻カレーをつけて食べる

Advice 強力粉をテフ粉に置き換えると、より現地に近い味わいに！

ビール
ドロボー1号
（ベルシー君）

059

ジブチ共和国

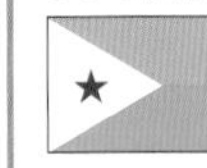

バギヤ
赤レンズ豆のパクチー入り揚げ団子

水戻し不要で手軽に調理できる赤レンズ豆のコロッケ。揚げソバガキに食感が似ているという噂もありますが、パクチーとニンニクからは異国情緒が強烈に香ります。

調理 40 min.　難易度 ほどほど　日持ち 出来立て　アルコール フリー

材料（約10個分）

赤レンズ豆（ブラウンの豆から皮を取り除いたもの）…200g
水…800ml
玉ねぎ…½個（みじん切り）
パクチー…1本（みじん切り）
小麦粉…大さじ3

A
おろしニンニク…小さじ1
塩…小さじ1
胡椒…少々

揚げ油…適宜

作り方

❶赤レンズ豆と水を中火にかけ、柔らかくなるまで約20分煮る
❷ザルにあげ、流水をかけて冷まし、水気を切る
❸マッシャーなどでつぶしてペースト状にする（フードプロセッサーがあると楽）
❹Aを加えてよく混ぜ合わせ、ひと口大に丸める
❺180度の油で約6分揚げる

Advice レンズ豆は火が通りやすいので、煮込みすぎないように！

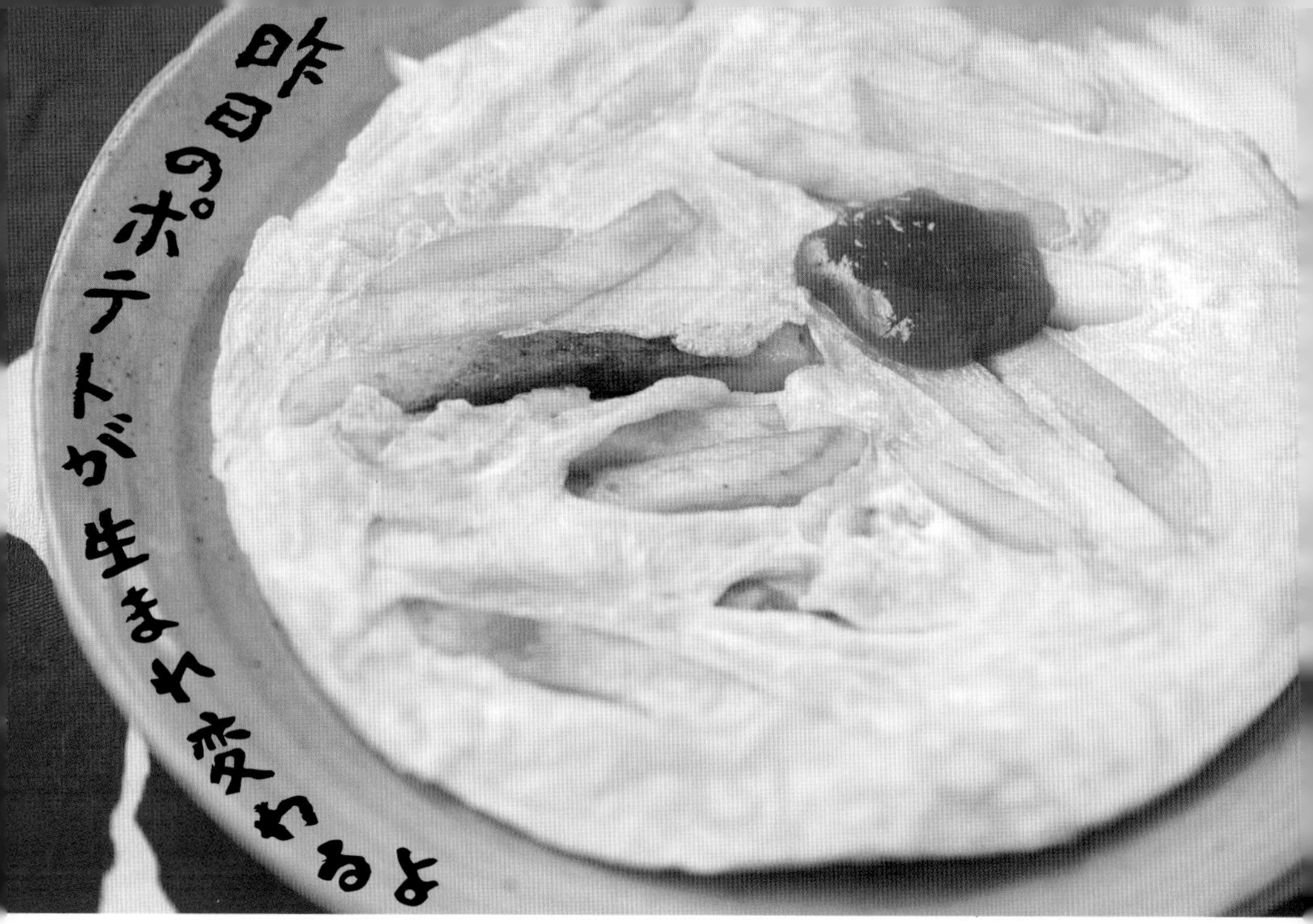

昨日のポテトが生まれ変わるよ

スワヒリ語で、チプスィはポテトフライ、マヤイは卵。東アフリカ全体で大人気の屋台フードで、別名ゼゲ。カチュンバリというサラダを添えることが多いとか。

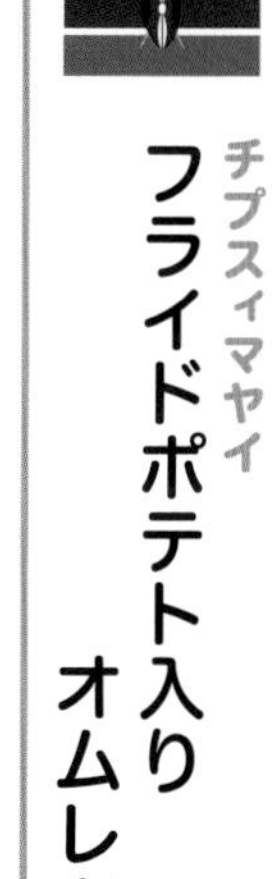

060

ケニア共和国

チプスィマヤイ

フライドポテト入りオムレツ

材料（2人分）

冷凍フライドポテト…150g
油…大さじ2
溶き卵…2個分
玉ねぎ…¼個（みじん切り）
トマトソースまたはチリソース…適量

作り方

❶油（分量外）で冷凍フライドポテトを揚げておく
❷フライパンに油を熱し、❶をすき間なく並べる
❸溶き卵に玉ねぎを混ぜ、❷に流し入れる
❹焼き色がついたら裏返し、反対の面も色づくまで焼く
❺器に盛り、トマトソースまたはチリソースをかける

Advice 食べ残したフライドポテトの再生レシピとしても◎

仲間は
タイタニック!?

061

ウガンダ共和国

ロレックス
オムレツロールサンド

インパクトのある名前で大ヒットした屋台フード。その正体は、薄焼きパンにオムレツを巻き込んだだけの単純にして間違いない組み合わせの腹ペコ撃沈メニュー。

調理 40 min.　難易度 ほどほど　日持ち 出来立て　アルコール フリー

材料（2枚分）

チャパティ
- 小麦粉…150g
- 水…75ml
- 油…小さじ2
- 塩…ひとつまみ

オムレツ
- 溶き卵…2個分
- 玉ねぎ・トマト…各¼個（みじん切り）
- ピーマン…½個（みじん切り）
- 塩…小さじ½
- 油…大さじ2

作り方

❶チャパティの材料を混ぜ合わせてよくこね、ラップをかけて1時間休ませる
❷2等分して、それぞれを麺棒で円形に薄くのばす
❸中火にかけたフライパンで色がつくまで両面を焼き、チャパティを2枚作っておく
❹オムレツの材料を混ぜ合わせる
❺フライパンに油の半量をひき、❹の半量を中火で焼き、固まりかけたら❸を1枚のせ、さらに焼く
❻端からクルクルと巻き、紙で包む。同様にもう1個も作る

Advice 野菜ナシでチリソースをかけただけでもおいしいよ！

おやつこぼれ話❶
なぜ、ロレックス？

●名前の由来には諸説あるが、「ロールエッグ」が変化したという説が有力。「ロールエッグ」では、単に料理内容を表現しただけでヒネリはない。

では、なぜそこから「ロレックス」になったのか。音が似ているからだけでなく、激安フードをあえて高級時計の名前で呼んでみたいという洒落っ気をそこに感じてしまう。

チャパティ2枚以上の大盛は「タイタニック」と呼ばれていて、もはや料理の中身とはまったく無関係。そんなウガンダ人の遊び心が大好きだ。

ちなみに、ロレックスは昔からの伝統料理ではない。卵を巻いたチャパティは以前も食されていたが、メニューとして確立し、広まったのは2000年代に入ってから。

ウガンダのマケレレ大学近くにある屋台が売り出したところ、腹ペコ学生の間で「安く手早くお腹が満たせる」と評判となり、人気に火がついた。またたく間にウガンダじゅうに広まり、今では屋台はもちろん、高級レストランのメニューにも屋台の数倍（!）の値段で並んでいるという。

2021年には重さ約200kg、長さ2m以上の巨大ロレックスも作られ、世界一としてギネスに登録された。

いまやウガンダを代表するストリートフードといっていいだろう。短期間にこうも広まったのは、おいしさはもちろん、このユニークな名前も後押しとなったにちがいない。

062

ソマリア連邦共和国

ナファコ

パクチー香るゆで卵コロッケ

一見スコッチエッグのようにも見えますが違いは、卵の周りがミンチではなくポテトだということ。アラブ世界全体で人気のスナック。

調理 30 min. / 難易度 カンタン / 日持ち 当日中 / アルコール フリー

材料（4個分）

ジャガイモ…大2個
パクチー…1本（みじん切り）
A
コリアンダー…小さじ½
クミン…小さじ½
黒胡椒…小さじ¼
塩…小さじ½
ゆで卵…2個
小麦粉…大さじ1
揚げ油…適宜

作り方

❶ジャガイモの皮をむき、ゆでてつぶしておく
❷Aを加えて混ぜる
❸ゆで卵を半分に切って小麦粉をまぶし、❷で包んでさらに小麦粉をまぶす
❹180度の油でキツネ色に揚げる

063

ルワンダ共和国

ボンダ

バナナドーナッツ

これは現地在住の日本人女性から教えていただきました。元来ボンダはジャガイモで作ることが多い南インド料理。印僑が多い東アフリカならではの融合メニューです。

調理 20 min. / 難易度 カンタン / 日持ち 当日中 / アルコール フリー

材料（約10個分）

バナナ…1本（皮をむいて約200g）
キャッサバ粉…100g
水…50㎖ぐらい
揚げ油…適宜
砂糖またはハチミツ…お好みで

作り方

❶バナナをつぶし、キャッサバ粉を加えて混ぜる
❷耳たぶくらいの硬さになるまで水を少しずつ加えて混ぜる
❸10等分して小判型に整え、180度の油でキツネ色になるまで揚げる
❹冷めてから、お好みで砂糖やハチミツをつけて食べる

じゅわあぁぁ

064

ブルンジ共和国

デーツ&バナナミックス

デーツとバナナのしっとりケーキ

バナナやパイナップルなどの果物に恵まれているためか貧しい食糧事情ゆえか、お菓子作りは盛んではない様子。このケーキも素材をいかしたシンプルな味です。

調理  40 min.
難易度  カンタン
日持ち  2 数日
アルコール フリー

材料（10㎝角の耐熱皿）

デーツ（ナツメヤシ）…10個
バナナ…2本
バター…40g
砂糖…50g
卵…1個
A
- 小麦粉…30g
- ベーキングパウダー…小さじ½
- 塩…ひとつまみ

溶かしバター・シナモン…各小さじ1

作り方

❶デーツは種を取って5㎜角に切り、バナナは輪切りにしておく
❷バターと砂糖をクリーム状になるまで混ぜ、卵を加えて混ぜてから、Aも加えてさらによく混ぜる
❸バター（容量外）を塗った耐熱皿に半分を入れ、❶をのせてから、残りの半分を入れる
❹180度のオーブンで15分焼く
❺溶かしバターとシナモンをふりかける

Advice デーツはペーストを使うと楽ちん！

香りがトロピカル

065

タンザニア連合共和国

マンダジ

ココナッツ風味のドーナッツ

東アフリカ全域で愛されている庶民派スナック。
ほのかな甘さと三角の形が特徴です。
おやつはもちろんのこと、朝食にすることも多いそう。

調理  min.
難易度  ほどほど
日持ち  当日中
アルコール フリー

材料（約5個分）

A
- ココナッツミルク…50㎖
- 砂糖…50g
- 塩…小さじ½

B
- 小麦粉…75g
- ドライイースト…小さじ1
- 溶かしバター…小さじ2
- カルダモンまたはシナモン…お好みで

揚げ油…適宜

作り方

❶Aを合わせて、よくかき混ぜる
❷Bを加えて混ぜ、約10分かけてよくこねる
❸濡れふきんをかけて暖かいところで1〜2時間、ふくらむまで発酵させる
❹強力粉（分量外）を薄くふった台の上に広げ、麺棒で厚さ約7㎜にのばす
❺10個の三角形に切り分け、再びふくらむまで15〜30分休ませる
❻180度の油でキツネ色になるまで揚げる

Advice ふっくら仕上げるには、❺でしっかりふくらませること！

ビールドロボー2号（暴れん坊）

066

セーシェル共和国

モルーク
スパイシーカリカリドーナッツ

ヨーロッパやアフリカ、アラブ、インド、中国などの
さまざまな文化が融合した島国。
この菓子も源流はインドにあると言われています。

調理  20 min.　難易度  カンタン　日持ち  当日中　アルコール  フリー

材料（約8個分）

小麦粉…100g
砂糖…50g
バター…小さじ1
塩…小さじ½
クミンシード…小さじ½
クミン…小さじ½
チリペッパー…小さじ½
油…小さじ1
水…50ml
揚げ油…適宜

作り方

❶すべての材料を混ぜ合わせ、こねる
❷太さ約1cmの棒状にのばして長さ約5cmにカットし、唐辛子の形に整える
❸180度の油で約5分揚げる

Advice カリカリになるまで揚げたほうがおいしいよ！

口どけよし!

067

コモロ連合

ムカトラシニヤ
米粉とココナッツのふんわりケーキ

その名の意味は「白いケーキ」。
コモロ料理はスパイシーな味わいが特徴で
このお菓子もカルダモンが効いています。

調理

min.

難易度

カンタン

日持ち

数日

アルコール

フリー

材料（10㎝のケーキ型）

溶き卵…½個分
A
- 砂糖…50g
- ココナッツオイル…大さじ1
- ココナッツミルク…100㎖

米粉…60g
ココナッツフレーク…大さじ1½
ベーキングパウダー…小さじ¼
重曹…小さじ1
塩…小さじ½
カルダモン…小さじ½
バニラエッセンス…適宜

作り方

❶溶き卵にAを加えて混ぜる
❷残りの材料すべてを加えてよく混ぜる
❸型に流し入れ、180度のオーブンで20分焼く

Advice ココナッツオイルは入れなくてもOK

キリッと冷やしてネ

068
モザンビーク
共和国

サラダペラデアボケート

桃とアボカドのレモンドレッシング

かつての宗主国ポルトガルの影響を受けたメニュー。
アボカドなどの果物が南国らしいふんだんに入り、
レモンの効いたドレッシングが爽やか。

調理	難易度	日持ち	アルコール

min.	カンタン	出来立て	フリー

材料（2人分）

アボカド…1個
桃（缶）…½缶（200g）
トマト…1個
A
レモン汁…1個分
オリーブオイル…100ml
ハチミツ…大さじ1
塩…小さじ½
レタス…4枚

作り方

❶アボカド、桃、トマトをサイコロ状に切る
❷Aを泡立て器でよく混ぜ合わせてドレッシングを作る
❸器にレタスを敷き、❶を盛り、❷をかける

Advice 生の桃を使うともっとおいしい！

ちょっとだけ
スパイシー

069

モーリシャス共和国

フルーツコンフィ タマリンド味の果物マリネ

トロピカルフルーツのシロップ漬けと思いきや
タマリンドとチリの効いているのが斬新！
ビン詰めにされて国じゅうの屋台で売られています。

調理 15 min.　難易度 カンタン　日持ち 2 数日　アルコール フリー

材料（2人分）

タマリンドペースト…100g
ぬるま湯…100ml
砂糖…大さじ1
A パイナップル…1/8個（皮をむく）
　マンゴー…1/4個（皮をむく）
　リンゴ…1/4個（皮をむく）
　キュウリ…1/2本
B チリペッパー…小さじ1/2
　塩…小さじ1/2

作り方

❶タマリンドペーストをぬるま湯に入れ、種の周りの果肉を指でほぐしていく
❷種を取りのぞいて濾し、砂糖を加えておく
❸Aをひと口大に切る
❹❷をかけ、冷蔵庫で3時間以上マリネする
❺皿に盛り、Bをふりかける

Advice タマリンドの種で手を怪我しやすいので、注意して！

私の世界料理修行⑩

一発では再現できなかったタンザニアの味

●タンザニアには、自然をPOPに描く「ティンガティンガ」という絵画がある。私にタンザニア料理を教えてくれたのは、日本人女性と結婚している日本在住のティンガティンガ画家、マイケルさんだ。

マイケルさんに、カチュンバリという野菜サラダとマンダジというドーナッツのレシピを書いてもらい、それをもとに作ってみた。ところが、味見したマイケルさんは困った表情をする。どうも味が違うらしいのだ。

カチュンバリは、もみこみが足りなくて野菜の水分が出切っていないという。「野菜サラダはシャキシャキ感が大事」という固定概念があった私は、この程度で十分と勝手に判断してしまっていたのだ。

マンダジは、厚みが足りないらしい。1㎝ぐらいというレシピどおりにしたのだが、人によって感覚は微妙に違う。

どちらも簡単なメニューなのに、一発では再現できなかった。これは、レシピから料理を再現することの難しさを物語っている。裏返せば、料理をレシピで表現する難しさでもあるわけで、その怖さを改めて知った出来事だった。

ところで、マイケルさんはいつもニコニコされていたので、奥さまに「明るい方ですね」というと、「なぜ僕らアフリカ人だけ色が黒いんだ？と悩んでたこともあったのよ」と教えてくれた。人にも料理にも先入観は禁物だ。

070

マダガスカル共和国

グジュグジュ
米粉とココナッツの焼きプリン

先住民は東南アジア出身で、今も人口の1/4がマレー系。そのためか主食は米で、このプリンのベースも米粉です。そこにバニラとカラメルが香るのが、多民族国家の妙。

カラメルの苦味が◎

材料（2人分）

- ココナッツミルク…200ml
- カラメルソース（作り方P011）…200ml
- A バニラエッセンス・シナモン…適宜
- A 米粉…200g
- A 水…大さじ3
- A ココナッツオイル…大さじ2

作り方

❶ココナッツミルクを沸騰させ、まずカラメルソースの半量とAを加え、混ぜながら約5分煮る

❷耐熱皿に入れて表面を平らにならし、残りのカラメルソースをまんべんなくかける

❸180度のオーブンで30分焼く

071

マラウイ共和国

ムバタタ
レーズン入りサツマイモクッキー

アフリカで独立以来、戦争を経験していない数少ない国。そのため「アフリカの温かい心」と呼ばれています。このクッキーはその愛称にちなんでハート型にしました。

材料（10枚分）

- サツマイモ…大1本
- バター…大さじ2
- 小麦粉…大さじ5½
- ブラウンシュガー（なければ砂糖）…大さじ5½
- シナモン…小さじ1
- ベーキングパウダー…小さじ1
- 塩…小さじ¼
- レーズン…大さじ4

作り方

❶サツマイモの皮をむき、ラップをして電子レンジで10～12分、柔らかくなるまで加熱する

❷バターを加えてつぶす

❸残りの材料をすべて加えて混ぜ、10等分し、それぞれをハート形に整えて、オーブンシートに並べる

❹180度のオーブンで約12分、焼き色がつくまで焼く

072

ザンビア共和国

カンドロボール

ゴマとチーズが香ばしいサツマイモ揚げ団子

ザンビアはアフリカでもっとも平和な国の一つと言われ、食糧自給率150%の農業大国でもあります。カンドロとは、現地の言葉でサツマイモのこと。

調理 20 min.　難易度 カンタン　日持ち 出来立て　アルコール フリー

材料（約6個分）

- サツマイモ…1本（約250g）
- ブラウンシュガー…小さじ2
- A
  - 粉チーズ…100g
  - シナモン…小さじ1
  - 塩…小さじ½
  - ベーキングパウダー…小さじ¼
- 白ゴマ…125g
- 揚げ油…適宜

作り方

❶サツマイモの皮をむき、サイコロ状に切る

❷電子レンジで7~10分、柔らかくなるまで加熱し、ブラウンシュガーを加え、ボウルに移して、冷ます

❸Aを加え、よく混ぜ合わせる

❹直径2㎝のボール状に丸めて、白ゴマをまぶす

❺180度の油で黄金色になるまで揚げる

073

ジンバブエ共和国

ムプンガウネドヴィ

ピーナッツバターご飯

ジンバブエ料理に、ピーナッツバターは欠かせません。このご飯以外にも、鶏肉や野菜の煮込みに入れたり、お粥にのせたり。日本の練りごまみたいな使い方ですね。

調理 50 min.　難易度 カンタン　日持ち 当日中　アルコール フリー

材料（2人分）

- バスマティ米…180㎖（1合）
- 水…炊飯器の米1合の目盛り分
- ピーナッツバター…大さじ2

作り方

❶バスマティ米は洗わずに水と一緒に炊飯器に入れ、通常の炊飯モードで炊く

❷ピーナッツバターを加え、粘りが出るくらいまでよく混ぜる

★ミルクティーなどと一緒にそのまま食べてもおいしいが、チキンのトマト煮込みやオクラの煮物を添えるとなお美味

074

エスワティニ王国

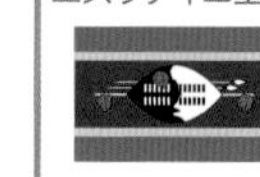

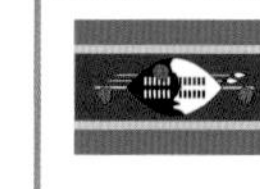

スラーイ
アボカドのショウガマリネ ピーナッツがけ

アフリカでも栽培が盛んになってきているアボカド。
アフリカ各地でさまざまなアボカドサラダが人気ですが、
これはショウガとレモンが爽やかなあっさり系。

調理	難易度	日持ち	アルコール
30 min.	カンタン	出来立て	フリー

材料（2人分）

アボカド…1個

A
- おろしショウガ…大さじ½
- レモン汁…大さじ1
- 塩…小さじ¼

ピーナッツ…大さじ1

作り方

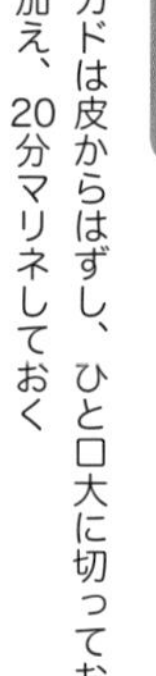

❶アボカドは皮からはずし、ひと口大に切っておく
❷Aを加え、20分マリネしておく
❸砕いたピーナッツをかける

Advice ショウガの入れすぎに注意！

075

南アフリカ共和国

ミルクタルト

ミルク濃厚カスタードタルト

調理 40 min.

難易度 ほどほど

日持ち 数日

アルコール フリー

大航海時代伝来のポルトガルのパステルデナタがルーツ。マカオのエッグタルトも同様ですが、こちらにはその後酪農国オランダが進出してきたため、ミルク強めの味に。

材料（18㎝のパイ皿）

- バター…20g

A
- 卵…¼個
- 砂糖…60g
- 塩…ひとつまみ

B
- 小麦粉…100g
- ベーキングパウダー…小さじ½

- 牛乳…200㎖
- バター…大さじ½
- バニラエッセンス…小さじ¼

C
- 小麦粉…大さじ2
- コーンスターチ…小さじ2
- 砂糖…大さじ2
- 卵…½個
- シナモン…ひとつまみ

- ココアパウダー…適宜

作り方

❶Aを合わせて練り、Bをふるい入れて、さらに練る
❷型に入れてアルミストーン（きれいな小石などでも代用可）をのせ、180度のオーブンで15分焼く
❸牛乳、バター、バニラエッセンスを合わせて中火にかけ、ひと煮立ちしたら火から下ろす
❹Cを混ぜ合わせてから加え、弱火にかける
❺少し煮込み、とろみがついたら火から下ろして、❷に流し入れ、冷蔵庫で冷やす
❻切り分けてココアパウダーをふる

Advice ❺で表面が滑らかになったときが、火から下ろすタイミング

フツーに
おいしいよ!

076

レソト王国

ブータブーテ

ほうれん草のミカンスープ

調理 30 min.　難易度 カンタン　日持ち 当日中　アルコール フリー

ブータブーテとは、レソトで2番目に大きな町の名前で意味は「横になって休む場所」。一見意外な材料ですが、じつはその名の通り、ほっとするやさしい味わいです。

材料（2杯分）

イエロースピリットピー（なければレンズ豆）…大さじ2
チキンストック（コンソメの素でOK）…200ml
玉ねぎ…¼個（みじん切り）
バター…大さじ½
米粉…大さじ½
ターメリック…小さじ½
ミカンジュース…100ml
ミカン…6房
ほうれん草…¼束（みじん切り）
ヨーグルト…大さじ½
パセリ・パクチー（みじん切り）…各大さじ½

作り方

❶イエロースプリットピーをチキンストックに入れ、弱火で20分煮ておく
❷フライパンで玉ねぎをバターで炒め、米粉とターメリックを加える
❸❶とミカンジュース、ミカン、ほうれん草を加え、約5分煮込む
❹器に盛ってヨーグルトを混ぜ、パセリとパクチーを飾る

Advice 酸っぱすぎるときには、砂糖を加えてみて！

私の世界料理修行⑪

料理を教えてもらうための裏ワザ

●見知らぬ土地で料理を教えてもらうのは大変なことだ。相手にしてみればどこの馬の骨かわからないヤツなわけで、たいていは警戒されて門前払いされるのがオチ。そのため、「なんかスゴいやつ」と思わせる必要がある。私は一つの裏ワザを編み出した。

まず、狙いを定めた店で食事をし、店員に声をかけて「とてもおいしいので作っているところを見たい」と伝える。「見るぐらいはいいよ」とほとんどはOKしてくれる。

厨房に入れてもらったら、長めの切れる包丁とまな板がありそうか確かめてから「私のナイフテクニックを見たいか？」と尋ねる。相手が興味を示したら、裏ワザの登場だ。

それは、日本人ならではの手先の器用さを披露すること。海外ではキャベツの千切りも日本ほど細かくはない。まず、キャベツを糸のようなフワフワの千切りに仕上げてみせる。

次に、大根を紙のように透けるほど薄く長くむき、重ね合わせて切れ目を入れる。ここでもったいぶり、「ジャパニーズマジック！　ジャパニーズマジック！」と呼びかけ、できるだけ多くの観衆を集める。そしてひと呼吸置いてから重々しい所作で大根をゆっくり広げる。細工包丁を入れた大根は漁網のように広がる。すると、観衆から口々に「ゴッド！」の声が上がり、信頼を得て、料理を教えてもらえるようになるという寸法だ。

しっとりミルキー

077

ボツワナ共和国

マルヴァプディング

ミルクバターソースで食べるケーキ

オランダ人入植者の作っていたお菓子が起源。冷めても固くなりにくく、おいしいので今ではサファリキャンプの定番デザートなのだとか。

調理  60 min.
難易度  ほどほど
日持ち  当日中
アルコール  フリー

材料（15㎝のタルト型）

砂糖…100g
卵…1個

A
小麦粉…100g
ベーキングパウダー…小さじ½
重曹…小さじ1

B
牛乳…200ml
溶かしバター・アプリコットジャム…各大さじ1
白ワインビネガー…小さじ1

ソース
砂糖…65g
バター…100g
牛乳…200ml

ホイップクリーム（作り方P011）…100ml

作り方

❶砂糖に卵を加え、白っぽくなるまで泡立て、Aを加える
❷Bを別の容器で混ぜ合わせてから加え、型に入れる
❸170度のオーブンで45分焼く
❹ソースの材料を火にかけ、煮立たせない程度に温める
❺❸にフォークで穴を多数開け、❹のソースをかけて15分以上しみこませてから、切り分けてホイップクリームを飾る

Advice ソースは1時間ぐらい浸みこませたほうがおいしいよ

リンゴシャクシャク！

078

ナミビア共和国

アップルクランブル

ほろほろ生地のリンゴケーキ

ナミブ砂漠の玄関口ソリティアの名物が、アップルパイ。
名称はパイですが、中身はドイツ風のクランブルです。
かつてドイツの植民地だった影響が感じられるメニュー。

調理  min.
難易度  ほどほど
日持ち   数日
アルコール  フリー

材料（15㎝角の耐熱皿）

クランブル
- 小麦粉…100g
- グラニュー糖…70g
- バター…70g（1㎝の角切り）
- シナモン…小さじ½

リンゴ…2個

A
- グラニュー糖…大さじ2½
- バター…大さじ1⅔
- シナモン…小さじ1

作り方

❶ボウルにクランブルの材料すべてを入れ、ボウルの内側にてのひらでこすりつけるようにして、全体がポロポロした状態になるまで混ぜる

❷ラップをして冷蔵庫で約30分休ませておく

❸皮をむいてひと口大に切ったリンゴを耐熱皿に入れ、Aを加えてしっかり混ぜ合わせる

❹❷をのせ、200度のオーブンで25分焼く

Advice ❶で柔らかくなりすぎたら、冷蔵庫でいったん冷やすといい

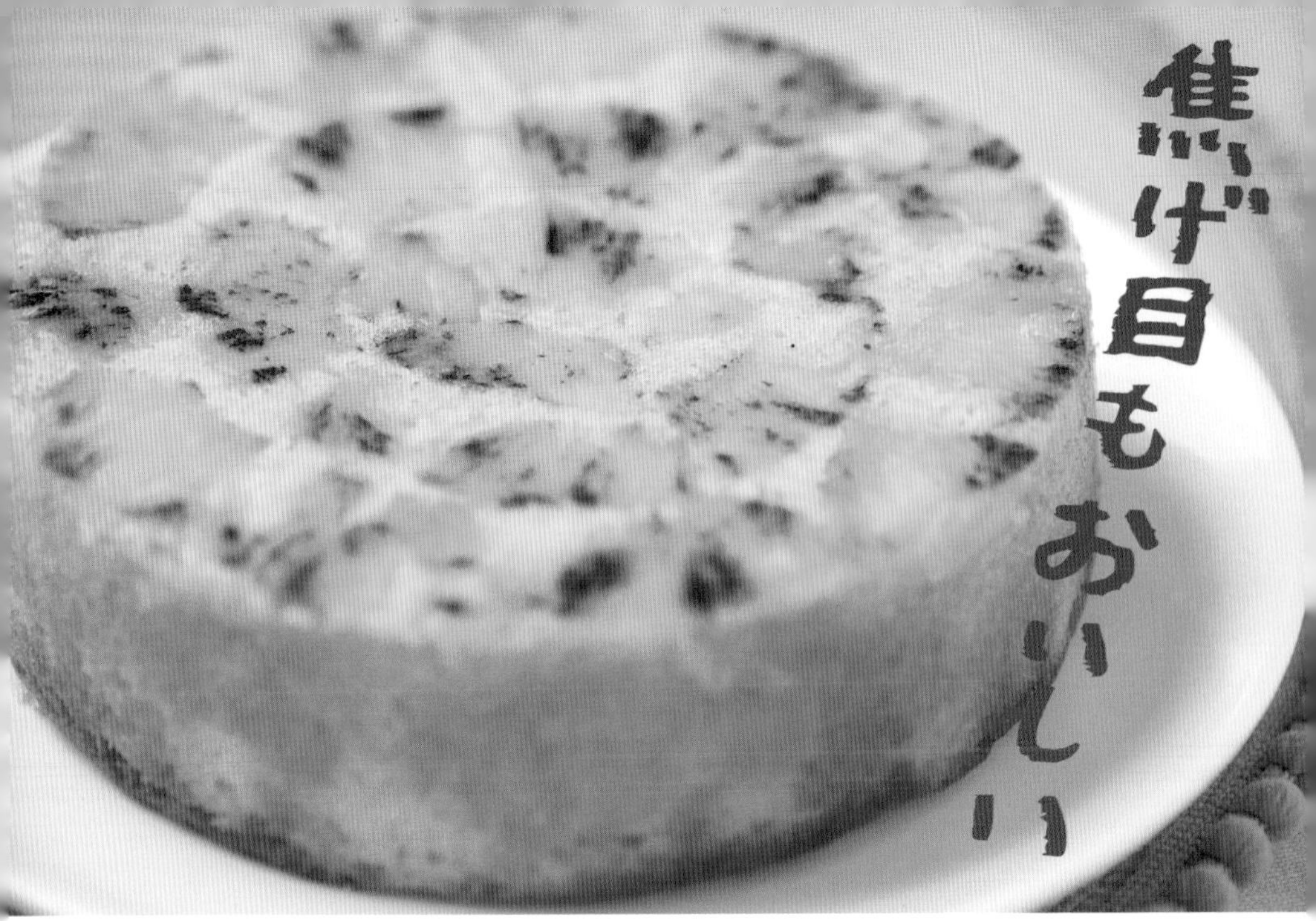

焦げ目もおいしい

079

アンゴラ共和国

ボーロデアナナシ

パイナップルケーキ

500年近くもポルトガルの植民地だった歴史から、食文化にも、その影響が色濃く残っています。このケーキのルーツもポルトガルです。

材料（15㎝のケーキ型）

小麦粉…100g
ベーキングパウダー…小さじ1
パイナップル（缶）…½缶（200g）
A｜バター・砂糖…各35g
バター…100g
砂糖…100g
溶き卵…2個分
牛乳…大さじ1½

作り方

❶小麦粉とベーキングパウダーを合わせてふるっておく
❷フライパンに汁気を切ったパイナップルとAを入れ、両面とも焼き色をつける
❸ケーキ型の底に❷を並べ、焼いて出た汁も入れる
❹ボウルにバターを入れ、泡立て器でなめらかにしてから砂糖を加え、全体が白っぽくなるまでよく混ぜる
❺溶き卵と牛乳を混ぜ合わせたものを、少しずつ加えて混ぜる
❻❶を加えてさっくり混ぜ、❸の上に流し込む
❼180度のオーブンで45分焼く

Advice パイナップルには焼き色をしっかりつけて！

080

コンゴ民主共和国

プティコンゴーレ
ココナッツメレンゲ

調理 30 min.　難易度 カンタン　日持ち 2 数日　アルコール フリー

フランス語で「小さなコンゴ人」という名のお菓子。ポルトガルとベルギーの植民地とされた歴史があり、いまも公用語はフランス語です。

材料（約12個分）

卵白…1個分
砂糖…65g
ココナッツフレーク…30g

作り方

❶卵白に砂糖を加え、ツノが立つまでしっかり泡立てる（ここが肝心！）
❷ココナッツフレークを加え、さっくり混ぜる
❸オーブンシートの上に、❷をひと口大ずつ落としていく
❹210度のオーブンで15分焼き、庫内でそのまま30分放置する

081

コンゴ共和国

ミカテ
ドーナッツのピーナッツバター添え

調理 30 min.　難易度 ほどほど　日持ち 当日中　アルコール フリー

コンゴで話されている言語の一つ、リンガラ語で、ミカテとはドーナッツの意味です。学校の周りに屋台が出るほど、子どもに大人気のおやつ。

材料（約8個分）

A
小麦粉…100g
砂糖…25g
ドライイースト…小さじ¼
バニラエッセンス…小さじ¼

ぬるま湯…100ml
ココナッツオイル…大さじ½
揚げ油…適宜
ピーナッツバター…適宜

作り方

❶Aを混ぜ合わせ、ぬるま湯を加えてよくこねる
❷ココナッツオイルを加え、さらにこねる
❸ラップをかけ、暖かいところで40分休ませる
❹ゴルフボール大に整えて、160度の油に落とし、キツネ色になるまで揚げる
❺ピーナッツバターを添える

082

ガボン共和国

ベニエ
カラメルソースで食べる揚げパン

旧宗主国フランスにルーツのある菓子で
西アフリカ一帯で広く親しまれています。
カラメルソースなしでも美味！

調理	難易度	日持ち	アルコール
30 min.	カンタン	当日中	フリー

材料（約5個分）

A
- 砂糖…大さじ1
- ドライイースト…小さじ½

- 卵…½個
- 牛乳…60㎖
- バター…大さじ2

B
- 強力粉…60g
- 薄力粉…60g
- 塩…小さじ¼

- 油…適宜
- 粉糖…大さじ1
- カラメルソース（作り方P011）…適宜

作り方

❶Aを混ぜ合わせ、卵と牛乳を加えて、さらに混ぜる
❷Bを加えてよく練り、ラップをかけて1時間休ませる
❸麺棒で厚さ6㎜にのばし、6㎝角に切りそろえる
❹160度の油で裏返しながらキツネ色になるまで揚げる
❺器に盛り、粉糖をふってカラメルソースを添える

Advice ふっくらした生地にするには、❷でよく練るのがコツ

バナナの酸味にビックリ!

083

赤道ギニア共和国

オレンジ風味の焼きバナナ

アクワドゥ

この国を代表するスイーツ。
食後のデザートだけでなく、朝食メニューにすることも。
調理用バナナのプランテンでも作れます。

調理  35 min.
難易度  カンタン
日持ち  当日中
アルコール  フリー

材料(10×15cmの耐熱皿)

バナナ…2本
バター…大さじ1
オレンジジュース…50ml
レモン汁…大さじ1
A ココナッツフレーク…大さじ1
　ブラウンシュガー…大さじ3⅓
　シナモン…適宜
ハチミツ…大さじ2
スライスアーモンド…適宜

作り方

❶バナナの皮をむき、縦半分にカットする
❷耐熱皿にのせ、バターとオレンジジュース、レモン汁をかける
❸Aをかけ、200度のオーブンで約20分、焼き色がつくまで焼く
❹ハチミツをかけ、再度オーブンに入れて1分焼く
❺スライスアーモンドを飾る

Advice オーブントースターで焼いてもOK!

個性的

084

サントメ・プリンシペ民主共和国

バナナボーロ

カラメルバナナのあったかケーキ

ボーロとは、ポルトガル語でケーキのこと。500年もの間、ポルトガル領だった歴史があり、食文化も大きく影響を受けています。

調理 60 min.　難易度 カンタン　日持ち 2 数日　アルコール フリー

材料（15㎝のケーキ型）

A
小麦粉…150㎖
ベーキングパウダー…小さじ1
塩…ひとつまみ

バター…大さじ3⅓
砂糖…50g
バニラエッセンス…小さじ1
卵黄…1個分
牛乳…50㎖

B
カラメルソース（作り方P011）…大さじ2
シナモン…小さじ¼
ナツメグ…ひとつまみ
バニラエッセンス…適宜

バナナ…1本（輪切り）
卵白…1個分
レモン汁…小さじ¼

作り方

❶Aを混ぜ合わせておく
❷バターと砂糖を混ぜ合わせ、そこにバニラエッセンス、卵黄、❶の順で加える
❸牛乳を少しずつ加えて練り合わせておく
❹Bにバナナを加えてからめ、型に入れる
❺卵白をツノが立つまで泡立て、レモン汁を入れてから❸に加えてさっくり混ぜ合わせ、型に流し入れる
❻170度のオーブンで45分焼く
❼粗熱が取れたら型から出して、温かいうちに食べる
★冷めたら、温め直したほうがおいしい

Advice 型にオーブンシートを敷き忘れるとバナナがくっついちゃう

おやつこぼれ話❷

アフリカのドーナッツ包囲網

●本書で紹介するアフリカのおやつをセレクトする際、どの国を調べてもドーナッツばかりで辟易した。他のメニューはないものか。

ルワンダに友達がいるという知人のまさみさんに相談すると、ルワンダ在住のまさこさんを紹介してくれた。まさこさんはすぐにいくつかのお菓子のレシピを写真つきで送ってくださった。その中にも、ドーナッツがあった。

他のレシピについて編集者と検討を重ねる。しかし、どれも作り方が複雑だったり、材料が日本で入手できないものだったり。結局、最終的に決まったルワンダ（P086）のメニューは、皮肉にも「ボンダ」というドーナッツだった。

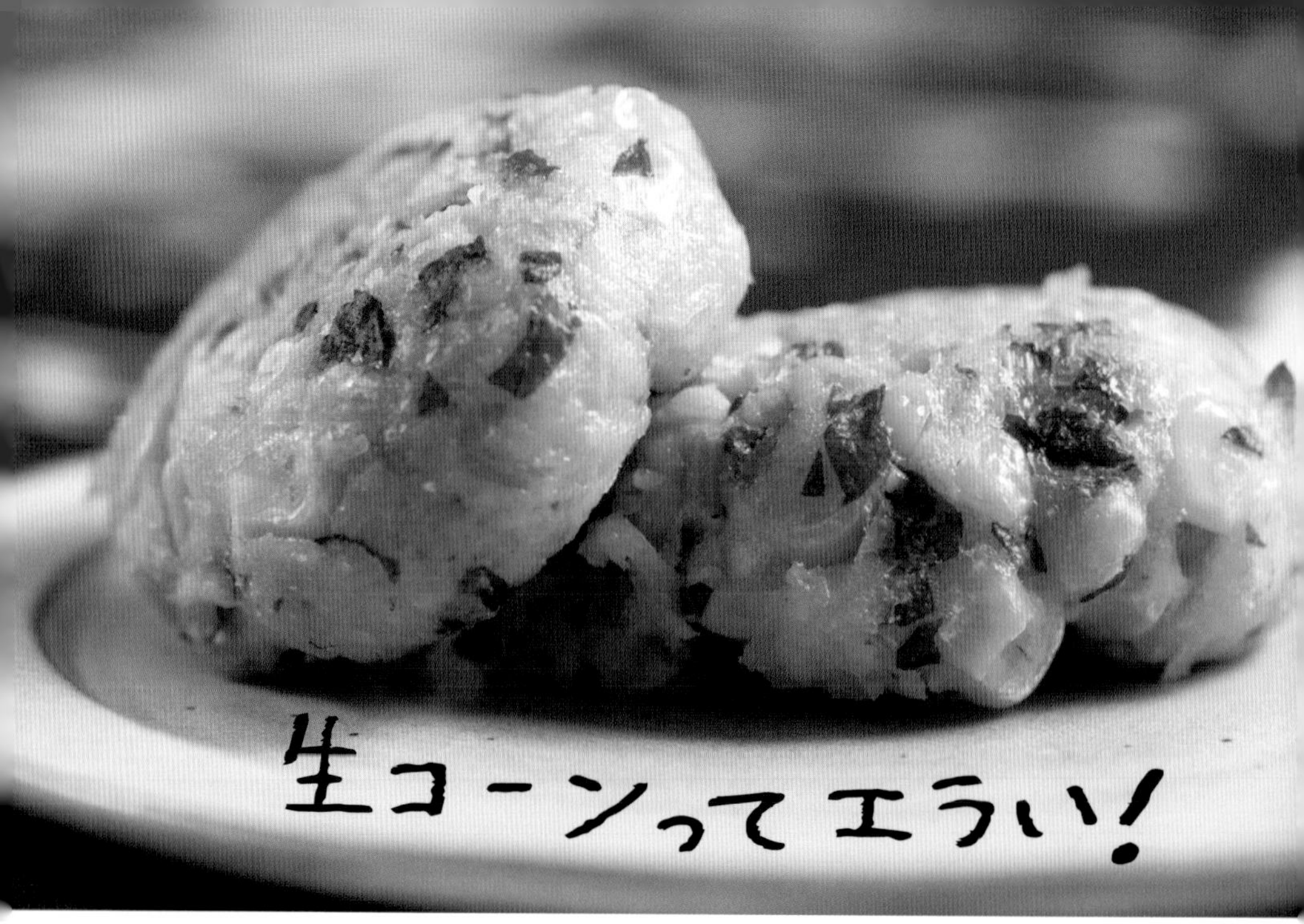

生コーンってエラい!

中南米料理タマレのアフリカ版。
コーンミールに加え、コーンの実も入れるのが特徴です。
ここでは冷凍を使いましたが、生ならもっとおいしい!

カメルーン共和国

コキコーン
ピリ辛トウモロコシ団子

材料（2人分）

- A 冷凍スイートコーン…160g
- 　玉ねぎ…¼個（みじん切り）
- 　チリペッパー…小さじ½
- 水…50ml
- コーンミール…25g
- オリーブオイル…大さじ3
- 塩…小さじ½
- ほうれん草の葉…¼束分（みじん切り）

作り方

❶Aを混ぜてすりつぶし、水を加える（ミキサーやフードプロセッサーがあると楽）
❷残りの材料すべてを加え、よく混ぜる
❸2等分して、それぞれをラップで包み、電子レンジで約10分、表面を押すと弾力を感じるようになるまで加熱する

Advice 加熱が足りないときは、様子を見ながら1分ずつ追加して!

086

中央アフリカ共和国

ベンヌウェーハ
セサミ黒糖クッキー

調理 30 min.　難易度 ほどほど　日持ち 数日　アルコール フリー

これはアメリカ合衆国南部でも郷土菓子とされています。アフリカ原産のゴマ、そして奴隷といっしょに新大陸に伝わったのでしょう。

ゴマたっぷり

材料（約8枚分）

白ゴマ…50g
溶かしバター…75g
黒糖…75g
A
塩…小さじ¼
バニラエッセンス…適宜
溶き卵…½個分
小麦粉…50g
ベーキングパウダー…小さじ¼

作り方

❶白ゴマを香ばしくなるまで煎っておく
❷バターにAを加え、泡立てる
❸溶き卵を少しずつ加え、よく混ぜる
❹小麦粉とベーキングパウダーを入れ、さらに混ぜる
❺オーブンシートに大さじ1ずつ生地を落とし、170度のオーブンで20分焼く

087

チャド共和国

カルカンジー
ハイビスカススパイスティー

調理 15 min.　難易度 カンタン　日持ち 当日中　アルコール フリー

街角の屋台で1杯売りされる、熱帯の"清涼飲料水"。濃いめに作って炭酸で割るのもオススメ！ちなみに、日本のハイビスカスとは別品種です。

材料（2杯分）

水…400ml
ハイビスカスのティーバッグ…2個
砂糖…大さじ2
ジンジャー…小さじ¼
クローブ…½本
シナモン…小さじ¼

作り方

❶材料すべてを鍋に入れて火にかけ、沸騰したら弱火にしてフタをし、10分煮る
❷スパイスを取り出し、粗熱をとってから冷蔵庫で1時間冷やす

088

ナイジェリア連邦共和国

チンチン
カリカリひと口ドーナッツ

調理 40 min.｜難易度 カンタン｜日持ち 当日中｜アルコール フリー

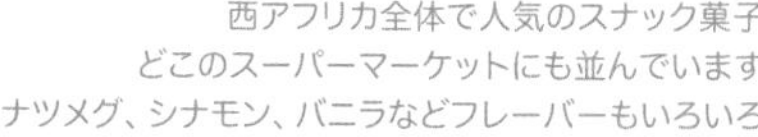

西アフリカ全体で人気のスナック菓子。
どこのスーパーマーケットにも並んでいます。
ナツメグ、シナモン、バニラなどフレーバーもいろいろ。

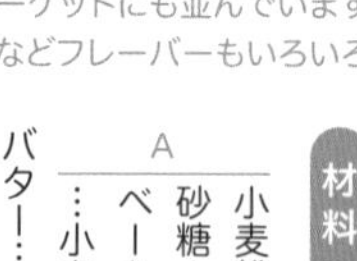

材料（2人分）

A
- 小麦粉…125g
- 砂糖…35g
- ベーキングパウダー…小さじ¼

- バター…大さじ2
- 卵白…½個分
- 牛乳…大さじ2½
- 揚げ油…適宜

作り方

❶Aを合わせ、バターを加えて手ですり合わせる
❷別のボウルで卵白を溶いて牛乳と混ぜ合わせる
❸❷に❶を加えて練る
❹直径1㎝の棒状にのばし、サイコロ状に切る
❺180度の油でキツネ色になるまで揚げる

いろんな意味で小学生男子にウケそう(笑)

089

ニジェール共和国

マサ
米粉パンケーキ

調理 30 min.｜難易度 カンタン｜日持ち 出来立て｜アルコール フリー

主要な主食の一つである米を使ったメニュー。
乾燥地帯にあり、国土の大部分はサハラ砂漠ですが、
やや降水量の多い南部では、稲作も行なわれています。

材料（2人分）

A
- 卵…1個
- 砂糖…大さじ2
- 塩…ひとつまみ

- 牛乳…100㎖
- 米粉…100g
- ベーキングパウダー…小さじ1
- 油…大さじ1
- チリソースまたはカレー…適宜

作り方

❶Aをよく混ぜてから、牛乳を加える
❷米粉とベーキングパウダーを加えて泡立て器でよく混ぜ、油を加える
❸弱火にかけて油をひいたフライパンに、¼ずつ入れ、ホットケーキを焼く要領（表3分、裏2分が目安）で4枚焼く
❹チリソースまたはカレーを添える

辛いソースがアフリカン

090

ベナン共和国

クリクリ
ピーナッツペーストのスパイシー揚げ団子

ピリッとスパイシーな料理が多いお国柄。このスナックも見た目は香ばしいクッキーなのにかなりピリ辛。お茶よりもお酒のお供に◎。

調理 15 min.｜難易度 カンタン｜日持ち 出来立て｜アルコール フリー

材料（6個分）

ピーナッツパウダー…100ml
油…大さじ2
A 塩…少々
A チリペッパー…小さじ½
A ジンジャー…小さじ½
熱湯…大さじ2
B 小麦粉…50g
B 卵…1個
揚げ油…適宜

作り方

❶ピーナッツパウダーに油を加えてよく混ぜてから、クッキングペーパーで油を絞る
❷Aを加えてよく混ぜ、熱湯を注いでさらに混ぜる
❸Bを加えて混ぜる
❹500円玉状の形に整え、180度の油でキツネ色になるまで揚げる

091

ブルキナファソ

デゲ
クスクスヨーグルト

日本で手に入りやすいクスクスで代用しましたが、本来は蒸したトウジンビエで作ります。小腹が空いたときの軽食にもピッタリ。

調理 10 min.｜難易度 カンタン｜日持ち 当日中｜アルコール フリー

材料（2人分）

クスクス…100g
熱湯…200ml
A ヨーグルト…50ml
A 牛乳…50ml
A 砂糖…50g
スライスアーモンド・レーズン…適宜

作り方

❶クスクスに熱湯を加えてラップし、レンジで5分加熱し、粗熱をとってから冷蔵庫で冷やしておく
❷Aを混ぜ合わせる
❸❶を加え、混ぜ合わせる
❹器に盛り、レーズンとスライスアーモンドを飾る

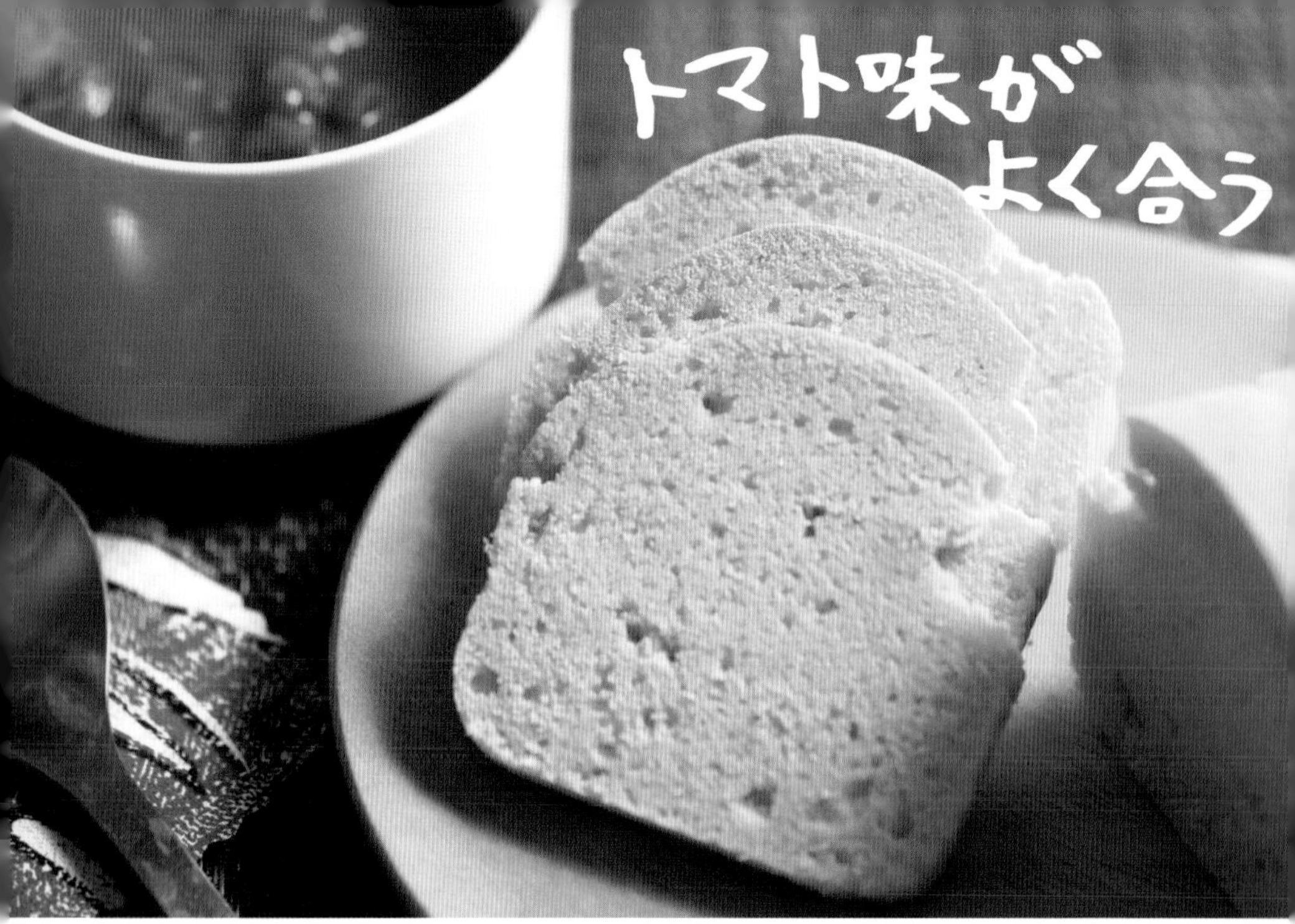

トマト味がよく合う

092

トーゴ共和国

アボロ
コーン蒸しパン

この国の主食のひとつがトウモロコシ。
これはそのトウモロコシ粉で作ったパンですが
粉をお湯で練ったものもよく食されています。

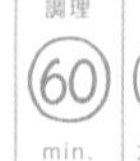

材料（8×15㎝のパウンドケーキ型）

A
- コーンフラワー…150g
- 小麦粉…50g
- ベーキングパウダー…小さじ½

B
- 牛乳…100ml
- 卵…½個
- オリーブオイル…大さじ½
- 砂糖…小さじ¼
- 塩…小さじ½

トマトシチュー（レトルトでOK）…2人分

作り方

❶Aを合わせて、まんべんなく混ぜる
❷Bを加え、ダマができないように混ぜ、型に流し込む
❸天板に深さ1㎝ほどの湯をはり、❷をのせて、180度のオーブンで約45分、表面がキツネ色になるまで焼く
❹型からはずして食べやすい大きさに切り、トマトシチューをつけて食べる

Advice コーンフラワーは黄色ではなく白いものを使って！

フルーツだけの甘さ

093

コートジボワール共和国

パパイヤグラタン
パパイヤのキッシュ風グラタン

この国でパパイヤは、日本の柿のように身近な果物。グラタンという調理法に旧宗主国フランスの影響がうかがえます。

調理	難易度	日持ち	アルコール
30 min.	カンタン	出来立て	フリー

材料（2人分）

熟したパパイヤ…1個
油…大さじ1

A
- キャッサバ粉（なければコーンスターチ）…大さじ1
- 溶き卵…1個分
- 牛乳…少々
- ナツメグ・シナモン・塩・胡椒…各適宜

パン粉…適宜
粉チーズ…大さじ1

作り方

❶パパイヤの皮をむき、水にさらしておく
❷油を塗ったグラタン皿に❶とAを混ぜ合わせたものを入れ、パン粉、粉チーズをかける
❸オーブントースターで約10分焼く

Advice パパイヤは冷凍でもOK！

094

ガーナ共和国

コスアネメコ
ゆで卵のチリソースサンド

この国のスープもシチューもとにかく真っ赤。
それはどれにも唐辛子とトマトが入っているから。
そんなガーナ料理の特徴をひと口で味わえるスナック。

調理 15 min.　難易度 カンタン　日持ち 当日中　アルコール フリー

材料（6個分）

チリソース
- 玉ねぎ…1/8個（みじん切り）
- トマト…1/8個（細かく刻む）
- おろしニンニク・おろしショウガ…各小さじ1/4
- 唐辛子…1本（みじん切り）
- 塩…小さじ1/4

ゆで卵…6個

作り方

❶チリソースの材料をよく混ぜ合わせる（フードプロセッサーかミキサーがあると楽）

❷半分に切ったゆで卵に❶をはさむ

095

リベリア共和国

カニヤ
ピーナッツ風味のキャッサバ焦がし

ピーナッツバターで代用しましたが
本来は煎ったピーナッツを細かくひいて作ります。
キャッサバ粉の代わりに米粉で作られることも。

調理 15 min.　難易度 カンタン　日持ち 数日　アルコール フリー

材料（8個分）

- キャッサバ粉…100g
- 砂糖…大さじ3
- ピーナッツバター…50g

作り方

❶キャッサバ粉をフライパンに入れ、弱火で約10分煎る

❷ボウルに移し、他の材料すべてを加えてよく混ぜる

❸台に移し、麺棒で厚さ約1cmにのばす

❹内側にラップを敷いた直径6cm程度の型（マドレーヌ型など）で抜く

096
シエラレオネ共和国

ジンジャーケーキ
ショウガと唐辛子のスパイシークッキー

ここもまた西アフリカ激辛ロードの一角。調理用バナナであるプランテンを揚げたものにまでショウガとチリペッパーをかけて食べるとか。

調理 30 min. ／ 難易度 カンタン ／ 日持ち 数日 ／ アルコール フリー

材料（約10個分）

小麦粉…100g
ベーキングパウダー…小さじ½
おろしショウガ…大さじ2
砂糖…55g
チリペッパー…小さじ¼
バター…25g（室温に戻しておく）

作り方

❶バター以外の材料すべてを混ぜ合わせてラップをかけ、冷蔵庫で30分休ませる
❷混ざりやすいようにバターをカットして加え、練る
❸麺棒で厚さ1㎝にのばし、好みのクッキー型で抜いて、オーブンシートに並べる
❹180度のオーブンで10分焼く

097
ギニア共和国

ベニエアナナス
パイナップルフリッター

今ではボーキサイトなどの鉱物が国を支えていますが、フランスから独立した1958年当時は、コーヒーなどとともにパイナップルも主な輸出物でした。

調理 10 min. ／ 難易度 カンタン ／ 日持ち 出来立て ／ アルコール フリー

材料（2人分）

パイナップル…200g
卵…1個
水…100㎖
小麦粉…110g
揚げ油…適宜

作り方

❶パイナップルの皮をむき、厚さ2㎝の輪切りにする
❷卵を割りほぐして水を加え、小麦粉をふるい入れて混ぜる
❸❶を❷にくぐらせてから170度に熱したサラダ油で、ときどき返しながら約3分揚げる
★粉糖をふってもおいしい

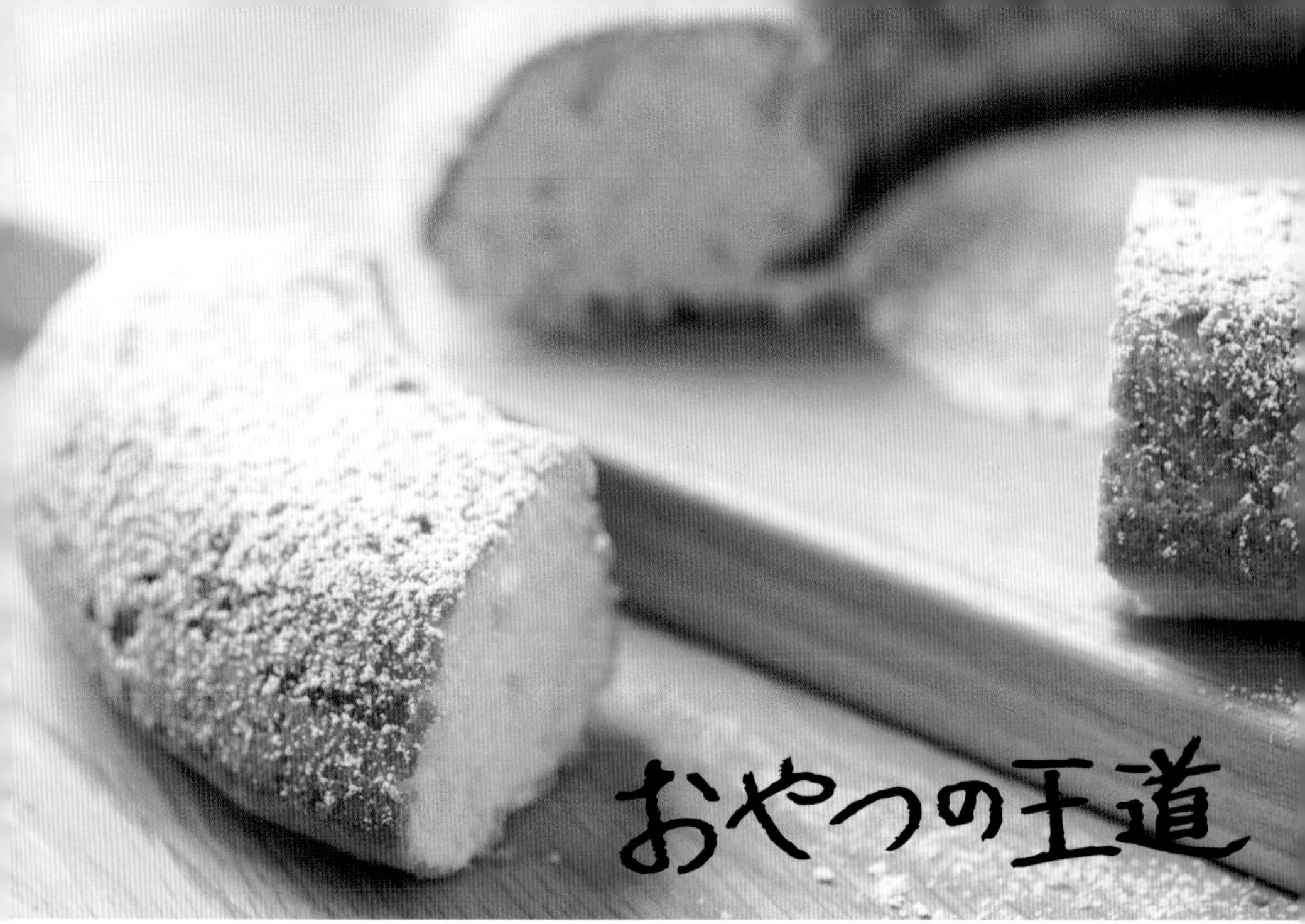

おやつの王道

098

ギニアビサウ共和国

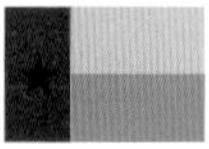

ボーロアモダ
ふわふわパウンドケーキ

サントメ・プリンシペでも紹介したとおり、
ボーロとは、ポルトガル語でケーキのこと。
この国も500年以上、ポルトガル領とされていました。

材料（18㎝のリング型）

小麦粉…100g
ベーキングパウダー…小さじ½
バター…60g
グラニュー糖…80g
溶き卵…1個分
牛乳…大さじ1½
バニラエッセンス…適宜
粉糖…適宜

作り方

❶小麦粉とベーキングパウダーを合わせてふるっておく
❷バターにグラニュー糖を加え、白くなるまでよく混ぜる
❸かき混ぜながら、溶き卵、牛乳、バニラエッセンスの順で加える
❹❶を3、4回に分けて加える
❺内側にバター（分量外）を塗って小麦粉（分量外）をふった型に流し入れ、180度のオーブンで40分焼く
❻型からはずし、粉糖をふる

Advice バターをしっかりと泡立てると、生地がふんわりしっとり

調理	難易度	日持ち	アルコール
10 min.	カンタン	当日中	フリー

ジンジャービールとも呼ばれ、アフリカ各地で人気。
現地のレシピでは、ショウガの量がもっと多く、
本書では飲みやすいようにかなり減らしています。

099
ガンビア共和国

グナマコウジ
ジンジャーレモンティー

材料（2杯分）

A
- 砂糖…50g
- おろしショウガ…小さじ2
- レモン汁…大さじ1
- 水…200㎖

- 氷…適宜
- 水…適宜

作り方

❶Aを弱火で約5分煮て、濾す
❷熱いまま、氷を入れたグラスの半分まで注ぎ、残りを水で満たしてかき混ぜる

Advice 水を炭酸に変えたらジンジャーエールっぽくなるよ

100

セネガル共和国

パパイヤプディング

パパイヤの焼きプリン

植民地時代以前のジョロフ王国の文化に
ポルトガルやフランスの影響も加わり、
アフリカで一番、食が洗練された国といわれています。

調理 40 min.　難易度 カンタン　日持ち 2 数日　アルコール フリー

材料（2人分）

パパイヤ…1個
水…適宜
塩…少々
A
卵…1個
砂糖…大さじ2
バター…小さじ2½
牛乳…大さじ1
小麦粉…大さじ1⅔
バニラエッセンス…適宜
油…適宜

作り方

❶パパイヤの皮をむき、大きめの乱切りにして、ごく薄い塩水で約3分ゆでる
❷水気を切り、スプーンやマッシャーなどでつぶし、Aを加える
❸油を塗った耐熱皿に入れる
❹200度のオーブンで黄金色になるまで焼く
★熱々でも冷やしてもおいしい

101

マリ共和国

メニメニヨン

ハニーゴマおこし

ゴマはこの国の特産品で、日本にも輸出されているほど。
ハチミツを煮詰める時間が短いと柔らかく、
長いと硬く仕上がります。

調理 20 min.　難易度 ほどほど　日持ち 2 数日　アルコール フリー

材料（6個分）

白ゴマ…大さじ5
バター…大さじ2
ハチミツ…125ml
油…適宜

作り方

❶白ゴマを香ばしくなるまで煎っておく
❷バターとハチミツを中火にかける
❸泡が出て少し焦げてきたら火からおろし、❶を加えて混ぜる
❹オーブンシートに移し、厚さ5㎜にのばす
❺6等分に切り分ける

102

モーリタニア・イスラム共和国

プティムダボカド
アーモンド風味のアボカドクリーム

20世紀前半、フランス領だった歴史を感じるメニュー。ちなみに、アボカドは中央アメリカ原産ですが近年、アフリカでの生産も増えています。

調理	難易度	日持ち	アルコール
20 min.	カンタン	当日中	フリー

材料（2人分）

アボカド…½個

A
- ホイップクリーム（作り方P011）…50㎖
- ヨーグルト…大さじ2
- アーモンドパウダー…大さじ2
- 砂糖…大さじ2

削ったダークチョコレート…大さじ1

ココナッツフレーク…大さじ1

作り方

❶アボカドの皮をはずし、実をスプーンなどでつぶす

❷Aを加えて混ぜる

❸器に盛りつけ、ダークチョコレート、ココナッツフレークを飾る

つぶして混ぜるだけ

103

カーボベルデ共和国

パステルディアトゥム
ツナ入り揚げギョーザ

日本のツナ缶にはたいてい、大豆油が使われていますがこの国では、オリーブオイルが一般的。このレシピでは代わりにオリーブオイルを加えました。

調理	難易度	日持ち	アルコール
10 min.	カンタン	出来立て	フリー

材料（6個分）

ツナ（缶）…1缶（70g）

オリーブオイル…小さじ1

玉ねぎ（みじん切り）…大さじ1

塩…小さじ¼

ガーリック…小さじ¼

パプリカ…小さじ¼

パセリ…小さじ½

黒胡椒…少々

ギョーザの皮…6枚

揚げ油…適宜

作り方

❶ツナは油を軽く切っておく

❷ギョーザの皮以外の材料すべてを混ぜ合わせ、弱火にかけて水分を飛ばし、粗熱をとる

❸6等分し、揚げた時に具が出ないように、ギョーザの皮でしっかり包む

❹180度の油で色づくまで揚げる

AMERICA

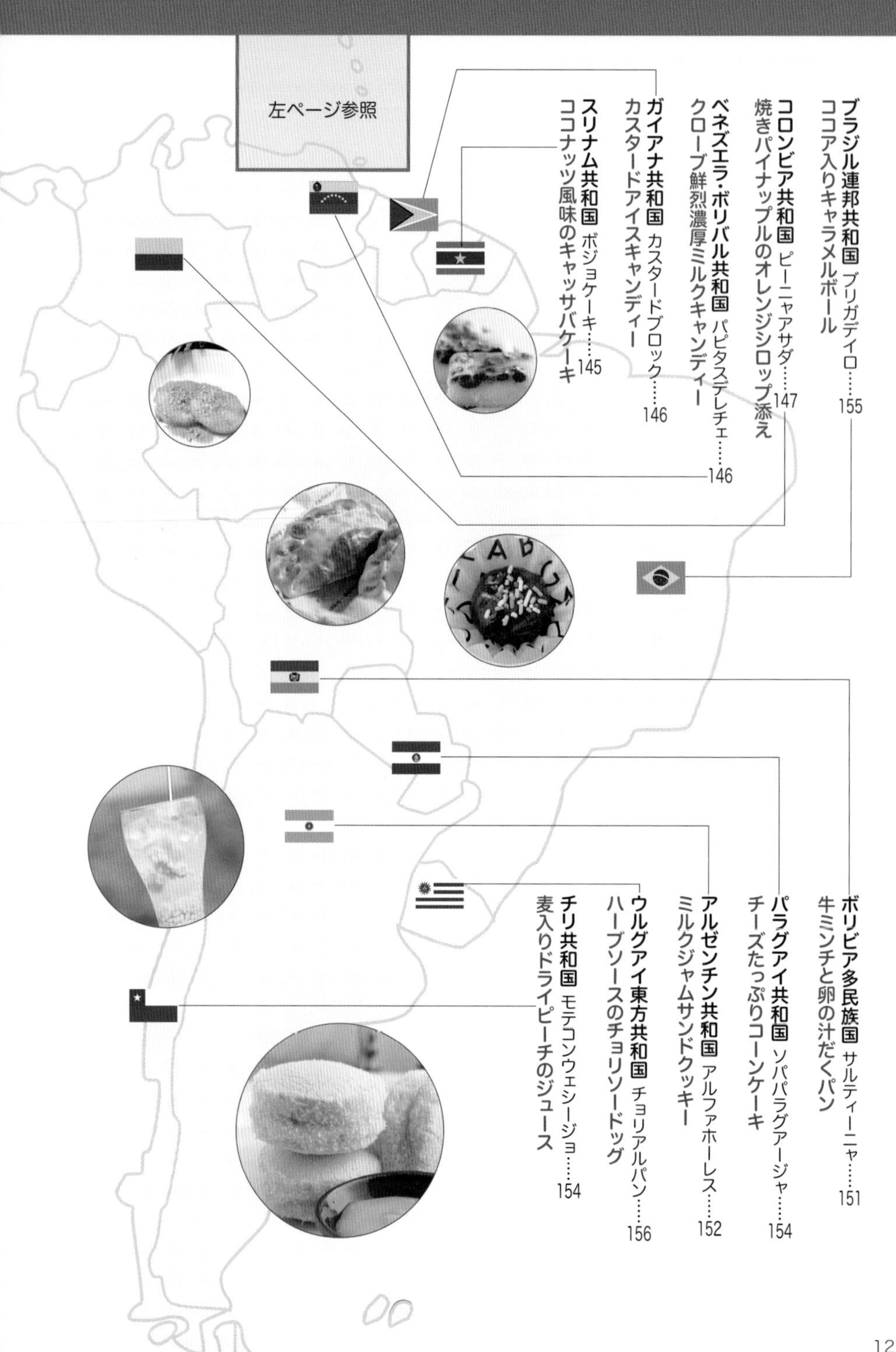
左ページ参照
ブラジル連邦共和国 ブリガデイロ……155
ココア入りキャラメルボール
コロンビア共和国 ピーニャアサダ……147
焼きパイナップルのオレンジシロップ添え
ベネズエラ・ボリバル共和国 パピタスデレチェ……146
クローブ鮮烈濃厚ミルクキャンディー
ガイアナ共和国 カスタードブロック……146
カスタードアイスキャンディー
スリナム共和国 ボジョケーキ……145
ココナッツ風味のキャッサバケーキ
ボリビア多民族国 サルティーニャ……151
牛ミンチと卵の汁だくパン
パラグアイ共和国 ソパパラグアージャ……154
チーズたっぷりコーンケーキ
アルゼンチン共和国 アルファホーレス……152
ミルクジャムサンドクッキー
ウルグアイ東方共和国 チョリアルパン……156
ハーブソースのチョリソードッグ
チリ共和国 モテコンウェシージョ……154
麦入りドライピーチのジュース

AMERICA

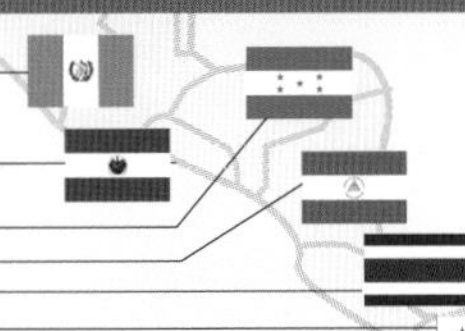

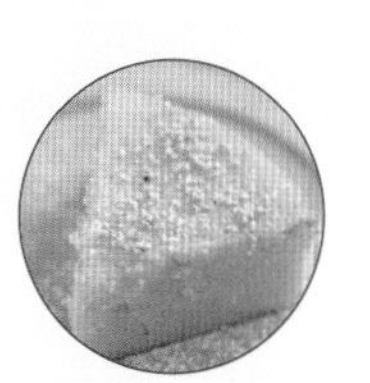

おうちで作ろう！アメリカのおやつ

AMERICA

「人種のるつぼ」と呼ばれるこの大陸は同時に「おやつのるつぼ」。先住民の食文化にアフリカやヨーロッパからの移住者のエッセンスが加わっています。日本人には意外な食材の組み合わせが新鮮！

生地は割としっかりめ

104

アメリカ合衆国

エンゼルフードケーキ
ふわふわ真っ白のシフォンケーキ

卵黄も油も入っていなくて超ヘルシー！
確認できる最古の記録は、19世紀のレシピブックですが、
最初に焼いたのは南部の黒人奴隷だったという説も。

調理 50 min.　難易度 カンタン　日持ち 2 数日　アルコール フリー

材料（17cmのシフォンケーキ型）

A
- 小麦粉…80g
- コーンスターチ…20g

卵白…6個分
グラニュー糖…100g
ホイップクリーム（作り方P011）…適宜

作り方

❶Aを合わせてふるっておく
❷卵白をツノが立つまで泡立て、グラニュー糖を加え、さらに泡立てる（ハンドミキサーがあると楽）
❸❶を加えてゴムベラでさっくりと混ぜる
❹型にオーブンシートは敷かずに❸を流し込み、170度のオーブンで40分焼く
❺焼き上ったらすぐ型ごとさかさまにして完全に冷ます（穴にビンなどを差すと安定する）
❻外周側、筒側、底それぞれの面の内側をペティナイフなどでなぞり、生地を慎重にはがしながら型から出す
❼ホイップクリームを飾る

Advice 型には何も塗らず、オーブンシートも敷かないで！

これぞジャンクフード！
ほめ言葉です

105

カナダ

プーティン
フライドポテトのチーズグレービーソース

元はフランス系住民が多いケベック州の郷土料理ですが
いまや北アメリカ全土で人気です。
ソーセージなどを加えた爆カロリーバージョンも多数。

調理	難易度	日持ち	アルコール
20 min.	カンタン	出来立て	フリー

材料（2人分）

A
- 市販のデミグラスソース（グレービーソースの代用）…50㎖
- マデラワイン…大さじ1
- バーベキューソース…大さじ1⅔

- コーンスターチ…小さじ¼
- 水…小さじ½
- 冷凍フライドポテト…200g
- 揚げ油…適宜
- ピザ用チーズまたはチェダーチーズ…50g

作り方

❶Aを合わせて⅓の量になるまで中火で煮詰め、水で溶いたコーンスターチでとろみをつけておく
❷冷凍フライドポテトを200度の油でキツネ色に揚げる
❸器に盛りつけ、チーズをのせて❶をたっぷりかける

Advice マデラワインの代わりに赤ワインでもOK

106

メキシコ合衆国

ゼラチーナデカヘータ
濃厚カラメルミルクゼリー

調理 15 min. ／ 難易度 カンタン ／ 日持ち 2 数日 ／ アルコール フリー

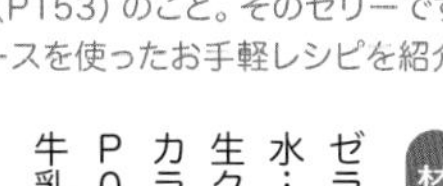

カヘータとは、中南米の甘味に欠かせないクリーム、ドゥルセデレチェ（P153）のこと。そのゼリーです。本書では、カラメルソースを使ったお手軽レシピを紹介。

材料（80mlのゼリー型4個分）

ゼラチン…小さじ1
水…大さじ3½
生クリーム…150ml
カラメルソース（作り方はP011）…100ml
牛乳…50ml

作り方

❶ゼラチンは水でふやかしておく
❷生クリームとカラメルソースを合わせ、電子レンジで約2分30秒加熱し、人肌に温める
❸❶と牛乳を加えてよく混ぜ、ゼリー型に入れて、冷蔵庫で3時間以上冷やす

107

ベリーズ

アトーレ
トウモロコシ粉のミルクドリンク

調理 10 min. ／ 難易度 カンタン ／ 日持ち 出来立て ／ アルコール フリー

その歴史が古代マヤ文明の時代にまでさかのぼる飲み物。メキシコおよび中米の広い地域で親しまれています。甘みや風味を加えたバリエーションもいろいろ。

材料（2杯分）

マサ（ホワイトコーンフラワー）…10g
※Amazonなどで買える
水…150ml
牛乳…50ml
砂糖…小さじ1
シナモン…小さじ1
バニラエッセンス…少々

作り方

❶材料すべてを、かき混ぜながら弱火にかける
❷とろみがついてきたらカップに注ぐ
★コンデンスミルクやチョコレート、バナナなどの果物ペーストを加えてもおいしい

あっ！チョコ味

108

グアテマラ共和国

レジェニート
豆餡入りプランテン焼き団子

サワークリームやチョコレートソースを添えたり
餡にチリペッパーを加えたりなど、
家庭ごとにいろいろなアレンジのあるおふくろの味。

調理  65 min.
難易度  ほどほど
日持ち   当日中
アルコール  フリー

材料（4個分）

黒インゲン豆（なければキドニービーンズ）…50g
水…200ml

A
- 砂糖…75g
- チョコレート…15g
- 塩…小さじ¼

B
- プランテン（なければジャガイモ）…200g
- シナモンスティック…1本
- 水…500ml

揚げ油…適宜

作り方

❶水にひと晩浸しておいた黒インゲン豆を水ごと中火にかけ、柔らかくなるまで煮る（約30分）
❷湯を切ってボウルに移し、熱いうちにスリコキなどでつぶしてAを加え、よく混ぜて餡を作っておく
❸Bを中火にかけ、プランテンが柔らかくなるまで（約15分）煮る
❹プランテンをつぶして4等分し、それぞれに❷の餡を¼ずつ包み、少量の油で色づくまで揚げ焼きする

Advice 黒インゲン豆はしっかりゆでたほうがおいしいよ！

チーズびにょ〜ん

109

エルサルバドル共和国

ププサ
黒インゲン豆とチーズのおやき

国が11月第2日曜をププサの日に定めるほどの国民食。キャベツの酢漬けクルティードが付け合わせの定番です。コーンミールの代わりに米粉で作る地方もあります。

調理	難易度	日持ち	アルコール
90 min.	チャレンジ	当日中	フリー

材料（4枚分）

- 黒インゲン豆（なければ金時豆）…50g
- 水…200ml
- 塩…小さじ½
- A
  - コーンミール…50g
  - 小麦粉…100g
  - 水…50〜75mlぐらい
  - 塩…小さじ¼
- ピザ用チーズ…大さじ2
- 油…大さじ2

作り方

❶黒インゲン豆を水にひと晩浸しておく
❷水ごと火にかけ、中火で30分、柔らかくなるまで煮る
❸水気を切ってすりこぎでつぶし、塩を加えてよく混ぜる
❹Aを混ぜ合わせてよくこね、足りなければ水を加えて耳たぶくらいの硬さにし、ラップをかけて常温で30分休ませる
❺4等分して丸め、麺棒で平たくのばし、❸とチーズを包む
❻フライパンに油を熱し、弱火で両面を5分ずつこんがりと焼く

Advice 具が飛び出さないように、しっかり包んで！

110

ホンジュラス共和国

ケサディーア

チーズたっぷり米粉入りケーキ

メキシコ料理でケサディーアといえば、トルティーヤにチーズを挟んだホットサンドのことですがこの国やエルサルバドルなどではこのケーキを差します。

材料（15㎝のケーキ型）

- バター…90g
- 砂糖…65g
- 卵…1½個
- A
  - 小麦粉…55g
  - 米粉…25g
  - 粉チーズ…25g
  - ベーキングパウダー…小さじ½
- 牛乳…100㎖
- B
  - 砂糖…大さじ½
  - 白ゴマ…小さじ½

作り方

❶バターと砂糖をよく混ぜ、卵を1個ずつ加える
❷Aを少しずつ加え、混ぜる
❸牛乳を少しずつ加え、混ぜる
❹型に流し入れ、170度のオーブンで約50分、焼き色がつくまで焼く
❺Bをまぶしつける

チーズ⁉ チーズ！ チーズ‼

111

コスタリカ共和国

カヘタデココ

ココナッツづくしのソフトキャンディー

ココナッツウォーターの代わりに牛乳を使ったり、クローブやナツメグを加えたりすることもあります。隣国ニカラグアでも人気。

調理 10 min.　難易度 カンタン　日持ち 2 数日　アルコール フリー

材料（約8個分）

- ココナッツシュガー…50g
- ココナッツウォーター…50㎖
- ココナッツファイン…50g
- シナモン…ひとつまみ

作り方

❶フライパンにココナッツシュガーとココナッツウォーターを入れ、かき混ぜながら弱火で約5分煮詰める
❷ココナッツファイン、シナモンを加え、さらに約1分煮詰める
❸粗熱を取り、梅干し大に小さく丸める

コーヒーにも　ビールにも

112

ニカラグア共和国

ロスキージャス
チーズとコーンの堅焼きクッキー

ロスキージャスはスペイン語でドーナッツを指しますがこの国ではポリポリ食べられる素朴なスナックのこと。黒糖をのせて焼いたビエヒータスもポピュラー。

調理	難易度	日持ち	アルコール
20 min.	カンタン	2 数日	フリー

材料（12個分）

A
- 粉チーズ…100g
- ホワイトコーンフラワー…100g
- 卵…3個

B
- バター…大さじ4
- ラード（なければ油）…大さじ2

粉糖…適宜

作り方

❶Aを混ぜ合わせた中にBを加えて混ぜる
❷12等分し、それぞれを厚さ5㎜×直径5㎝のリング型に整えて、オーブンシートに並べる
❸200度のオーブンで10分焼き、粉糖をふりかける

現地の生のエピソードが面白い！ロスキージャスの通販も！

YouTube カヤヌマンTV
-Coffee professional-
「ニカラグアの郷土菓子『ロスキージャス』紹介」

Advice 湿気りやすいので、保管は必ずシリカゲル入りの容器で

コレ食べちゃったら
本日終了！

113

パナマ共和国

ソパボラチャ
スポンジケーキの酔っぱらいシロップ漬け

スペイン語で直訳すると、酔っぱらいスープ。その名の通り、アルコール度数がメチャ高いスイーツ。デザートというより食後酒代わりにどうぞ！

調理 30 min.　難易度 カンタン　日持ち 2 数日　アルコール たっぷり

材料（2杯分）

レーズン…10g
プルーン（種を取ったもの）…10g
ブランデー…50㎖
ラム酒…50㎖
A
- 砂糖…40g
- 水…75㎖
- シナモン…小さじ¼
- クローブ…ひとつまみ
- レモンの皮…⅛個分（すりおろす）

カステラ…2切

作り方

❶レーズンとプルーンを、ブランデーとラム酒を合わせた液にひと晩以上浸けておく
❷❶を濾した液をAと合わせてひと煮立ちさせ、冷めてからレーズン、プルーンを戻す
❸カステラを2㎝角に切り、グラスに数個入れて、❷をかけ、冷蔵庫で冷やす

Advice レーズンとプルーンはお酒にしっかり浸けておこう！

私の世界料理修行⑫

グアテマラ料理はスカイプで

●「ブエノスディアス！」。スカイプで料理教室が始まった。教えてくれたのは、グアテマラ人のラファエルさん。かつて私のレストラン「パレルモ」でバイトをしていたよしこさんの旦那さんだ。

ラファエルさんは「ポジョギサドコンコカコーラ」という鶏肉のコカコーラ煮込みを教えてくれた。コカコーラの甘みがほんのりと感じられ、ハーブの香りがさわやかな料理だ。

ちなみにラファエルさんは、気さくでヒゲの似合う男前。よしこさんは、スペイン語を学ぶために留学したグアテマラで、そんなラファエルさんと恋に落ちて結婚し、子どもを産んで彼女だけ帰国したという。実家にはそのことを帰国直前に話したというから、ご家族はさぞびっくりされたことだろう。よしこさんは、楽天家というか破天荒というのか、いつも笑わせてくれるとにかく明るい女性だ。

そんなよしこさんが真面目な顔をして「グアテマラの魅力は、人がとても温かいところなんです」と語ってくれたことがある。

たとえば、食事が終わって席を立つ人はまだ食べている人に「ビエンプロベッチョ」と声をかけるらしい。言葉の意味は「みなさんごゆっくり」。相手を思いやるなんとも粋な習慣ではないか。よしこさんの「グアテマラ人は温かい」という意見にも納得だ。

20禁！

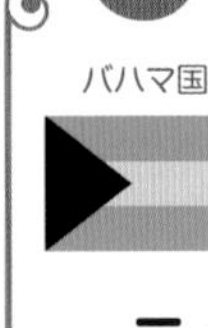

114

バハマ国

ラムケーキ

ラム酒ソースしたたるしっとりケーキ

調理 60 min.　難易度 ほどほど　日持ち 数日　アルコール たっぷり

とくに20世紀初頭、アメリカの禁酒法時代には
ラム酒目当てで訪れる人も多かったというリゾート地。
今もラム酒の有名銘柄バカルディの蒸留所があります。

材料（15㎝のケーキ型）

ホットケーキミックス…100g

A
- 砂糖…10g
- バター…小さじ2

B
- 牛乳・ラム酒…各大さじ1
- オリーブオイル…小さじ1
- バニラエッセンス…少々
- 卵黄…1個分

C
- 卵白…1個分
- 砂糖…小さじ1

ソース
- バター…15g
- 水…大さじ1
- パイナップルジュース・ラム酒…各小さじ1
- 砂糖…大さじ1

ココナッツロング…適宜

作り方

❶ホットケーキミックスにAをすりこむように混ぜる
❷別のボウルでBを混ぜ合わせておく
❸別のボウルでCを泡立てておく
❹❶に❷を混ぜ合わせてから、❸を加えてさっくり混ぜ、型に流し入れる
❺180度のオーブンで焼き色がつくまで40分焼く
❻ソースの材料をとろみがつくまでゆっくり煮詰める
❼❺にかけ、ココナッツロングを飾り、温かいまままいただく

Advice 卵白はしっかり泡立てること！

115

キューバ共和国

トルティカスデモロン
ライムとココナッツ香る さくさくクッキー

1926年、中部の町モロンで発明されたとされるお菓子。スペインのアンダルシア地方の菓子ポルボロンがベースで砕いたナッツの代わりにライムで香りを添えています。

調理 25 min.　難易度 カンタン　日持ち 2 数日　アルコール フリー

材料（約10個分）

バター…45g
ココナッツオイル…10ml
ブラウンシュガー…30g
卵黄…1個分
小麦粉…110g
ベーキングパウダー…小さじ½
ライムジュース・ライムの皮（すりおろし）…各小さじ½
粉糖…適宜

作り方

❶バターを室温に戻しておく
❷粉糖以外の材料すべてをよく混ぜ合わせる
❸厚さ5㎜にのばしてから5㎝角に切り分けるか、直径5㎝の棒状にして厚さ5㎜に切り分け、オーブンシートに並べる
❹180度のオーブンで15分焼き、粉糖をふりかける

香りさわやか

116

ハイチ共和国

マンバ
スパイシーピーナッツバター

有名なハバネロにも匹敵する辛さをもつスコッチボンネットという唐辛子で、本来は作られます。これは入手しやすい材料で代用したマイルドバージョン。

調理 3 min.　難易度 カンタン　日持ち 2 数日　アルコール フリー

材料（約200ml分）

ピーナッツバター…150g
ココナッツオイル…小さじ¼
チリペッパー…小さじ½
スモークパプリカ…大さじ½
塩…ひとつまみ
ブラウンシュガー…大さじ½

作り方

❶材料すべてをなめらかになるまでかき混ぜる
★ソーダクラッカー、バゲット、野菜スティック、ゆで野菜などにつけるとおいしい！

パインの甘ずっぱさが決め手

117

ジャマイカ

ドクターバードケーキ
クリームチーズまみれのバナナ&パイナップルのケーキ

調理 20 min. ／ 難易度 チャレンジ ／ 日持ち 2 数日 ／ アルコール フリー

ドクターバードとはジャマイカの国鳥でハチドリの一種。このケーキはアメリカ南部にも伝えられて人気ですが、そこではハミングバードケーキと呼ばれています。

材料（4人分）

バナナ…1本
パイナップル（缶）…輪切り1枚
ピーカンナッツ…50g

クリーム
バター…45g（室温に戻しておく）
クリームチーズ…100g（室温に戻しておく）
ホイップクリーム（作り方P011）…100g
シナモン・ナツメグ…各ひとつまみ

市販のスポンジケーキ…10×15cm×3枚

作り方

❶バナナは輪切りに、パイナップルは1切れを⅛に、ピーカンナッツは半量だけを細かく刻む
❷クリームの材料を合わせ、❶も加えて混ぜる
❸クリームを3枚のスポンジケーキの間にサンドし、側面や上部にも塗る
❹残りの刻んでいないピーカンナッツを上に飾る

Advice 果物は、キウイやいちごなど水分少な目のものならOK

私の世界料理修行⑬

バリ島で人生最大のピンチ

●世界料理修行の旅では、危険な目にあったこともある。

20年ほど前の誕生日、舞台はバリ島。朝、海岸を散歩していると、車で通りかかったタイ人から声をかけられた。「何をしているの?」「散歩さ」。そして聞かれてもいないのに「今日は誕生日なんだ」と付け加えてしまった。すると「ウチのタイ料理でお祝いしてあげよう」という。うさん臭いと思いつつも誘いにのってしまったのは、誕生日で浮かれていたのかもしれない。

家でごちそうになった後、なぜか男3人とトランプをすることになった。最初は私の大勝だったが、やがて大負けすると、法外な金を要求してきた。知らぬ間に金を賭けていることになっていたのだ。

逃げようと立ち上がると、すごい力で制止された。「今、マフィアが来る。お前は金を払うか命の代償を払うかだ!」。もうダメだと思った。

そして5分後、ドアが開き、入ってきたのは……、見るからに気の弱そうな男だった。まるでMr.オクレのような。瞬間に「これは勝てる!!」と判断。私はテーブルや椅子をけり倒し、大暴れ。男どもは慌て出し、「落ち着け!」となだめてきたが、私は大声で叫んだ。「オレの誕生日、どうしてくれるねん!」と。

私は彼らの車で宿に無事生還。部屋で『地球の歩き方』を開くと、そっくりな手口の詐欺が紹介されていた。

ライムが
いい仕事してます

118

ドミニカ共和国

ビスコチョドミニカーノ

メレンゲで覆われた甘ずっぱいケーキ

調理 30 min.｜難易度 チャレンジ｜日持ち 数日｜アルコール フリー

本国ばかりでなく、ドミニカ系アメリカ人の間でもお祝いごとには欠かせないデコレーションケーキです。メレンゲにカラフルな色をつけると、もっとド派手に！

材料（4人分）

卵白…1個分

A　グラニュー糖…300g
　　水…100ml

B　オレンジジュース…大さじ1⅔
　　イチゴジャム…50g
　　バニラエッセンス…小さじ1
　　ライムジュース…½個分

市販のスポンジケーキ（5×15cm）…3枚

作り方

❶卵白を泡立てておく
❷Aを合わせて火にかけ、118度になるまで煮詰め（温度計がない場合は、気泡が消えてとろりとするのが目安）、❶に少しずつ加えて、イタリアンメレンゲを作っておく
❸Bを合わせて火にかけ、約1分煮詰める
❹3枚のスポンジケーキの間に❸をサンドして、❷を側面と上部に塗る

Advice イタリアンメレンゲは気泡が消えにくく、時間が経っても◎

私の世界料理修行⑭

日本で海外の料理を学ぶコツ①

●私は日本国内でもいろいろな方法で海外の料理を学んでいる。そのコツを紹介しよう。

①知り合いに外国人を紹介してもらう

これは一番難易度が低い。子どもの同級生のご両親、通っている教会の関係者など、自分が参加しているコミュニティーのツテをたどるのが、もっとも安全でスムーズだ。

②異文化交流センター

これも比較的難易度が低い。日本語が話せる方もいるので、コンタクトがとりやすい。イベントとしてその国の料理教室が開催されることもある。

③大学の留学生を紹介してもらう

現役大学生の知り合いがいるとハードルが低い。留学生には日本や日本人に興味がある方も多く、話していても楽しい。ただ学生なので、本人は料理の作り方を知らなくて、親御さんに聞いてもらわなければわからないことも多い。

④大使館にコンタクトをとる

ここからハードルが一気に上がる。まず基本的に、日々の業務に忙しい大使館は、料理のような用件で気軽に連絡していいところではない。どうしても他では情報が得られないときだけ、極力メールで問い合わせるようにしている。よほど急いでいるときは電話することもあるが、その時のその国の情勢によっては、とんでもない迷惑になるので、空気を読んでタイミングを計ることが必要だ。

119

セントクリストファー・ネービス

タマリンドボール
タマリンドのソフトキャンディー

カリブ海諸国で人気のスイーツ。唐辛子入りもあるとか。タマリンドは、アフリカ熱帯地方原産のマメ科の植物で、酸っぱい果肉がインドやタイの料理にもよく使われます。

調理 20 min. 難易度 カンタン 日持ち 数日 アルコール フリー

すっぱ！

材料（約10個分）

タマリンドペースト…100g
砂糖…100g
グラニュー糖…大さじ2½

作り方

❶タマリンドペーストに入っている種を、指をケガしないように気をつけて注意深く取り除く
❷砂糖を加えてよく混ぜ合わせる
❸少し大きめのビー玉状に丸め、グラニュー糖をまぶす

120

アンティグア・バーブーダ

ドゥカナ
ココナッツミルク入りサツマイモの蒸し団子

奴隷として連れてこられたアフリカ人の末裔が多い土地。一説では、ガーナのコーンミール蒸しパンであるドコノにこの料理のルーツがあると言われています。

調理 25 min. 難易度 ほどほど 日持ち 当日中 アルコール フリー

材料（4個分）

サツマイモ…2本
小麦粉…大さじ2
ココナッツミルク…150ml
グラニュー糖…90g
レーズン…40g
バター…大さじ2
シナモン…小さじ½
ナツメグ…小さじ¾
水…50ml

作り方

❶サツマイモは皮をむいてすりおろす
❷材料すべてをよく練り合わせる
❸4等分して、それぞれを5cm×10cmの長方形にし、ラップで包む
❹電子レンジで10分加熱し、様子をみて、固まるまでさらに2分ずつ加熱する

調理 30 min.　難易度 ほどほど　日持ち 当日中　アルコール フリー

121

ドミニカ国

キャッサバブレッド

ココナッツ香る ほの甘もちもちパン

カリブ海の原住民カリナゴ族の自治州がある唯一の国。これは長い間レシピが失われていた彼らの伝統食です。数十年前に復刻され、今では町の名物になっています。

材料（6枚分）

A
- キャッサバ粉…200g
- 強力粉…150g
- ココナッツファイン…20g
- 砂糖…大さじ1
- ドライイースト…小さじ1
- 40度のぬるま湯…300ml

- バター…適宜
- お好みのジャム…適宜

作り方

❶Aをよく混ぜ合わせる
❷ラップをして常温で30分休ませる
❸ゲンコツで叩いてガスを抜く
❹6等分して直径12㎝×厚さ1㎝の円形にのばし、15分休ませる
❺200度のオーブンで12分焼く
❻バターやお好みのジャムを塗る
★ハムやスモークサーモンをサンドしてもおいしい

焼きたては柔らか

調理 30 min.　難易度 ほどほど　日持ち 当日中　アルコール フリー

122

セントビンセント及びグレナディーン諸島

マドンゴダンプリング

ココナッツ風味焼き葛餅

本来の材料は、葛粉ではなくマドンゴ（クズウコン）。20世紀前半は、そのマドンゴから得られるデンプンがおもな輸出品としてこの国を支えていました。

材料（約8個分）

- 葛粉（マドンゴの代用）…150g

A
- おろしショウガ…小さじ½
- シナモン…小さじ½
- 水…大さじ3

- ココナッツミルク…大さじ3

作り方

❶葛粉にAを加え、すり込むようにしっかり混ぜる
❷ココナッツミルクを加え、耳たぶくらいの硬さになるまで練る
❸直径8㎝、厚さ5㎜の円形に整え、油をひいた中火のフライパンで両面をこんがり焼く

調理 20 min.　難易度 ほどほど　日持ち 当日中　アルコール フリー

123

セントルシア

アクラス
塩ダラの揚げ団子

イースターの頃にとくによく食される スナック。材料のソルトフィッシュと呼ばれる干し塩ダラはこのメニュー以外でもよく使われています。

材料（約6個分）

干し塩ダラ…125g
※手に入らない時は、生タラに塩小さじ½をふって代用

A
小麦粉…50g
バター…小さじ1
卵…½個
玉ねぎ（みじん切り）…大さじ1
ピーマン（みじん切り）…小さじ1
パセリ（みじん切り）…小さじ1
おろしニンニク…小さじ½
ベーキングパウダー…小さじ½

揚げ油…適宜

作り方

❶干し塩ダラを前日から水（分量外）に浸し、途中で2、3回水を変えて塩を抜く
❷ゆでて、皮や骨を取り除き、細く割く
❸Aを加えて混ぜ合わせ、直径5㎝の円形に整える
❹180度の油でキツネ色に揚げる

Advice 干し塩ダラは塩気を抜きすぎないほうがおいしいよ！

口どけさわやか

124

バルバドス

ライムスフレ
ライムとエバミルクのふわふわスフレ

この国や周辺国では、スフレばかりでなくパイやラムパンチ、お茶など、数多くのメニューにライムを好んで使います。

調理  40 min.
難易度  ほどほど
日持ち   2 数日
アルコール  フリー

材料（10cmのスフレ型4個分）

ライムの皮…1個分
ゼラチン…大さじ½
ライムジュース…50ml
水…100ml
エバミルク…150ml
卵黄…2個分
砂糖…50g
卵白…2個分
ココナッツフレーク…大さじ1

作り方

❶ライムの皮は、飾り用を少し取り分けてイチョウ切りにし、残りをすりおろしておく
❷ゼラチンをライムジュースと水でふやかしておく（P010）
❸エバミルクを中火で温めておく
❹卵黄を泡立て器で溶きほぐし、少しずつ砂糖を加えてもったりするまで泡立て、混ぜながら❸の鍋に入れる
❺火にかけてとろみがついたら、❶ですりおろした皮と❷を加えてボウルに移し、室温で冷ましておく
❻卵白をツノが立つまで泡立て、まず¼を❺に加えて混ぜる
❼残りの卵白の上に❺を注ぎ入れ、さっくりと混ぜる
❽スフレ皿に入れ、冷蔵庫で3時間以上冷やし固める
❾ココナッツフレークと❶のライムの皮を飾る

Advice 卵白はしっかり泡立てて！

今日もゴキゲン

125

トリニダード・トバゴ共和国

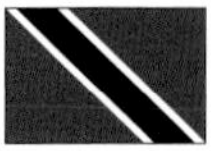

ブラックケーキ
お酒ひたひたドライフルーツケーキ

ラム酒たっぷりのフルーツケーキはカリブ海一帯で人気。
チェリーブランデーを使うのがこの国の特徴で
伝統的にクリスマスや結婚式に作られます。

調理  90 min.
難易度   ほどほど
日持ち   2 数日
アルコール  たっぷり

材料（15㎝のケーキ型）

A
- レーズン…100g
- プルーン…50g

- バター…小さじ1
- 砂糖…50g
- ライムジュース…大さじ1
- 卵…1個

B
- 小麦粉…100g
- アーモンドパウダー…小さじ1
- ベーキングパウダー・ライムの皮（すりおろし）・バニラエッセンス…各小さじ½
- シナモン…小さじ¼

- チェリーブランデー・ラム酒…各25ml

作り方

❶Aを細かく刻んでおく（フードプロセッサがあると楽）
❷バターと砂糖、ライムジュースを合わせた中に卵を少しずつ加えて混ぜ、Bも加えてさらに混ぜる
❸型に流し入れ、170度のオーブンで1時間焼き、チェリーブランデーとラム酒をかける

Advice お酒はたっぷりかけたほうが、しっとり仕上がるよ！

126

グレナダ

ナツメグアイスクリーム
ナツメグの効いた大人のアイスクリーム

小さな島国ながら世界で10本の指に入るナツメグ生産国。その実が国旗に描かれているほどのスパイスの国です。クローブやシナモンの生産も盛ん。

調理 30 min. ／ 難易度 ほどほど ／ 日持ち 2 数日 ／ アルコール フリー

お酒のアテにも◎

材料（2人分）

- 牛乳…150ml
- 生クリーム…150ml
- A
  - 卵…2個
  - 砂糖…大さじ5
  - 塩…ひとつまみ
  - ナツメグ…小さじ1
  - バニラエッセンス…少々
- 氷…500g

作り方

❶牛乳と生クリームをひと煮立ちさせておく

❷Aを混ぜ合わせた中に、❶を加えて混ぜ、粗熱がとれたら、小さめのジップロックの袋に移す

❸大きめのジップロックの袋に氷を入れ、❷の袋を入れてしっかりと口を閉じる

❹約3分、シャカシャカとしっかりふる

❺冷凍庫で1時間固める

127

スリナム共和国

ポショケーキ
ココナッツ風味のキャッサバケーキ

誕生日などのお祝いによく作られるメニューです。キャッサバとココナッツという南国らしい食材に加え、レーズンも入れる点にオランダ領時代の影響を感じます。

調理 50 min. ／ 難易度 カンタン ／ 日持ち 出来立て ／ アルコール フリー

材料（15cmのケーキ型）

- キャッサバ粉…200g
- ココナッツファイン…10g
- ココナッツミルク…200ml
- レーズン…大さじ3
- ココナッツオイル…大さじ1
- バニラエッセンス…小さじ½
- シナモン…小さじ½
- 塩…小さじ¼
- 水…100ml

作り方

❶材料すべてを混ぜ合わせて、型に流し入れる

❷170度のオーブンで45分焼く

調理	難易度	日持ち	アルコール
10 min.	カンタン	2 数日	フリー

128

ガイアナ共和国

カスタードブロック
カスタードアイスキャンディー

インド系住民が人口の40%以上を占めることから料理にもインド由来のメニューが多数。これもインドのクルフィにそっくりです。

材料（2人分）

- エバミルク…150g
- 牛乳…50㎖
- カスタードパウダー…大さじ2
- シナモン…小さじ¼
- ナツメグ…小さじ¼
- アーモンドエッセンス…少々
- バニラエッセンス…少々

作り方

❶材料すべてを混ぜ合わせて、バットに流し入れる
❷冷凍庫で1時間冷やし固める

調理	難易度	日持ち	アルコール
10 min.	カンタン	2 数日	フリー

129

ベネズエラ・ボリバル共和国

パピタスデレチェ
クローブ鮮烈濃厚ミルクキャンディー

アンデス発祥のおもに子ども向けのお菓子ですが、大人も口にして子ども時代を懐かしむそう。誕生日やクリスマスなどパーティーには欠かせません。

材料（8個分）

- スキムミルク…80g
- 粉糖…80g
- コンデンスミルク…80g
- クローブ…8個

作り方

❶スキムミルクと粉糖をよく混ぜ、コンデンスミルクを加えてひとまとめにする
❷ピンポン玉大に分けて丸め、中央にクローブを差す

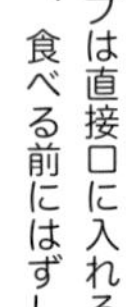

★クローブは直接口に入れると苦いので、食べる前にはずして！

とってもジューシー

130

コロンビア共和国

ピーニャアサダ
焼きパイナップルのオレンジシロップ添え

長くスペインの植民地だった歴史をもち
このメニュー名もスペイン語です。
パイナップルをはじめトロピカルフルーツの生産が盛ん。

調理	難易度	日持ち	アルコール
20 min.	ほどほど	当日中	フリー

材料（2人分）

生パイナップル…½個
バター…大さじ1
A
紅茶…100ml
ブラウンシュガー…大さじ1
レモン汁…大さじ1
B
オレンジの皮（すりおろし）…大さじ½
オレンジジュース…100ml
クルミ（みじん切り）…大さじ1

作り方

❶パイナップルの皮をむき、芯をくり抜いて、厚さ1cmの輪切りにする
❷温めたフライパンにバターを入れ、❶を並べてAをふりかけ、片面5分ずつ焼く
❸Bを注いで約2分、煮詰める
❹器に盛り、クルミをふりかける

Advice ❸では、オレンジジュースが⅓の量になるまで煮詰めてね

アイスじゃ
ないよ〜ん

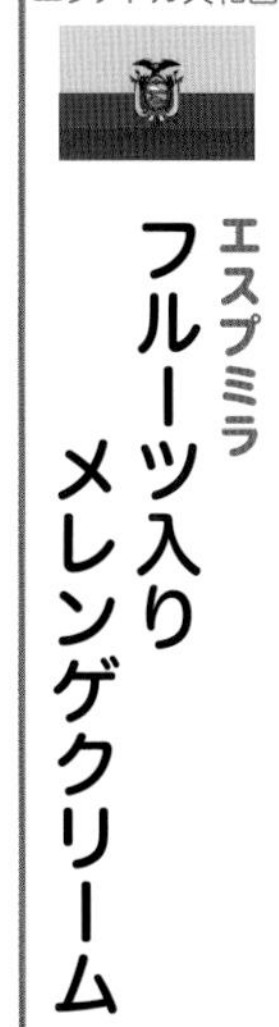

131

エクアドル共和国

エスプミラ
フルーツ入りメレンゲクリーム

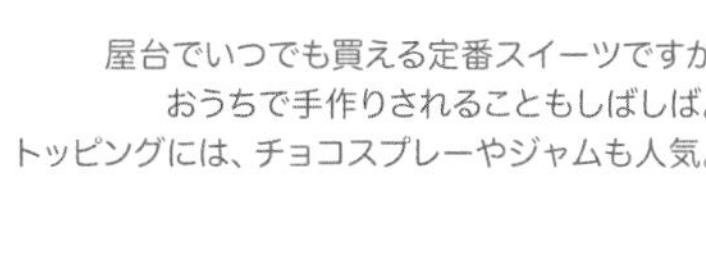

屋台でいつでも買える定番スイーツですがおうちで手作りされることもしばしば。トッピングには、チョコスプレーやジャムも人気。

調理 20 min. ／ 難易度 カンタン ／ 日持ち 当日中 ／ アルコール フリー

材料（2人分）

卵白…2個分
砂糖…大さじ1
イチゴジャム…大さじ3
イチゴ…8個
アイスクリームコーン…2個

作り方

❶卵白をツノが立つまで泡立て、砂糖を加えてさらに泡立てる
❷イチゴジャムを加え、よく混ぜる
❸器に盛り、イチゴを飾る

★いろんなフルーツで作れる。現地では、グアバやパッションフルーツを使うのがポピュラー

Advice バナナでもおいしいよ。いろんなフルーツで試してみて！

私の世界料理修行⑮

日本で海外の料理を学ぶコツ②

⑤SNSで海外の人に尋ねる

簡単なようでかなり難しい。SNSで見つけた海外の人にいきなりコンタクトをとるのは危険が少なくないのだ。まずは知り合いの知り合いに海外の人がいないか探すところからスタートし、SNSは紹介してもらってからの連絡手段として使うのがいいだろう。

⑥道でいきなり声をかける

難易度最高レベルだが、じつは私はけっこうチャレンジしてきた。

あるときは、スーパーで買い物中のヨルダン人夫婦に声をかけた。夫婦の会話からアラブの言葉だとわかったので、まず「アッサラームアライクム！」とあいさつしたら、旦那さんから「アラビア語わかりますか？」と流暢な日本語が返ってきた。奥さまのほうは日本人だった。ヨルダン料理について少し立ち話した後、「自慢の料理はありますか？よければ教えていただきたいのですが」ともちかけると、「私はマンサフという炊き込みご飯が好きなんだ。よければウチに来ないか」と話がトントン拍子に進んだ。数日後、おうちでマンサフという羊の炊き込みご飯とバガヌーシュという茄子のペーストを教えてもらうことができた。

もちろん断られることもシカトされることもある。でも、相手のふるさとの料理に興味を示すと、想像以上に喜んでもらえる気がする。ぜひ勇気を出してトライしてみて！

かる〜い！

132

ペルー共和国

ピカロネス
カボチャとサツマイモのドーナッツ

スペイン領時代、支配層では小麦のドーナッツが人気に。小麦を手に入れにくかった先住民は、材料を置き換え、このメニューを生みだしたと言われています。

調理  40 min.　難易度  ほどほど　日持ち  当日中　アルコール  フリー

材料（2人分）

カボチャ…50g
サツマイモ…50g

A
- 小麦粉…50g
- 水…80ml
- 砂糖…大さじ2
- ドライイースト…小さじ1½

ソース
- 水…100ml
- 黒糖・砂糖…各50g
- クローブ…小さじ¼
- シナモン…小さじ¼
- レモンの皮（すりおろし）…小さじ½

揚げ油…適宜

作り方

❶カボチャとサツマイモは水をふってラップで包み、電子レンジで10分加熱しておく
❷スプーンなどでつぶし、Aを混ぜ合わせて練る
❸ラップをかけて暖かいところに置き、約30分休ませる
❹ソースの材料すべてを火にかけ、沸騰したら弱火にして約5分煮詰め、ソース（チャンカラソースという）を作っておく
❺❸が2倍にふくらんだら、ゲンコツで叩いて厚さ5㎜にのばし、ドーナツ型で抜く
❻160度の油でキツネ色になるまで約3分揚げる
❼器に盛り、❹のチャンカラソースをかける

Advice クローブを入れすぎると、薬臭くなっちゃうので注意！

おいしい汁をこぼさないで

133

ボリビア多民族国

サルティーニャ
牛ミンチと卵の汁だくパン

スープが詰まっているので、かじりつくときはご用心！
19世紀、アルゼンチンから亡命してきた作家が
最初に作ったと言われていますが、いまや国民食です。

調理	難易度	日持ち	アルコール

min.	チャレンジ	当日中	フリー

材料（4個分）

オリーブオイル…大さじ1
玉ねぎ…½個
ピーマン…1個
牛ひき肉…200g
A 塩・クミン・コリアンダー
　…各小さじ½
　胡椒…少々
ゆで卵…1個（みじん切り）
ゼラチン…小さじ2
B 小麦粉…200g
　油…大さじ2
　塩…小さじ1
　卵…1個
水…100ml
C 卵黄…1個分
　水…小さじ1

作り方

❶オリーブオイルをフライパンにひき、みじん切りにした玉ねぎとピーマンを炒めてから牛ひき肉を加え、肉の色が変わったら、Aも加えて火を止める

❷みじん切りにしたゆで卵とゼラチンを加え、粗熱が取れたら、ゼラチンが固まるまで冷蔵庫で冷やしておく

❸Bを混ぜ合わせ、水を少しずつ加えてさらに混ぜる

❹厚さ2㎜にのばしてから、直径10㎝の円にくり抜き、❷をのせてギョーザのようにしっかりと包む

❺Cを混ぜ合わせたものを表面に塗り、200度のオーブンで20分焼く

Advice 具は、ツナやベーコンでもおいしいよ

サクッ
ホロッ

アルゼンチン共和国

アルファホーレス ミルクジャムサンドクッキー

調理 70 min.　難易度 ほどほど　日持ち 2 数日　アルコール フリー

1日600万個も食べられているという噂の国民的菓子。ミルクジャム以外のジャムをサンドしたものやチョココーティングなど、バリエーションも豊富です。

材料（10個分）

バター…60g
粉糖…50g
A
卵黄…1個分
レモンの皮（すりおろし）…小さじ¼
バニラエッセンス…少々
小麦粉…50g
コーンスターチ…100g
ベーキングパウダー…小さじ½
B
牛乳…200ml
生クリーム…50ml
砂糖…60g
重曹…小さじ¼
ココナッツフレーク…適宜

作り方

❶室温に戻したバターと粉糖を白っぽくなるまで混ぜ合わせ、Aを加えてさらに混ぜる
❷小麦粉、コーンスターチ、ベーキングパウダーも加えて混ぜ、ラップをして冷蔵庫で30分休ませる
❸直径5㎝の棒状にしてから20等分にカットし、オーブンシートに並べて、170度のオーブンで20分焼く
❹Bをジャムぐらいのとろみのある薄茶色になるまで約30分煮詰め、ミルクジャムを作る（市販品でもOK）
❺❸を2枚1組にして❹をサンドし、側面にも❹を薄く塗ってココナッツフレークをまぶす

Advice ❷の段階で生地がボロボロでも大丈夫！

私の世界料理修行⑯

マヌエルさんのウルグアイ料理①

●ウルグアイ人のマヌエルさんは、私のお店に来てくれたことがご縁で、料理を教えてくれることになった。背が高く、黒ぶち眼鏡をかけてヒゲを生やしている30歳の若者で、顔はほぼ日本人。なぜなら、彼はウルグアイ生まれだが、日系人なのだ。ウルグアイにもブラジルと同じく日系移民が多いという。マヌエルさんは日本にやってきて日本人と結婚し、日本に住んでいる。

そのマヌエルさんが教えてくれたレシピのひとつが、ドゥルセデレチェというクリーム。このページでアルゼンチンのおやつとして取り上げたアルファホーレスに入っているミルクジャムとはこのことだ。

マヌエルさんは「僕も家族もみんな大好き」といっていたが、ドゥルセデレチェはウルグアイばかりではなく中南米じゅうで広く愛されている。こんなに多くの国で愛されているおやつというかクリームはあるだろうか？

基本的な材料は砂糖と牛乳だけでシンプルだ。最後の少し焦がすという工程がこんなにも人の心をとらえて離さない味を生んだのだろう。「焦がしすぎないように弱火で」がマヌエルさんは教えてくれた。最大の注意ポイントだと、マヌエルさんは教えてくれた。

ちなみにその起源には、イベリア半島説やチリのマンハールブランコ由来説、フランスのコンフィチュールドレ由来説もある。本家騒動も〝魅惑のお菓子あるある〟だ。

135

パラグアイ共和国

ソパパラグアージャ

チーズたっぷりコーンケーキ

直訳すると、パラグアイのスープ。コーンスープを作ろうとして煮詰めすぎてしまい偶然このケーキができた、と言われています。

調理 55 min.　難易度 ほどほど　日持ち 当日中　アルコール フリー

材料（15㎝のケーキ型）

玉ねぎ…½個（薄切り）
油…大さじ1

A
牛乳…150ml
溶き卵…1個分
コーンミール…75g

B
粉チーズ…50g
胡椒…少々

作り方

❶フライパンに油をひき、玉ねぎを炒める
❷しんなりしてきたら、Aを加えて混ぜ、Bを加えてさらに混ぜ、型に入れる
❸170度のオーブンで焼き色がつくまで約40分焼く

136

チリ共和国

モテコンウェシージョ

麦入りドライピーチのジュース

甘いジュースでのどの渇きを潤すことができて麦で小腹も満たせる、一杯で二度おいしいメニュー。夏バテのときは、食事代わりにする人もいるそうです。

調理 40 min.　難易度 カンタン　日持ち 当日中　アルコール フリー

材料（2杯分）

大麦またはもち麦…20g
水…200ml

A
ドライピーチ…2個
水…200ml
砂糖…50g

B
シナモン…小さじ¼
オレンジピール…小さじ½

作り方

❶麦と水を火にかけ、沸騰してから15分ゆで、水気を切る
❷Aを沸騰させて30分煮、濾してドライピーチと汁に分けておく
❸汁にBを加えてひと煮立ちさせ、粗熱を取ってから冷蔵庫でよく冷やす
❹グラスの⅓まで❶を入れ、❷のドライピーチをのせて、❸を注ぐ

137

ブラジル連邦共和国

ブリガデイロ ココア入りキャラメルボール

調理	難易度	日持ち	アルコール
30 min.	ほどほど	2 数日	フリー

ブラジルでは少将のことを、ブリガデイロと呼びます。一説では、1946年、大統領候補エドアルド・ゴメス少将を応援するためにこの菓子が考案されたと言われています。

材料（10個分）

A
- ココアパウダー…大さじ4
- コンデンスミルク…1缶（397g）
- バター…大さじ2

チョコスプレー…適宜
水…適宜

作り方

❶Aを弱火でゆっくりと煮詰め、鍋にくっつかなくなったら器に移して粗熱をとる
❷手を水でぬらしてから❶を手にとり、ビー玉大に丸めてチョコスプレーをまぶし、ホイルカップに入れる

Advice かなり熱いので、丸めるときは気をつけて！

パクチー、好きには
たまりませんっ

138

ウルグアイ東方共和国

チョリアルパン

ハーブソースのチョリソードッグ

調理 15 min. 難易度 カンタン 日持ち 出来立て アルコール フリー

南米では、アサドと呼ばれるバーベキューが盛ん。これはその定番メニューで、チョリパンとも言います。また、スポーツ観戦のお供として屋台でも人気です。

材料（2人分）

A
玉ねぎ…½個（みじん切り）
パセリ…ひとつかみ（みじん切り）
シェリービネガー（なければ穀物酢）・オリーブオイル…各小さじ1
パクチー（みじん切り）・おろしニンニク・オレガノ・チリペッパー・クミン・黒胡椒…各小さじ½

ドッグパン…2本
チョリソー…2本
油…適宜
レタス…1枚
トマト…½個（1㎝角のざく切り）

作り方

❶Aをすべて混ぜ、ソース（チミチョリソースという）を作っておく
❷ドッグパンの中央に切り目を入れ、オーブントースターで温めておく
❸チョリソーを油で炒める
❹❷のパンに❶のチミチョリソースを大さじ1ずつ敷いてから、❸とレタス、トマトを挟む

Advice 余ったチミチョリソースは、焼いた肉や野菜にかけても◎

私の世界料理修行⑰

マヌエルさんのウルグアイ料理②

●このページで取り上げているチョリアルパンも、P153で紹介したウルグアイ人マヌエルさんから教わったメニューのひとつだ。

ドッグパンにチョリソーという辛めのソーセージをはさんだウルグアイ風ホットドッグだが、何といってもパンにたっぷりと敷くチミチュリソースがキモ。パセリの青臭さ、オレガノのさわやかさ、ビネガーの酸味が混然一体となって、チョリソーや野菜のうま味を引き立ててくれる。

このソースはチョリアルパンだけでなく、バーベキューでも大活躍で、マヌエルさんいわく「ウルグアイ人は何にでもかけるよ」。

マヌエルさんによると、チョリアルパンのコツは、とにかく焼きたてを食べること。実際、教えてくれたときも、できるやいなや「さあ食べましょう」とすぐさま席に座り、実食。ウルグアイでは、チョリソーを炭火で焼くそうで、その香ばしさがフライパンでは出ないとマヌエルさんは残念そうだったが、十分おいしくて1人1本をあっという間に平らげてしまった。「もう1本ずつ食べましょう」とうれしそうに人差し指を立てたマヌエルさんの笑顔が忘れられない。

ちなみに、チョリアルパンはウルグアイだけでなく、アルゼンチンなど南米の他の国でも食されている。ウルグアイの特徴は、レタスとトマトをはさむところにあるらしい。

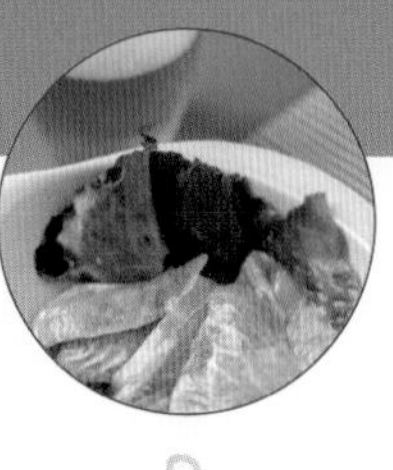

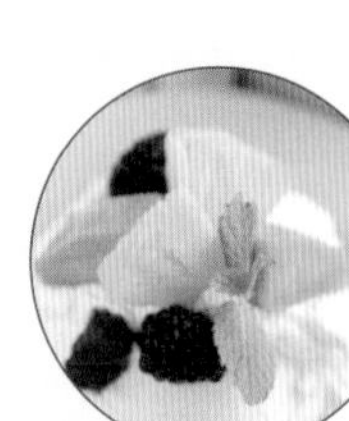

OCEANIA

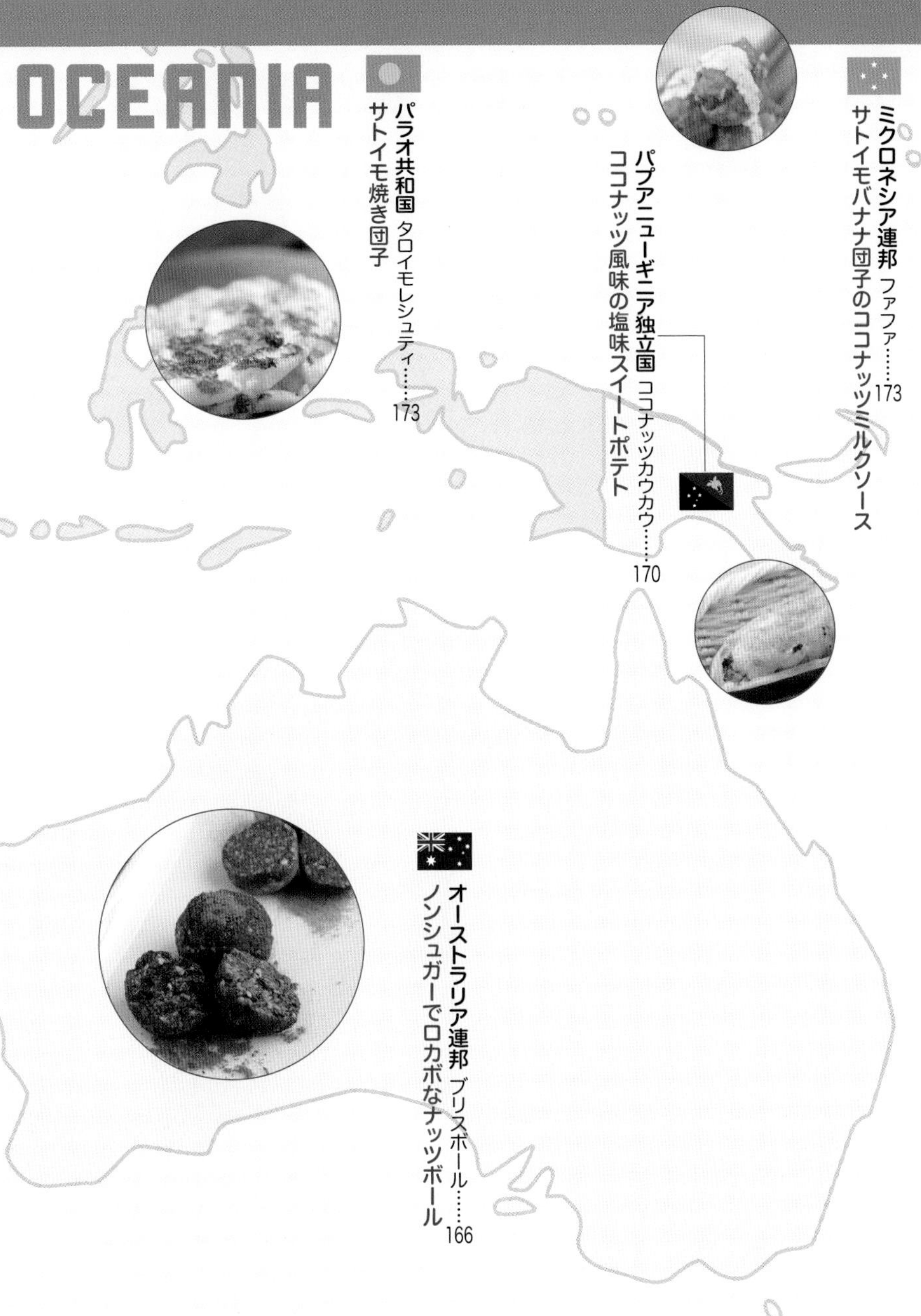

ミクロネシア連邦 ファファ……173
サトイモバナナ団子のココナッツミルクソース

パプアニューギニア独立国 ココナッツカウカウ……170
ココナッツ風味の塩味スイートポテト

パラオ共和国 タロイモレシュティ……173
サトイモ焼き団子

オーストラリア連邦 ブリスボール……166
ノンシュガーでロカボなナッツボール

おうちで作ろう！オセアニアのおやつ

OCEANIA

ココナッツやイモ、バナナに魚、島々の豊かな自然の恵みをダイレクトに感じられる、素朴な味わいのおやつがいっぱいです。手軽に作れるシンプルレシピが多いので、親子クッキングにもオススメ！

海辺で飲みたいな

139

トンガ王国

オタイ
ノンアルコールのスイカ味ピニャコラーダ

西ポリネシア発祥のフルーツドリンクで
この地域の他の国でも親しまれています。
スイカ以外のマンゴーやパパイヤで作ってもOK。

調理  min.
難易度 カンタン
日持ち 出来立て
アルコール  フリー

材料（2杯分）

スイカジュース…200㎖
パイナップルジュース…50㎖
ココナッツミルク…50㎖
ライムジュース（なければレモン汁）…大さじ1
ガムシロップ…大さじ2
氷…適宜

作り方

❶氷以外の材料すべてを混ぜ合わせる
❷氷を入れたグラスに注ぐ

★スイカは、種を取り除いて皮つきのまま、実の部分だけおろし金ですりおろすとジュースにできる。市販のジュースを使ってもよい

Advice 時間が経つと沈殿しちゃうので、ぜひ出来立てを飲んでね

南半球の
クリスマスケーキ

140

ニュージーランド

パヴロヴァ メレンゲのフルーツクリームのせ

調理 75 min.　難易度 カンタン　日持ち 当日中　アルコール フリー

名称は20世紀のバレリーナ、アンナ・パブロヴァに由来。
しかし、その経緯には諸説あり、論争中。
オーストラリアでも人気で、自国が元祖だと引きません。

材料（2人分）

卵白…2個分
塩…ひとつまみ
細目グラニュー糖…80ｇ
コーンスターチ…大さじ½
A 酢…小さじ⅓
　バニラエッセンス…1滴
ホイップクリーム（作り方はＰ０１１）…２００㎖
お好みのフルーツ
（イチゴ・白桃・パイナップル・マンゴーなど）…適宜

作り方

❶卵白に塩を加えて泡立て、もったりしてきたら、細目グラニュー糖を2、3回に分けて加え、硬めに泡立ててメレンゲを作る
❷コーンスターチ、Aの順で加え、混ぜる
❸半分に分け、それぞれ直径10㎝の円になるように天板に広げる
❹１５０度のオーブンで30分焼き、そのまま1時間置く
❺皿に盛りつけ、ホイップクリームとフルーツを飾る

Advice メレンゲは焼き上げてから１時間放置するとカリカリに！

私の世界料理修行⑱

世界のごちそうアースマラソンチャレンジ

●１９９８年、世界30カ国の料理修行を終え、数えきれない思い出とともにたくさんのレシピを持ち帰った。この旅では、その日の食べ物すらない家族との出会い、難民として逃れる道を選ばなければならない人々との別れ、自らが差別の対象となる経験もあった。平和というものと改めて向き合い、その意味を考えることができた旅だったと思う。

帰国の翌年、世界の料理とお酒が楽しめるお店「世界のごちそうパレルモ」をオープンした。それから10年が経った頃、私はある思いを抱くにいたった。「世界の料理を体験することは、世界の国々の価値観を認め合うきっかけになる」。世界の料理には歴史や文化が詰まっている。その料理を知り、背景に興味をもつことを通じて価値観を認めあうことができるはずだ、と。

そこで、店で２０１２年より「世界のごちそうアースマラソン」を開催した。旅するごとく2週間ごとに4カ国の料理を味わっていただけるようにメニューを設定し、2年間で１９５カ国の料理を提供するイベントだ。約３０００名が食べにきてくださった。世界にはたくさんの国があること、おいしいまずいを超えてそれぞれの風土で培われた料理が受け継がれていることを、感じていただけたと思う。

そして私は「料理で世界を平和にする」ことが自分のライフワークなのだと確信した。

141

クック諸島

マイニーズ
ビーツ入り ピンクのポテサラ

マヨネーズがなまってこの名称になったようですが微妙に発音が違う別名もいろいろ。タヒチではサラダルス（ロシア風サラダ）と呼ばれます。

調理 30 min.　難易度 カンタン　日持ち 当日中　アルコール フリー

材料（2人分）

ジャガイモ…2個
キュウリのピクルス…1本
ビーツ（缶）…¼缶（約100g）
玉ねぎ（みじん切り）…大さじ1
マヨネーズ…大さじ1
塩…小さじ½
胡椒…少々
ゆで卵…1個

作り方

❶ジャガイモはゆでてから皮をむいて1㎝角切り、キュウリのピクルスはみじん切り、ビーツは5㎜角のさいの目切りにする
❷ゆで卵以外の材料すべてを混ぜ合わせる
❸ゆで卵をみじん切りにする
❹❷を器に盛り、ゆで卵をのせる

ポリフェノール！

142

ニウエ

タキヒ
サトイモとパパイヤの ココナッツミルクホイル焼き

面積は屋久島の約半分、人口は2000人にも満たない小国。この料理を本書ではオーブンで焼いていますが、本来は地面を掘って作ったウムというかまどで調理されます。

調理 30 min.　難易度 カンタン　日持ち 当日中　アルコール フリー

材料（2人分）

サトイモ（タロイモの代用）…6個
パパイヤ…½個
ココナッツミルク…100㎖

作り方

❶サトイモとパパイヤを、それぞれ5㎜幅の輪切りにする
❷アルミホイル（30×40㎝程度）の中央に、サトイモ→パパイヤ→サトイモ→パパイヤの順に重ねてのせる
❸ココナッツミルクを全体に回しかけ、アルミホイルを折り返して、すき間がないように包む
❹200度のオーブンで15分焼く

143

サモア独立国

パルサミ

青菜と玉ねぎのココナッツミルク蒸し

本来は、アルミホイルではなくバナナの葉で包み、右ページ下のタキヒ同様、ウムで蒸し焼きにします。ポリネシア一帯で食され、肉や魚を加える国もあります。

調理 50 min.　難易度 カンタン　日持ち 当日中　アルコール フリー

材料（2個分）

ほうれん草の葉のみ（タロイモの葉の代用）…1束分
ココナッツミルク…100ml
A
玉ねぎ…½個（粗いみじん切り）
塩…小さじ½
胡椒…少々

作り方

❶ココナッツミルクにAを加えておく
❷アルミホイルにほうれん草の葉の半量を放射線状に並べ、❶を半量加えて、四方の端を折り返し、こぼれないように綴じ目を上にして、しっかりと密封する。これを2個作る
❸水（分量外）を張った耐熱容器に並べ、180度のオーブンで30分蒸し焼きにする

胃が疲れてても食べられそう

144

ツバル

ココナッツプディング

ココナッツミルクプリン

海抜の低い9つの小島にわずか約12000人が暮らす小国。タロイモやバナナ、パンノキとともに、このココナッツも国内で生産できる貴重な食糧源です。

調理 15 min.　難易度 カンタン　日持ち 当日中　アルコール フリー

材料（2個分）

ココナッツミルク…200ml
コーンスターチ…25g
砂糖…大さじ2
塩…小さじ½

作り方

❶材料すべてを弱火にかけ、混ぜながらとろみがつくまで煮る
❷粗熱がとれたら器に移し、冷蔵庫で冷やす

いくら食べても
罪悪感ゼロ♡

145
オーストラリア連邦

ブリスボール
ノンシュガーでロカボなナッツボール

砂糖も動物性食品も使わず、作るうえで熱も加えない、
この国発祥のヘルシースイーツ。
10年ほど前からヨガ愛好家を中心にファン拡大中！

調理 15 min.

難易度 カンタン

日持ち 2 数日

アルコール フリー

材料（約6個×3種分）

【ナッツ】
- クルミ・ピーナッツ…各大さじ1
- レーズン…大さじ2½
- プルーン（種なし）…2個
- A ハチミツ…大さじ2
- A おろしショウガ…小さじ½
- A きな粉…40g
- B きな粉…適宜

【抹茶】
- ピーナッツ…大さじ2
- オートミール…大さじ1
- デーツ（種なし）…6個
- A ハチミツ…大さじ2
- A 抹茶…大さじ1
- A 水…大さじ1
- B 抹茶…適宜

【ベリー】
- マカデミアナッツ…大さじ2
- ココナッツファイン…大さじ2
- レーズン…大さじ2
- A フランボワーズ（フリーズドライフレーク）…大さじ1
- A メープルシロップ…大さじ2
- A 水…大さじ2
- B イチゴパウダー…適宜

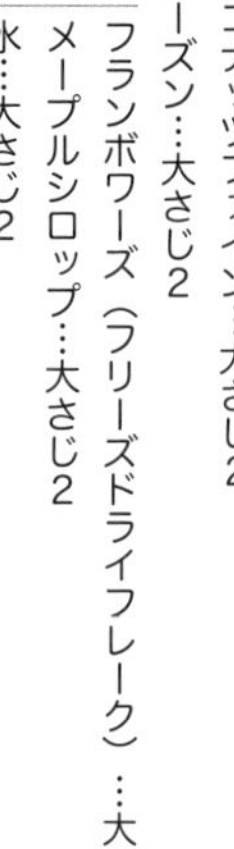

作り方

❶ナッツ類はすり鉢で細かくすりつぶし、ドライフルーツ類は細かく刻んでおく（どちらもフードプロセッサーにかけると楽）
❷Aを加えてよく混ぜる
❸ゴルフボールよりやや小さめに丸め、Bをまぶす

Advice 材料はなるべく細かくしたほうが、歯ざわりがいいよ！

146

フィジー共和国

プリニ
ココナッツミルクと黒糖のもっちりケーキ

イギリス領だった歴史をもち、食も影響を受けています。これもイギリス人が大好きなクリスマスプディングなどの蒸しプリンにルーツがあるのかもしれません。

調理 60 min. ／ 難易度 カンタン ／ 日持ち 2 数日 ／ アルコール フリー

鹿児島のふくれ菓子を思い出す

材料（15cmのケーキ型）

A
- 小麦粉…50g
- ベーキングパウダー…小さじ½

- 黒糖…60g
- ココナッツミルク…70ml
- 溶かしバター…大さじ1
- バニラエッセンス…2滴
- 水…120ml

作り方

❶Aを混ぜ合わせておく
❷フライパンに黒糖を入れて火にかけ、溶けてきたらココナッツミルク、溶かしバターを加えてよく混ぜ、バニラエッセンスと❶を加える
❸水を少しずつ加え、もったりとしてきたら型に流し入れ、180度のオーブンで45分焼く
★仕上がりに粉糖をふるとキレイ

147

ソロモン諸島

ココナッツクマラ
サツマイモとサトイモのココナッツミルク煮

素材をいかしたやさしいおいしさ！

スペイン人やイギリス人が持ち込んだ牛やキャッサバで食生活は変わりましたが、素朴な味も残っています。

調理 20 min. ／ 難易度 カンタン ／ 日持ち 当日中 ／ アルコール フリー

ノンシュガー

材料（2人分）

- サツマイモ…2本
- サトイモ（タロイモの代用）…6個
- ココナッツミルク…200ml

作り方

❶サツマイモとサトイモはひと口大に切る
❷材料すべてを合わせ、中火で15分煮る
❸器に移し、冷蔵庫でしっかり冷やす

いい香り♪

148

バヌアツ共和国

ココナッツたっぷりさっくりケーキ

ココナッツケーキ

リゾートのティータイムに似合うおしゃれなケーキ。
20世紀半ばまで英仏共同統治領だったのに加え、
外国人観光客の増加も、洗練を後押ししているのかも。

調理  70 min.
難易度  カンタン
日持ち 2 数日
アルコール フリー

材料（15㎝の耐熱皿）

A
- ココナッツファイン…100g
- ココナッツミルク…50㎖

バター…大さじ3⅓（室温に戻しておく）
砂糖…65g
溶き卵…2個分

B
- 小麦粉…50g
- ベーキングパウダー…小さじ½

塩…小さじ¼

作り方

1. Aを混ぜ合わせておく
2. バターに砂糖を加え、泡立て器で混ぜる
3. 溶き卵を少しずつ加えて混ぜ、Bを加えてさっくりと混ぜ合わせる
4. 耐熱皿に入れ、170度のオーブンで1時間焼く

Advice 溶き卵は少しずつ加えるのがコツ

グラタンっぽい

149

パプアニューギニア独立国

ココナッツ風味の塩味スイートポテト

ココナッツカウカウ

カウカウとは、現地の言葉でサツマイモのこと。ちなみに、サゴヤシのでんぷん団子はサクサク、焼石で蒸し焼きする料理はムームーと呼ばれます。

調理 30 min.　難易度 カンタン　日持ち 当日中　アルコール フリー

材料（2個分）

サツマイモ…1本

A
- バター…50㎖
- ココナッツミルク…100㎖
- 玉ねぎ（みじん切り）…大さじ1
- おろしニンニク…小さじ¼
- おろしショウガ…小さじ¼
- オレンジジュース…大さじ1
- コリアンダー…小さじ½
- 塩…小さじ1
- 胡椒…少々

とろけるチーズ…大さじ4

作り方

❶サツマイモをゆでるか、レンジで火を通しておく
❷縦半分に切り、皮をなるべく破かないように気をつけて中身をスプーンで取り出す
❸取り出した中身にAを加えて混ぜ合わせる
❹❷の皮に詰め、チーズをのせて、220度のオーブンで約10分、こんがりと色づくまで焼く

Advice サツマイモは大きすぎないほうが作りやすいよ

甘さ、脳天直撃!

150

マーシャル諸島共和国

マカデミアナッツパイ
ナッツぎっしりパイのココナッツクリーム添え

第二次世界大戦後、アメリカに統治された歴史があり、このケーキはアメリカナイズされたスイーツ。超高カロリーなので、気前よくおすそ分けするのが◎。

調理  65 min.　難易度  ほどほど　日持ち  2 数日　アルコール  フリー

材料（18cmのパイ皿）

バター…適宜
冷凍パイシート…150g
卵…2個
砂糖…60g
塩…小さじ½
溶かしバター…大さじ1⅔
小麦粉…30g

A
マカデミアナッツ…200g
ココナッツファイン…50g

B
生クリーム…200ml
砂糖…大さじ3
ココナッツミルク…50ml

作り方

❶パイ皿にバターを塗り、小麦粉（分量外）をふってから、パイシートをややはみ出すように敷き、冷蔵庫に入れておく
❷卵に砂糖と塩を混ぜてから、溶かしバター、小麦粉を加えてさっくりと混ぜ、Aも加えてさらに混ぜる
❸❶に❷を詰め、180度のオーブンで45分焼く
❹Bを合わせてツノが立つくらいまで泡立ててから、ココナッツミルクを加えて混ぜ、絞り袋に入れておく
❺焼き上がった❸の上に、❹のクリームを絞り出して飾る
★焼き立てを食べない場合は、❹は食べる直前に飾る

Advice 砂糖を同量のカラメルソースに変えてもおいしいよ!

151

ナウル共和国

ココナッツ風味のスイートおにぎり

ココナッツライスボール

ご飯にココナッツの組み合わせが、意外としっくり。ミクロネシアの他の国でも愛されている味でマーシャル諸島では、チュクチュクの名で人気。

調理 10 min.｜難易度 カンタン｜日持ち 当日中｜アルコール フリー

材料（約6個分）

ご飯…茶碗2杯
砂糖…大さじ2
ココナッツフレーク…適量

作り方

❶ご飯に砂糖を加えて混ぜる
❷ピンポン玉ぐらいに丸め、ココナッツフレークをまぶす

152

キリバス共和国

鮮魚のココナッツミルクマリネ

フィッシュココナッツクリーム

オセアニアでは、刺身はココナッツミルク和えが一般的。ニウエやサモアではオタ、フィジーではココダ、クック諸島やツバルではイカマタと呼ばれています。

調理 10 min.｜難易度 カンタン｜日持ち 当日中｜アルコール フリー

材料（2人分）

鮮魚（タイ・マグロ・スズキなど）の刺身…100g
塩…小さじ1
A カレー粉…小さじ1
A ココナッツミルク…100㎖

作り方

❶刺身を1㎝角に切り、塩をふって5分置く
❷水気を切ってAを加える
★ご飯にのせて丼にしてもおいしい

153
ミクロネシア連邦

ファファ
サトイモバナナ団子のココナッツミルクソース

誕生日や結婚式などのときに作られるお祝いメニュー。イモをつぶすのには、木製や石製のトックを使います。東部コスラエ州の旗には、そのトックが描かれています。

調理 20 min.　難易度 カンタン　日持ち 当日中　アルコール フリー

材料（2人分）

サトイモ（タロイモの代用）…5個
バナナ…2本
ココナッツミルク…100ml

作り方

❶サトイモの皮をむき、ゆでてつぶし、バナナを加えてさらにつぶす
❷ひと口大に丸め、ココナッツミルクをかける

素材の甘みだけ

154
パラオ共和国

タロイモレシュティ
サトイモ焼き団子

ハッシュドポテトのタロイモバージョン。20世紀初めの一時期、ドイツ領だった歴史があり、レシュティとは、ハッシュドポテトを指すドイツ語です。

調理 20 min.　難易度 カンタン　日持ち 出来立て　アルコール フリー

材料（2人分）

サトイモ（タロイモの代用）…5個
A
玉ねぎ…¼個（すりおろす）
小麦粉…大さじ1
塩…小さじ½
胡椒…少々
油…大さじ1

作り方

❶サトイモの皮をむいて、マッチ棒程度の太さの千切りにする
❷Aを加えて混ぜる
❸多めの油をひいたフライパンに、平たくのばして入れ、両面ともこんがりと色づくまで約10分焼く

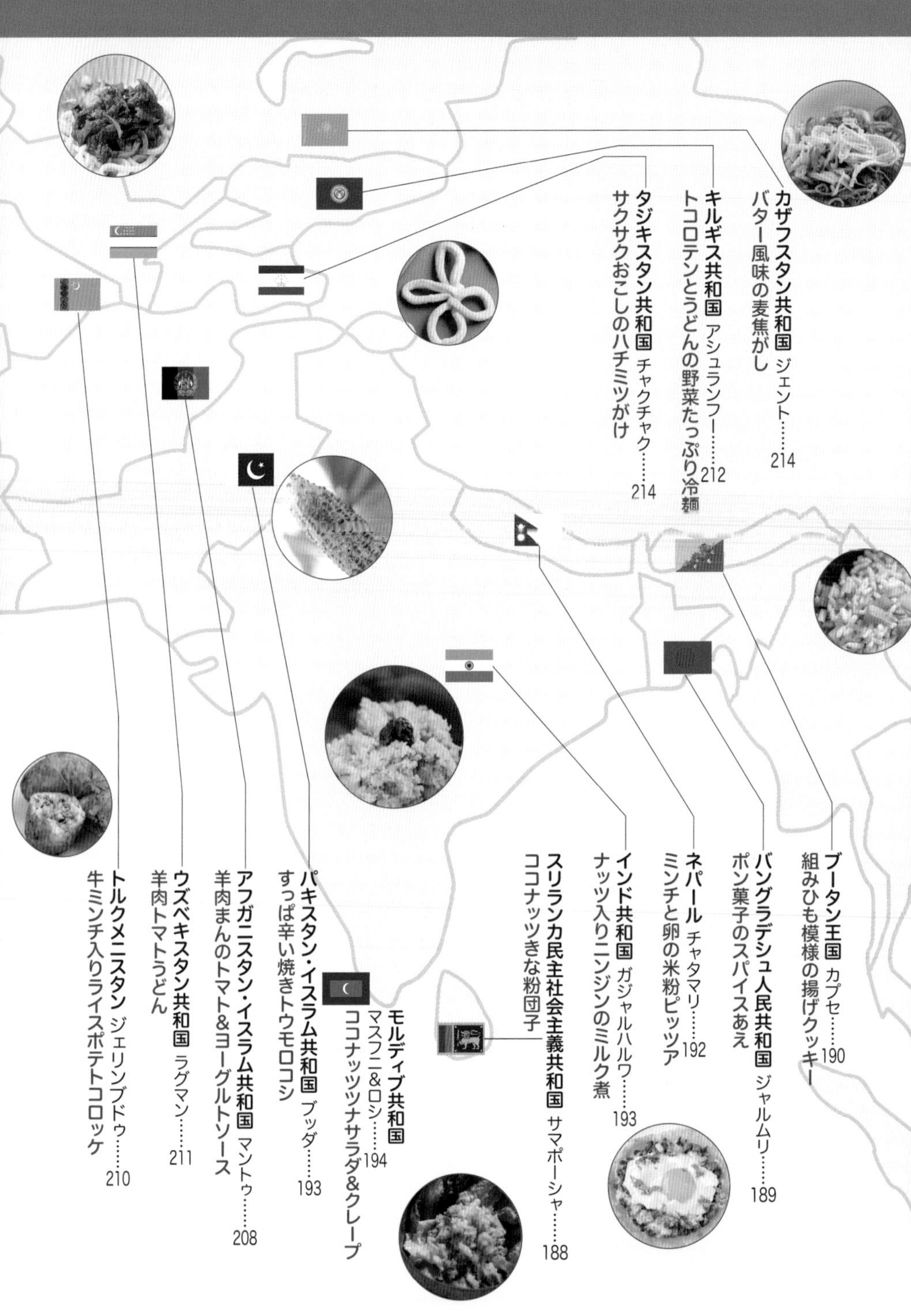

カザフスタン共和国 ジェント……214
バター風味の麦焦がし
キルギス共和国 アシュランフー……212
トコロテンとうどんの野菜たっぷり冷麺
タジキスタン共和国 チャクチャク……214
サクサクおこしのハチミツがけ
ブータン王国 カプセ……190
組みひも模様の揚げクッキー
バングラデシュ人民共和国 ジャルムリ……189
ポン菓子のスパイスあえ
ネパール チャタマリ……192
ミンチと卵の米粉ピッツア
インド共和国 ガジャルハルワ……193
ナッツ入りニンジンのミルク煮
スリランカ民主社会主義共和国 サマポーシャ……188
ココナッツきな粉団子
モルディブ共和国
マスフニ&ロシ……194
ココナッツツナサラダ&クレープ
パキスタン・イスラム共和国 ブッダ……193
すっぱ辛い焼きトウモロコシ
アフガニスタン・イスラム共和国 マントゥ……208
羊肉まんのトマト&ヨーグルトソース
ウズベキスタン共和国 ラグマン……211
羊肉トマトうどん
トルクメニスタン ジェリンブドゥ……210
牛ミンチ入りライスポテトコロッケ

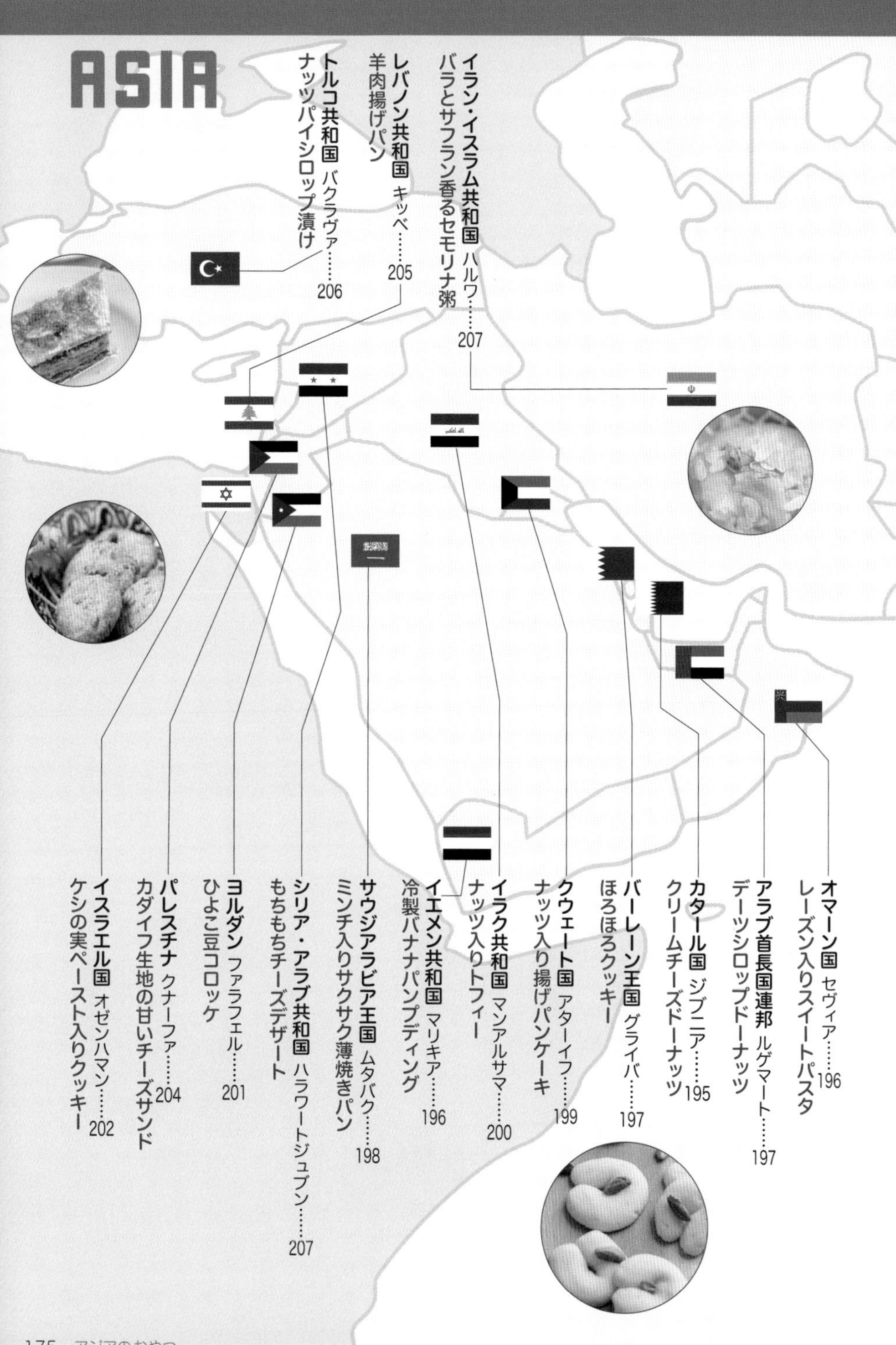
ASIA
イラン・イスラム共和国 ハルワ……207
バラとサフラン香るセモリナ粥
レバノン共和国 キッベ……205
羊肉揚げパン
トルコ共和国 バクラヴァ……206
ナッツパイシロップ漬け
オマーン国 セヴィア……196
レーズン入りスイートパスタ
アラブ首長国連邦 ルゲマート……197
デーツシロップドーナッツ
カタール国 ジブニア……195
クリームチーズドーナッツ
バーレーン王国 グライバ……197
ほろほろクッキー
クウェート国 アターイフ……199
ナッツ入り揚げパンケーキ
イラク共和国 マンアルサマ……200
ナッツ入りトフィー
イエメン共和国 マリキア……196
冷製バナナパンプディング
サウジアラビア王国 ムタバク……198
ミンチ入りサクサク薄焼きパン
シリア・アラブ共和国 ハラワートジュブン……207
もちもちチーズデザート
ヨルダン ファラフェル……201
ひよこ豆コロッケ
パレスチナ クナーファ……204
カダイフ生地の甘いチーズサンド
イスラエル国 オゼンハマン……202
ケシの実ペースト入りクッキー

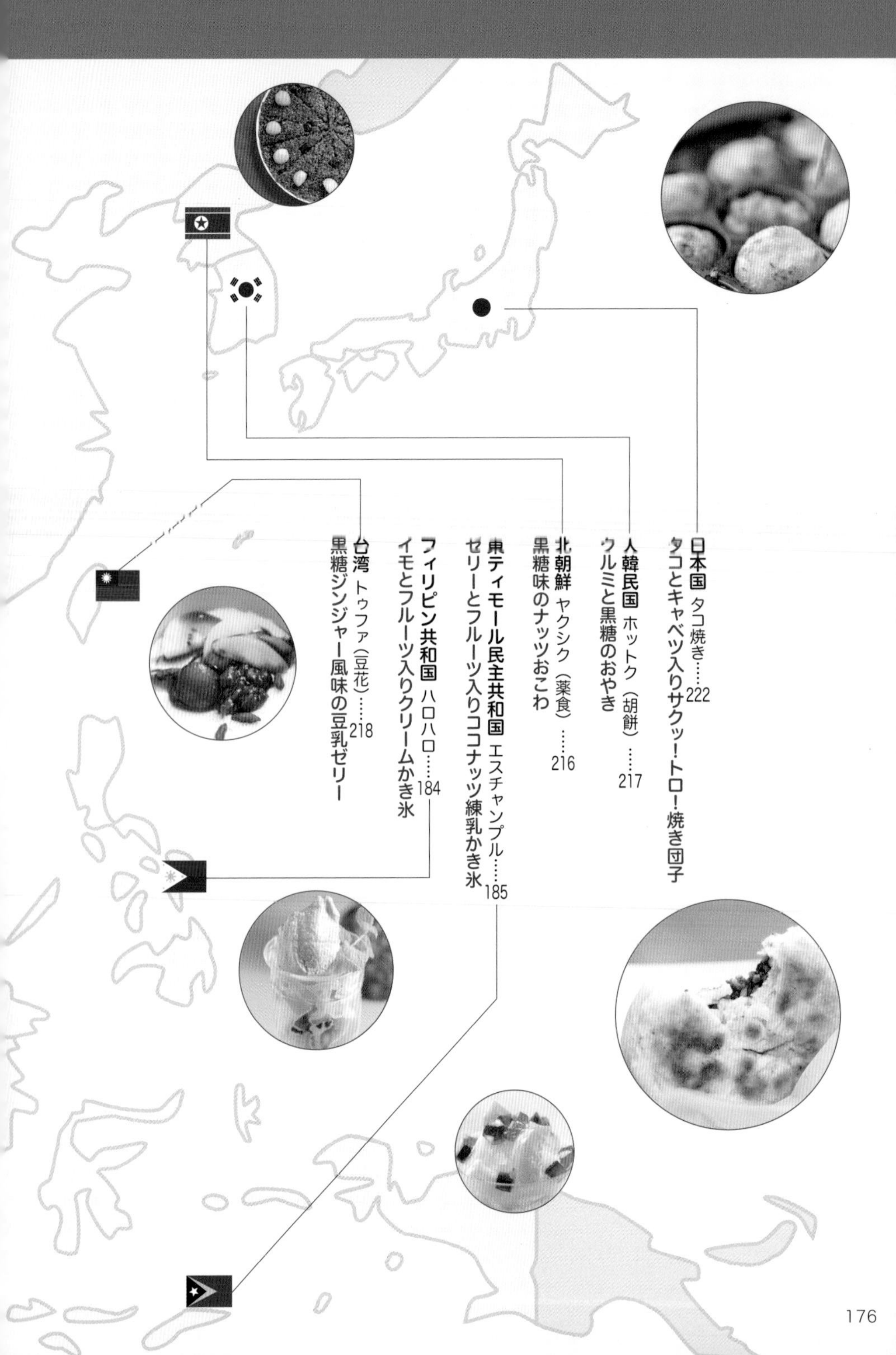
日本国 タコ焼き……222
タコとキャベツ入りサクッ!トロ!焼き団子
大韓民国 ホットク（胡餅）……217
クルミと黒糖のおやき
北朝鮮 ヤクシク（薬食）……216
黒糖味のナッツおこわ
東ティモール民主共和国 エスチャンプル……185
ゼリーとフルーツ入りココナッツ練乳かき氷
フィリピン共和国 ハロハロ……184
イモとフルーツ入りクリームかき氷
台湾 トゥファ（豆花）……218
黒糖ジンジャー風味の豆乳ゼリー

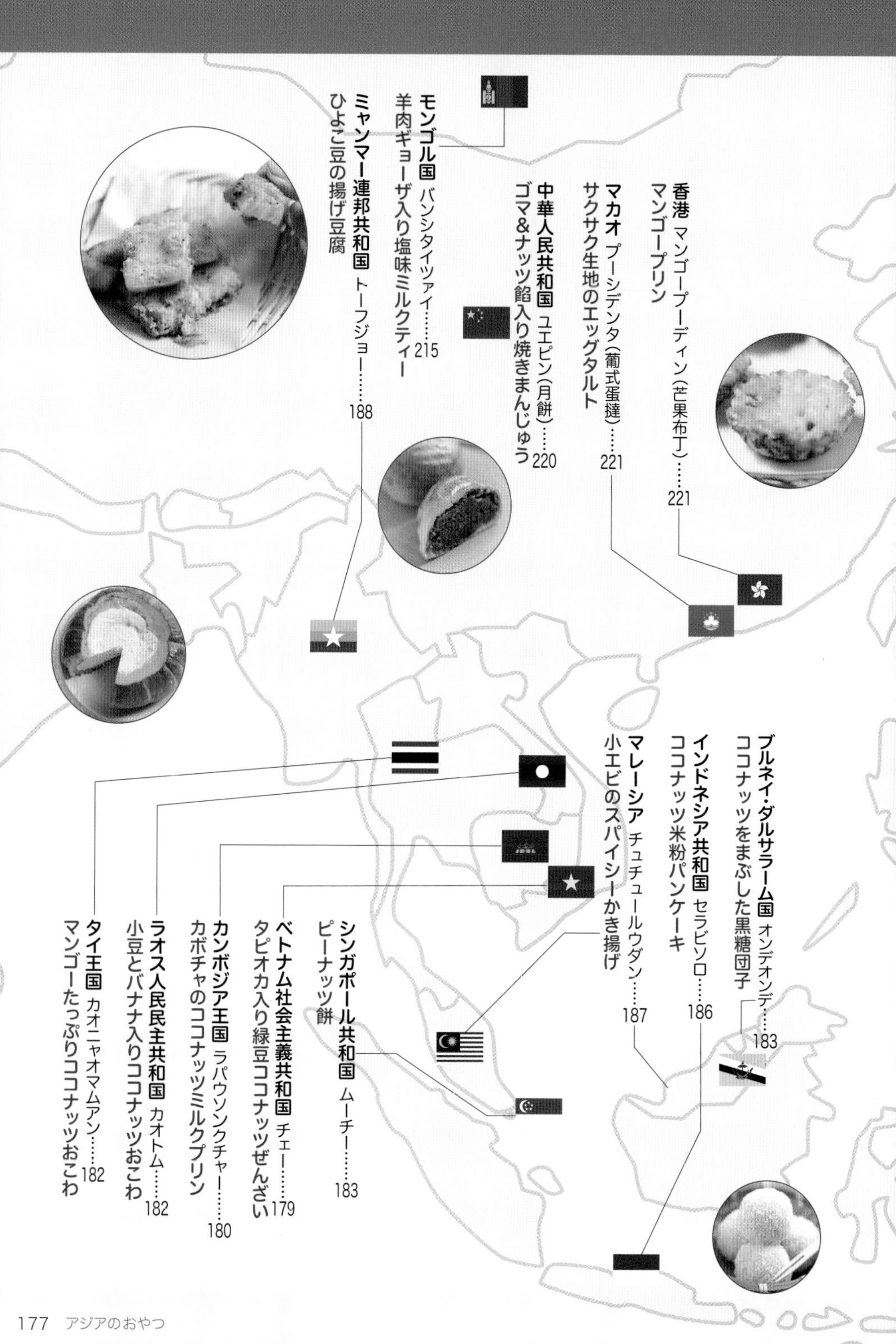
香港 マンゴープーディン(芒果布丁)……221
マンゴープリン
マカオ プーシデンタ(葡式蛋撻)……221
サクサク生地のエッグタルト
中華人民共和国 ユエピン(月餅)……220
ゴマ&ナッツ餡入り焼きまんじゅう
モンゴル国 バンシタイツァイ……215
羊肉ギョーザ入り塩味ミルクティー
ミャンマー連邦共和国 トーフジョー……188
ひよこ豆の揚げ豆腐
ブルネイ・ダルサラーム国 オンデオンデ……183
ココナッツをまぶした黒糖団子
インドネシア共和国 セラビソロ……186
ココナッツ米粉パンケーキ
マレーシア チュチュールウダン……187
小エビのスパイシーかき揚げ
シンガポール共和国 ムーチー……183
ピーナッツ餅
ベトナム社会主義共和国 チェー……179
タピオカ入り緑豆ココナッツぜんざい
カンボジア王国 ラパウソンクチャー……180
カボチャのココナッツミルクプリン
ラオス人民民主共和国 カオトム……182
小豆とバナナ入りココナッツおこわ
タイ王国 カオニャオマムアン……182
マンゴーたっぷりココナッツおこわ

おうちで作ろう！アジアのおやつ

ASIA

どこか和菓子を思わせる甘味、南国のスパイシーフード、シルクロードの麺、アラブのエキゾティックなスイーツなど、とにかくバラエティ豊か。でも、そのどれを食べても、路地裏の喧騒が聞こえてきそう。

フルーツはお好みで

155

ベトナム社会主義共和国

チェー
タピオカ入り緑豆ココナッツぜんざい

甘く煮た豆類や芋類、寒天や果物など、具は何でもアリ！
50種類もの具を用意している専門店もあるほどです。
南部では氷入り、北部では温かくしたものが人気。

調理	難易度	日持ち	アルコール
70 min.	カンタン	2 数日	フリー

材料（2人分）

緑豆…30g
水（緑豆用）…150ml×2回
砂糖…大さじ2
タピオカ（大粒）…50g
湯（タピオカ用）…500ml
フルーツ（マンゴー・バナナ・パイナップル）…適宜
牛乳…100ml
ココナッツミルク…200ml

作り方

❶緑豆と水を火にかけ、一度ゆでこぼして約20分ゆで、砂糖を加えてさらに約5分、汁気がなくなるまで煮て冷ます
❷沸騰した湯にタピオカを入れて30分ゆで、火を止めてフタをして30分置いてから、流水でゆすぎ、水気を切る
❸食べる直前に、グラスに❶と❷、ひと口大に切ったフルーツを入れ、牛乳とココナッツミルクを注ぐ

Advice 緑豆は多めにゆでて、冷凍保存しておくのがオススメ

丸ごとカボチャが映えるね

156

カンボジア王国

ラパウソンクチャー
カボチャのココナッツミルクプリン

定番デザートで屋台でも食べられます。ちなみに、ポルトガル人がカンボジアから持ってきた瓜を日本人にカンボジア瓜と紹介したのが、カボチャの語源。

調理 30 min.｜難易度 ほどほど｜日持ち 2 数日｜アルコール フリー

材料（1個分）

カボチャ（直径10㎝程度）…1個

A
- 溶き卵…2個分
- 砂糖…大さじ5
- 小麦粉…大さじ½

ココナッツミルク…100㎖

作り方

❶カボチャにラップをかけ、電子レンジで2分加熱する
❷❶の上をカットし、中のタネをきれいに取り出す
❸Aを混ぜ合わせ、ココナッツミルクを加える
❹❷のカボチャの中に❸を注ぐ
❺電子レンジで約20分、竹串がスッと通るようになるまで加熱する
❻粗熱をとってから冷蔵庫でよく冷やし、4つに切り分ける

Advice 小さめのカボチャのほうが作りやすいよ

私の世界料理修行⑲

銃撃の噂にビビったカンボジア

●アジアでは、多くの国で料理修行することができ、たくさんのレシピを習得した。

カンボジアでの料理修行の舞台はシェムリアップだった。1998年当時、プノンペンからシェムリアップに向かうバックパッカーの間では、トレンサップ湖をスピードボートで渡るのが一般的だった。しかし、政情が不安定で、船が銃撃される、盗賊に襲われるといった噂も。内心怖い気持ちもないわけではなかったが、それよりもできるだけ多くのレシピを持ち帰らねばという気合が上回った。

結局、銃撃にも盗賊にも遭遇せず無事にシェムリアップにたどりつき、料理上手なゲストハウスのママからカンボジア料理の手ほどきを受けることができた。教わったのは、アモックトレイ（白身魚のココナッツミルク蒸し）、ヌムパンチョック（野菜スープソーメン）、ノムパンチェン（魚のすり身揚げパン）。

カンボジア料理はタイ料理ほど辛くなく、ドクダミなどの香草を多用しないので、食べやすい。ただ、甘めの味つけが多いので、毎日食べると胃に来るかもしれない。

トンレサップ湖で地元の子どもたちと

157

ラオス人民民主共和国

カオトム
小豆とバナナ入りココナッツおこわ

本来は、バナナの葉で包んで蒸し上げます。ここでは小豆とバナナを加えましたが、具材はいろいろ。緑豆の餡が入ることもあれば、豚肉入りの塩味のものも。

レンチンでカンタン

材料（2人分）

- もち米…90ml（洗っておく）
- 水…200ml
- ゆで小豆（無糖）…大さじ2
- バナナ…½本（半分に切る）
- ココナッツミルク…大さじ2

作り方

❶もち米は水に20分浸しておく
❷❶のもち米、浸しておいた水100ml分、ゆで小豆を耐熱皿に入れ、電子レンジで6分間加熱する
❸全体を混ぜ合わせ、バナナとココナッツミルクを加え、ラップをして、電子レンジでさらに3分間加熱する

158

タイ王国

カオニャオマムアン
マンゴーたっぷりココナッツおこわ

アルコール
フリー

屋台でもおしゃれカフェでも食べられる定番スイーツ。年中メニューにありますが、もっともおいしい季節はタイのマンゴーが甘くなる4～5月だそうです。

マンゴーがご飯と合うなんて

材料（2人分）

- もち米…80ml
- 水…100ml
- A
  - ココナッツミルク…100ml
  - 砂糖…大さじ4
  - 塩…小さじ½
- マンゴー…1個（1cm幅の短冊切り）

作り方

❶もち米を洗い、水に30分浸けてから水ごと耐熱容器に入れる
❷ラップをふんわりとかけて、電子レンジで10分加熱し、上下を返してよく混ぜる
❸Aを合わせて弱火で約5分煮る
❹❷に加えてあえる
❺器に盛りつけ、マンゴーを添える

159

シンガポール共和国

ムーチー

ピーナッツ餅

調理 20 min.　難易度 カンタン　日持ち 当日中　アルコール フリー

発音が「お金がいっぱい」を意味する言葉と同じという縁起物のお菓子。衣に黒ゴマを使うこともあります。台湾やマレーシ、アインドネシアでも人気です。

なぜか和を感じる味

材料（約4個分）

- ピーナッツパウダー（なければ白すりゴマ）…50g
- 三温糖（なければ砂糖）…大さじ1
- もち米粉（なければ米粉）…50g
- 水…70ml
- 油…小さじ1

作り方

1. ピーナッツパウダーと三温糖を混ぜて衣を作り、バットに広げておく
2. もち米粉と水を混ぜ合わせる
3. 弱火で温めたフライパンに油をひき、❷を流し入れる
4. 弱火にかけたまま練る
5. 火が通ったら❶のバットに移し、熱いうちにひと口大にちぎって衣をまぶしつける

160

ブルネイ・ダルサラーム国

オンデオンデ

ココナッツをまぶした黒糖団子

調理 30 min.　難易度 ほどほど　日持ち 当日中　アルコール フリー

かむと口の中にピュッと飛び出すパームシュガーが魅力。食文化全般にインドネシアやマレーシアとつながりが深くこの菓子もインドネシアのクレポンと同じものです。

もちもち

材料（2人分）

- A
  - もち米粉…125g
  - 小麦粉…大さじ1
  - 塩…ひとつまみ
- パンダンエッセンス…小さじ¼
- 水…50～60ml
- パームシュガー（なければ黒糖）…大さじ2
- ココナッツフレーク…50g

作り方

1. Aを混ぜ合わせたところに、耳たぶ程度の硬さになるまで、パンダンエッセンスを溶いた水を加え、こねる
2. 約3cmのボールにする
3. 窪みを作り、1個あたりパームシュガー小さじ½を入れて包み込む
4. たっぷりの湯（分量外）で、浮き上がってくるまでゆでる
5. ココナッツフレークをまぶす

ナタデココも
小豆も
入ってる！

161

フィリピン共和国

ハロハロ
イモとフルーツ入りクリームかき氷

タガログ語で「まぜこぜ」という意味。
その名のとおり、全部を豪快にまぜこぜにして食べるのが
本場の味わい方です。

調理	難易度	日持ち	アルコール
20 min.	カンタン	出来立て	フリー

材料（2人分）

サツマイモ…½本
お好みのフルーツ
（バナナ・マンゴー・パイナップルなど）
…適宜

A
ナタデココ…大さじ4
ゆであずき…大さじ4
練乳…大さじ4
かき氷…大さじ4

ウベアイス（紫芋のアイスクリーム）…400ml
※沖縄のブルーシールアイスクリームの「紅イモ」が入手しやすい

作り方

❶サツマイモをゆでて皮をむき、サイコロ状に切る
❷フルーツ類も、食べやすい大きさに切る
❸グラスに❶とAをきれいに盛りつけ、❷とウベアイスを飾る

Advice バニラアイスに紫芋パウダーを混ぜてもウベアイスになるよ

夏休み♪♪

162

東ティモール民主共和国

エスチャンプル
ゼリーとフルーツ入りココナッツ練乳かき氷

歴史的にポルトガルとインドネシアとのかかわりが深く、これも、インドネシアから伝わったメニュー。エスは氷、チャンプルはごちゃまぜという意味です。

調理	難易度	日持ち	アルコール
15 min.	カンタン	出来立て	フリー

材料（2杯分）

お好みのフルーツ
（メロン・スイカ・パパイヤ・マンゴー・パイナップルなど）
…適宜
クラッシュアイス…200ml
ココナッツミルク…200ml
練乳…100ml
ゼリー（イチゴ・メロンなど2色以上）…適宜

作り方

❶フルーツはひと口大に切っておく
❷器2つにクラッシュアイスを入れて❶をのせる
❸ココナッツミルクと練乳をかける
❹ゼリーを飾る

Advice 手早く盛りつけないと、クラッシュアイスが溶けちゃうよ

ほどよい甘さにいやされるぅ

163
インドネシア共和国

セラビソロ
ココナッツ米粉パンケーキ

ジャワ島中部のソロ（スラカルタ）に伝わる郷土菓子。ソロはオランダ領時代も王宮が維持されていた古都で、今もジャワ伝統文化の中心地として憧れを集めています。

調理  45 min.
難易度  ほどほど
日持ち  当日中
アルコール  フリー

材料（8枚分）

ココナッツミルク…400㎖

A
- 米粉…100g
- 小麦粉…大さじ2
- 砂糖…大さじ3
- ドライイースト…大さじ½
- 重曹…小さじ½
- 塩…小さじ½

油…適宜

作り方

❶ココナッツミルクをひと煮立ちさせ、小さじ8を取り分けておく
❷Aを混ぜ、❶の残りを注いでフタをし、30分休ませる
❸熱した中華鍋（なければフライパン）に油をひき、❷の⅛量を注ぎ、フタをして弱火で4分蒸し焼きにする
❹取り分けておいた❶のうち小さじ1を真ん中に注ぎ入れ、固まるまでフタをせずに1分焼く
❺❸〜❹をくり返して、全8枚焼く
★バナナ、チョコチップ、とろけるチーズを❹で加えても◎

Advice 直径10㎝くらいに焼くのが現地っぽい

ビール
ドロボー
アジア代表

調理	難易度	日持ち	アルコール
30 min.	 カンタン	 当日中	 フリー

屋台の定番スナック、別名ジェンプッジェンプッウダン。インドネシアやシンガポールでも人気です。添えるサンバルは、発酵させたアミの入った辛い調味料。

164

マレーシア

チュチュールウダン
小エビのスパイシーかき揚げ

材料（2人分）

ニンジン…½本（千切り）
むきエビ…50g
A
ニラ…2本（5㎝のざく切り）
玉ねぎ…½個（薄切り）
モヤシ…¼袋
コーン（缶）…50g
ターメリック…小さじ1
B
小麦粉…50g
水…50㎖
塩…小さじ¼
揚げ油…適宜
サンバル（チリソース）…50㎖

作り方

❶Aを混ぜ合わせる
❷Bを加えて、さらによく混ぜる
❸直径約5㎝の平たい円形に整え、180度の油で5分、カリっとなるまで揚げる
❹器に盛りつけ、サンバルを添える

Advice 混ぜたら手早く揚げるのがコツ

165

ミャンマー連邦共和国

トーフジョー
ひよこ豆の揚げ豆腐

調理 30 min.　難易度 カンタン　日持ち 当日中　アルコール フリー

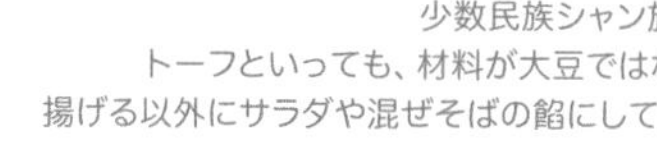

少数民族シャン族の名物料理。
トーフといっても、材料が大豆ではないのが特徴。
揚げる以外にサラダや混ぜそばの餡にして食べることも。

材料（2人分）

A
- ひよこ豆パウダー…75g
- おろしニンニク…小さじ¼
- 水…350ml
- 砂糖…小さじ¼
- 塩…小さじ¼

- 揚げ油…適宜
- チリソースやスイートチリソースなど…適量

作り方

1. 鍋にAを入れ、よくかき混ぜる
2. カスタードくらいの硬さになるまで約7分、弱火にかける
3. バットに移し、厚さ2cm程度にならし、乾燥しないようラップをかける
4. 冷めたら5cm角にカットして、180度の油で揚げる
5. 器に盛りつけ、チリソースやスイートチリソース等を添える

166

スリランカ民主社会主義共和国

サマポーシャ
ココナッツきな粉団子

調理 15 min.　難易度 カンタン　日持ち 数日　アルコール フリー

現地では大手菓子メーカーから袋入りで販売され、
手軽で栄養価の高いおやつや朝食として人気です。
日本でもアーユルヴェーダ料理として注目度上昇中。

材料（4個分）

- 米粉…50g
- きな粉…25g
- 黒糖…大さじ2
- ココナッツフレーク…大さじ1
- ココナッツミルク…大さじ4

作り方

1. きな粉と米粉をフライパンに入れ、弱火で10分炒る
2. ボウルに移し、残りの材料を加えて練る
3. 4等分にしてそれぞれをボール状に丸める

167

バングラデシュ人民共和国

ジャルムリ
ポン菓子のスパイスあえ

ジャルは辛い、ムリはポン菓子の意味。
屋台ではコーン状に丸めた新聞紙に盛りつけるのが定番。
ベンガル地方発祥ですが、インド全土でも見かけます。

調理 20 min.

難易度 カンタン

日持ち 出来立て　アルコール フリー

材料（2人分）

- 玉ねぎ・トマト…各¼個
- キュウリ…½本
- 青トウガラシ…1本
- A
  - レモン汁…1個分
  - 油…大さじ2
  - パクチー…2本（みじん切り）
  - 水…50㎖
  - チャットマサラ…小さじ1
- ※チャットマサラは、アマゾンやカルディ、業務スーパーなどで購入できる
- ポン菓子…20g

作り方

❶玉ねぎ、トマト、キュウリ、青トウガラシは、やや大きめのみじん切りにする
❷Aを加え、よく混ぜる
❸ポン菓子に加え、軽く混ぜる

Advice Aのソースは焼き魚やローストチキンにも合うよ

粘土細工
みたいで
楽しい

この美しい形に整えるのは、仏様にお供えするため。
この生地で作ったクッキー全般の名称がカプセで
お供え用のものはツォと呼ばれます。

168

ブータン王国

カプセ
組みひも模様の揚げクッキー

材料（8個分）

小麦粉…150g
砂糖…35g
バター…大さじ1½
水…大さじ4
揚げ油…適宜

作り方

❶水に砂糖とバターを加えて火にかけ、煮溶かす
❷小麦粉に少しずつ❶を混ぜ、耳たぶぐらいの硬さにする
❸2等分し、それぞれを麺棒で約5㎜の厚さにのばし、表面に油を薄く塗って、短辺を半分に折る
❹輪になっているほうから約5㎜幅の切りこみを入れる（輪の反対側は約1㎝残す）
❺下の図のような組みひも模様の形に整え、180度の油でキツネ色になるまで揚げる

組みひも模様の作り方（一例）

❶輪になっているほうに切りこみを入れる

❷切りこみの間をひらく

❸切りこみ4つ分を切り取り、端をくっつける

❹輪の内側を開く

Advice ❸で油を薄く塗らないと、生地がくっついちゃうよ

卵をいつ崩すかそれが問題だ

調理	難易度	日持ち	アルコール
45 min.	ほどほど	出来立て	フリー

ネパール人は、しっかりとした定食を朝夕2回、その合間にカジャという軽食をとります。これは、餃子のモモなどと並んでカジャの人気メニュー。

169

ネパール

チャタマリ ミンチと卵の米粉ピッツァ

材料（2枚分）

米粉…100g
水…200ml
合いひき肉…100g
玉ねぎ…½個
トマト…¼個
A 塩・ターメリック・おろしショウガ・おろしニンニク・チリパウダー…各小さじ½
油…大さじ2
とろけるチーズ…適宜
卵…2個
刻んだパクチー…大さじ1

作り方

❶米粉を水で溶いておく
❷ひき肉、みじん切りにした玉ねぎ、さいの目切りにしたトマトにAを加えて、よくねり合わせて具を作っておく
❸フライパンに油をひいて❶の半量を流し入れ、弱火で約5分焼き、生地の縁に火が通ってきたら、❷の半量をのせ、フタをして弱火でさらに約8分焼く
❹具に火が通ったらとろけるチーズを散らして卵を割り入れ、フタをしてさらに3分焼く
❺残りも同様に焼き、パクチーを散らす

Advice 生地に火が通りすぎないうちに具をのせるのがコツ

170

インド共和国

ガジャルハルワ
ナッツ入り ニンジンのミルク煮

ハルワとは、穀物や野菜に油と砂糖を加えて作った菓子。東はバングラデシュから西のモロッコまで多様なバリエーションがあり、これもその一つです。

調理 20 min. ｜ 難易度 カンタン ｜ 日持ち 2 数日 ｜ アルコール フリー

材料（2人分）

カシューナッツ…大さじ2
アーモンド…大さじ2
ニンジン（すりおろし）…100g
バター…大さじ3
コンデンスミルク…100ml
牛乳…50ml
カルダモン…小さじ½
レーズン…大さじ2

作り方

❶ナッツ類は刻んでおく
❷ニンジンとバターを弱火にかけて軽く炒め、コンデンスミルクと牛乳を加えて約10分煮る
❸カルダモンを加えて3分煮、❶とレーズンを加えてさらに2分煮る

171

パキスタン・イスラム共和国

ブッタ
すっぱ辛い 焼きトウモロコシ

夏と冬、年2回あるトウモロコシの収穫期の風物詩。大きな鉄鍋で焼き砂と一緒に炒りあげる露店が目をひきますが、焼かずにゆでる作り方もあります。

調理 15 min. ｜ 難易度 カンタン ｜ 日持ち 当日中 ｜ アルコール フリー

材料（2人分）

トウモロコシ…2本
オリーブオイル…大さじ2
塩…大さじ2
チリペッパー…大さじ2
ライムジュース…大さじ2

作り方

❶トウモロコシにオリーブオイルをまぶし、200度のオーブンで10分焼く
❷塩とチリペッパーを混ぜて❶にまぶし、ライムジュースをかける

夏バテでもあっさり食べられる

172

モルディブ共和国

マスフニ&ロシ
ココナッツツナサラダ&クレープ

マスは魚、フニはココナッツのことで、
この国を代表する2大食材がそろい踏みの名物メニュー。
現地では朝食の定番料理ですが、おやつにもぴったり。

調理  50 min.　難易度  カンタン　日持ち 当日中　アルコール  フリー

材料（2人分）

マスフニ

- ツナ（缶）…1缶（75g）
- ココナッツフレーク…15g
- 玉ねぎ…¼個（みじん切り）
- ライムジュース…½個分
- チリペッパー・塩…適宜

ロシ

- 薄力粉…150g
- 水…100㎖
- 油…大さじ1
- 塩…小さじ¼

作り方

❶マスフニの材料をすべて混ぜ合わせておく
❷ロシの材料をすべて混ぜ合わせ、こねる
❸ビニール袋に入れ、30分寝かせる
❹4等分し、麺棒で約3㎜の厚さにまるくのばす
❺フライパンで片面約5分ずつ、色づくまで焼く
❻ロシをひと口大にちぎり、マスフニを包んで食べる

Advice 焼き上ったロシは、冷凍保存OK

ピスタチオがアクセント

173

カタール国

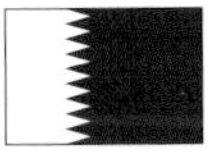

ジブニア
クリームチーズドーナッツ

伝統的なアラブ風の食生活が守られている国。
このスイーツを飾るピスタチオは中央アジア原産で
アラビアのお菓子には欠かせない材料です。

調理	難易度	日持ち	アルコール
30 min.	カンタン	当日中	フリー

材料（10個分）

A
砂糖…50g
水…50ml

B
小麦粉…100g
クリームチーズ…100g
ドライイースト…小さじ½
水…大さじ1⅔

油…適宜
ピスタチオ…適宜（刻んでおく）

作り方

❶Aを煮立たせ、弱火で3分煮詰めてシロップを作っておく
❷Bをなめらかになるまで混ぜてラップをし、室温で2倍にふくらむまで休ませる
❸麺棒で薄くのばし、10個に切り分ける
❹それぞれの両端をつないで輪を作り、ドーナッツ形にする
❺170度の油でキツネ色になるまで揚げ、❶のシロップに浸す
❻金網にのせて余分なシロップを切り、ピスタチオをふる

Advice シロップに浸した後、余分なシロップはしっかり切って！

174

オマーン国

セヴィア
レーズン入りスイートパスタ

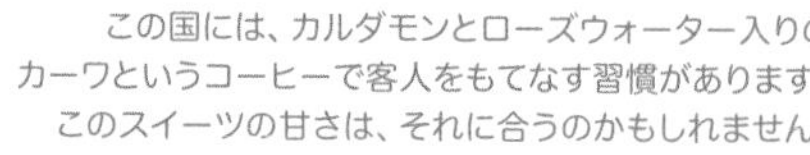

この国には、カルダモンとローズウォーター入りのカーワというコーヒーで客人をもてなす習慣があります。このスイーツの甘さは、それに合うのかもしれません。

調理 10 min.　難易度 カンタン　日持ち 出来立て　アルコール フリー

材料（2人分）

細めのパスタ…100g
（ゆでておく）
レーズン…大さじ2½
カルダモン…小さじ½
粉糖…大さじ2

作り方

❶ゆでたてのパスタを冷水に取り、水気を切ってからボウルに移す
❷残りの材料すべてを加え、混ぜ合わせる

パスタがお菓子になっちゃった

175

イエメン共和国

マリキア
冷製バナナパンプディング

熟れすぎたぐらいのバナナで作るのが、おいしさの秘訣。この国の伝統的なデザートですがサウジアラビアでも、マソブの名で親しまれています。

調理 15 min.　難易度 カンタン　日持ち 当日中　アルコール フリー

材料（2人分）

バナナ…2本
ピタパン…½枚
A ┃生クリーム…大さじ4
　┃バター…大さじ2
レーズン・アーモンド
…各大さじ2
ハチミツ…大さじ3⅓

作り方

❶バナナをドロドロになるまですりつぶす
❷パンを細かくちぎる
❸バナナとパンを混ぜ合わせ、Aを加えてさらに混ぜる
❹器に盛り、レーズンとアーモンドを散らし、ハチミツを回しかける

176

アラブ首長国連邦

ルゲマート
デーツシロップドーナッツ

アラブ一帯はもちろん、呼び名こそ異なりますが
トルコやギリシャなどでも親しまれています。
13世紀の書物にも登場しているほど昔から人気です。

調理 40 min.　難易度 カンタン　日持ち 当日中　アルコール フリー

材料（約4個分）

A
- 小麦粉…50g
- ドライイースト…小さじ½
- 粉ミルク…50g
- 砂糖…大さじ1
- カルダモン…小さじ½
- サフラン…少々

- ぬるま湯…70ml
- 揚げ油…適宜
- デーツシロップ…適宜

作り方

❶Aにぬるま湯を注いで練り、ラップで包んで30分休ませる
❷ゴルフボールよりやや小さめに丸め、180度の油で約5～7分、色づくまで揚げる
❸器に盛り、デーツシロップをかける

★白ゴマをふってもおいしい

177

バーレーン王国

グライバ
ほろほろクッキー

断食明けの宴にも登場するかわいらしいお菓子。
現地では、サムナという精製度が高いバターを使用し、
よりほろほろに仕上げます。植物オイルでも代用可。

調理 30 min.　難易度 ほどほど　日持ち 数日　アルコール フリー

材料（6個分）

A
- 小麦粉…75g
- 溶かしバター…50g
- 砂糖…20g

- ピスタチオ…6粒

作り方

❶Aをしっとりするまで混ぜあわせてから、ラップをかけ、約1時間休ませる
❷棒状にのばして6個に切り分ける
❸それぞれをさらに棒状にのばし、両端をつないで輪を作り、ドーナッツ形にする
❹140度のオーブンで18分焼く
❺ピスタチオを飾る

お肉の満足感！

調理 30 min. ／ 難易度 カンタン ／ 日持ち 当日中 ／ アルコール フリー

178

サウジアラビア王国

ムタバク
ミンチ入りサクサク薄焼きパン

アラビア語で「折りたたまれた」という意味の名のとおり薄い生地と具が層になっています。名称は異なりますが、似たメニューは東南アジアから中東までのあちこちに。

材料（2枚分）

皮
- 小麦粉…100g
- 塩…小さじ½
- オリーブオイル…大さじ1
- ぬるま湯…50ml

- ❷の油…大さじ1
- 牛ひき肉…200g
- 玉ねぎ…½個（みじん切り）
- トマト…½個

A
- 塩・クミン・黒胡椒…各小さじ1
- トウガラシ…½本（輪切り）

- 溶き卵…2個分
- ❺の油…大さじ1
- ❻の油…大さじ3

作り方

❶皮の材料を混ぜ合わせ、ラップに包んで30分休ませる
❷フライパンに油をひき、ひき肉と玉ねぎを炒める
❸余分な油を取り除き、さいの目切りにしたトマトとAを加える
❹粗熱が取れたら、溶き卵を混ぜ合わせておく
❺❶を2等分して、油を塗った台にのせ、麺棒でできるだけ薄くのばし、❹の半量をのせ、余った生地を折りたたむ。同じものを2枚作る
❻油をたっぷりひいたフライパンに、まず折り目を下にして入れ、途中で返して両面ともこんがり焼く

Advice 折り重なった部分は火が通りにくいので、生地は極力薄く！

シロップじゅわ〜

179

クウェート国

アターイフ
ナッツ入り揚げパンケーキ

中東一帯で、ラマダンの夜の食卓に並ぶ定番メニュー。
中の具には、チーズやクロステッドクリームなど
さまざまなバリエーションがあります。

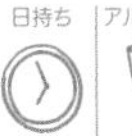

調理 30 min.｜難易度 チャレンジ｜日持ち 当日中｜アルコール フリー

材料（4個分）

A
- 小麦粉…150g
- セモリナ粉…50g
- ベーキングパウダー…小さじ½
- ドライイースト・ローズウォーター…各大さじ½
- ぬるま湯…200ml
- 砂糖…大さじ1
- 塩…ひとつまみ

詰め物
- クルミ…50g
- 砂糖…大さじ2
- シナモン…小さじ½

シロップ
- 砂糖…65g
- 水…65ml
- ローズウォーター…大さじ½
- レモン汁…小さじ½

揚げ油…適宜

作り方

❶Aを合わせ、泡立て器でよく混ぜる
❷詰め物とシロップは、それぞれ混ぜ合わせておく
❸フライパンに油をひき、❶を4等分し、それぞれを直径10cm大の円形に広げて片面のみ4枚焼く
❹色が変わったら取り出し、タオルでおおっておく
❺4枚それぞれ焼いていない面に詰め物をのせ、半分に折って縁をきっちりとじ、180度の油で3分揚げる
❻熱いうちにシロップに浸し、網の上で粗熱をとる

Advice 焼き上げた後、焼いていない側が乾かないように注意！

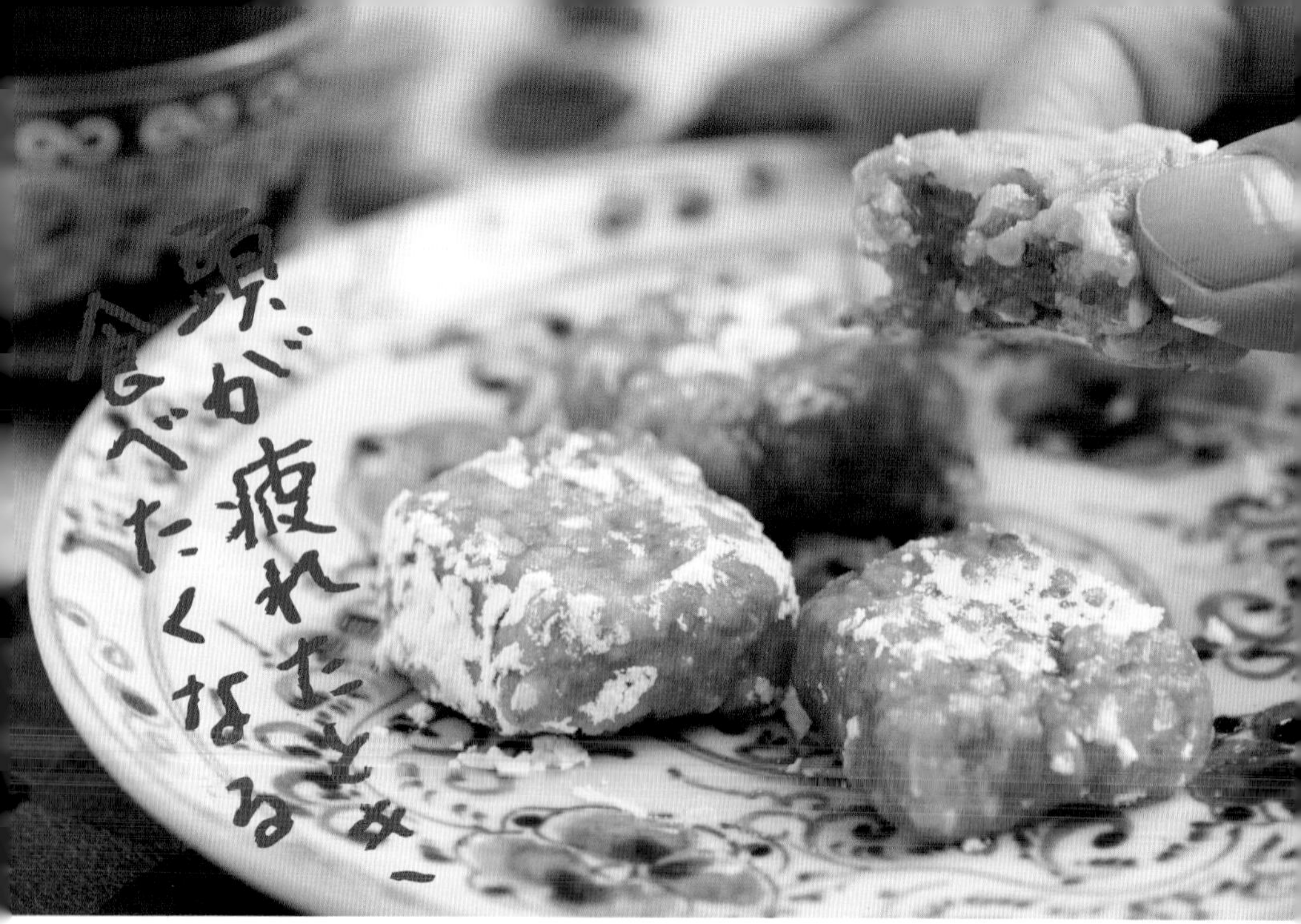

頭が疲れたとき〜
食べたくなる

180

イラク共和国

マンアルサマ

ナッツ入りトフィー

名前の意味は、旧約聖書に由来する「天国からのマナ」。モーセの祈りを受けた神様が下した食べ物のことです。それがこの菓子の起源であると言い伝えられています。

材料（約6個分）

アーモンド・クルミ・ピスタチオ…各大さじ2
砂糖…25g

A
- メイプルシロップ（コーンシロップの代用）…75ml
- 水…大さじ1⅔
- 塩…ひとつまみ

卵白…1個分

B
- バター…大さじ½
- カルダモン…小さじ½

油…適宜
コーンスターチ…適宜

作り方

❶ナッツ類は粗く刻んで充分空炒りし、水分を飛ばしておく
❷Aを混ぜ合わせて、弱火で5分煮詰める
❸卵白を泡立て、❷の¼を混ぜながら加える
❹残りの❷をとろみがつくまで煮詰める
❺❸に❹を少しずつ加える
❻❶とBを加えてよく混ぜ、油を塗ったバットに広げる
❼冷めたら2㎝角にカットし、くっつき合わないようにコーンスターチをまぶす

Advice 煮詰め具合で硬さを調整可能。よく煮詰めると硬めになる

豆の風味がしっかり

181

ヨルダン

ファラフェル
ひよこ豆コロッケ

中東各地で広く親しまれている家庭料理。
そら豆を混ぜて作る地域もあります。
低カロリーでヘルシーなため、日本でも人気上昇中！

材料（8個分）

- ひよこ豆水煮（缶）…1缶（400g）
- 玉ねぎ…½個（みじん切り）
- パセリ（みじん切り）…大さじ3
- パクチー（みじん切り）…大さじ2

A
- おろしニンニク・クミン…各小さじ1
- 小麦粉…大さじ2
- 塩…小さじ½

- 揚げ油…適宜

ソース
- ヨーグルト…60㎖
- 練りゴマ…大さじ2
- おろしニンニク・レモン汁…各小さじ½
- オリーブオイル・塩・黒胡椒…各少々

作り方

❶ひよこ豆の水気を切り、ペースト状にする（フードプロセッサーがあると楽だが、なければマッシャーやすりこぎでつぶしてもOK）
❷Aを加えて混ぜ、8等分にして平たい楕円形に整える
❸180度の油でキツネ色になるまで揚げる
❹ソースの材料を混ぜ合わせて添える

調理   20 min.
難易度   カンタン
日持ち   当日中
アルコール   フリー

Advice 生地が硬すぎるときは、ひよこ豆缶の汁を加えて調整しよう

これが耳に見える？

182

イスラエル国

オゼンハマン
ケシの実ペースト入りクッキー

調理 60 min. ／ 難易度 ほどほど ／ 日持ち 2 数日 ／ アルコール フリー

ハマンとは、旧約聖書エステル記に登場する悪役の名、オゼンとは、耳のこと。春のプリム祭ではこれを食べてハマンに復讐するのだとか。

材料（約8個分）

ケシの実…100g

A
- アーモンドミルク…大さじ1⅔
- ハチミツ…大さじ1⅔
- オレンジジュース…大さじ½
- バニラエッセンス…少々

B
- バター…小さじ1
- レモン汁…小さじ½
- バニラエッセンス…少々

バター…50g
グラニュー糖…40g
溶き卵…½個分
小麦粉…80g
ベーキングパウダー…小さじ½

作り方

❶ケシの実をミルなどですりつぶす
❷Aを煮立たせ、❶を加える
❸Bを加え、弱火で5～7分、水気がなくなるまで煮て、冷ましておく
❹バターとグラニュー糖をすり混ぜ、溶き卵を加える
❺小麦粉とベーキングパウダーを合わせたものを数回に分けて加え、ラップに包んで1時間以上休ませる
❻麺棒で厚さ3㎜にのばす
❼直径10㎝程度のコップで丸く抜く
❽真ん中に❸をのせ、三角形になるように折りたたむ
❾180度のオーブンで15分焼く
★❸の代わりに、ジャム（イチゴ、アプリコット、ラベンダーなど）を包んでもおいしい

Advice 生地が柔らかいので、成型は手早く！

私の世界料理修行⑳

ネパールの夕食は毎晩、豆が変わるだけ!?

●4カ月も滞在したネパールには、たくさんの思い出が詰まっている。妻と初めて出会ったのもこの国だった。

ネパール料理はインド料理とよく混同されがちだが、スパイスの使う量や使い方が違っている。ネパールのほうが使うスパイスの種類が少なく、よりシンプルで、素材の持ち味を生かす調理法だ。

そして何といっても、ネパールではダルバート（豆とご飯という意味）が主食なのである。ホームステイ先のママから「今日のご飯は何にする?」と聞かれるたび、内心、「豆の種類が変わるだけやん！」と思ってました。

サクッ→トロ〜リ

183

パレスチナ

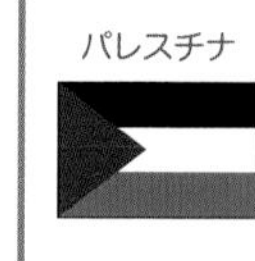

クナーファ

カダイフ生地の甘いチーズサンド

はるか遠い昔から中東一帯で愛されてきた伝統菓子。アラビアンナイトでも、靴職人マアルクが意地悪女房からこの菓子について難癖をつけられる場面があります。

調理  75 min.
難易度  チャレンジ
日持ち  2 数日
アルコール  フリー

材料（10×15㎝の型）

冷凍カダイフ…100g
※アマゾンや楽天などのネット通販で買える
モッツァレラチーズ・カッテージチーズ・マスカルポーネチーズ…各50g

A
砂糖…大さじ2
ローズウォーター…小さじ1

溶かしバター…大さじ4

シロップ
砂糖…50g
水…50㎖
レモン汁・ローズウォーター…各小さじ1

作り方

❶Aを混ぜ合わせておく
❷シロップの材料を合わせ、ひと煮立ちさせておく
❸カダイフを解凍し、手でできるだけ細かく砕く
❹溶かしバターを加え、混ぜ合わせる
❺まず❹の⅔の量を型に入れ、❶をのせてから、残りの❹を重ねる
❻180度のオーブンで45分焼く
❼熱いうちにシロップをかける

Advice ロースウォーターの代わりに、オレンジウォーターでも◎

生地にもお肉が入ってシアワセ

184

レバノン共和国

キッベ
羊肉揚げパン

ひきわり小麦とひき肉を使った料理の総称がキッベ。生やゆでたもの、焼いたものなど、調理法はさまざまで中東ばかりかアラブ系移民の住む中南米でも人気です。

調理 30 min. 難易度 チャレンジ 日持ち 当日中 アルコール フリー

材料（8個分）

- ジンギスカン用羊肉…350g
- ひきわり小麦…100g
- A
  - 塩…小さじ½
  - 黒胡椒…小さじ½
- B
  - 玉ねぎ…½個（みじん切り）
  - 塩・クミン…各小さじ1
  - シナモン・黒胡椒…各小さじ½
  - チリパウダー…小さじ¼
- オリーブオイル…大さじ1
- 揚げ油…適宜

作り方

❶羊肉は包丁で叩いてミンチ状にしておく
❷ひきわり小麦を水（分量外）に30分浸してから、水気を切る
❸❶の100gとAを❷に加えてすり鉢などでペースト状にする（フードプロセッサーがあると楽）
❹❶の残りとBをオリーブオイルで炒め合わせ、冷ます
❺❸に❹を詰めてラグビーボール型にしたものを8個作る
❻180度の油でキツネ色になるまで揚げる

Advice ひきわり小麦はしっかり水に浸さないと、皮が硬くなるよ

オスマントルコ皇帝のお気に入り

185

トルコ共和国

バグラヴァ
ナッツパイシロップ漬け

トルコを代表する繊細かつ濃厚な味わいの伝統菓子。
ルーツは諸説あるものの、オスマン帝国時代には
その人気が全国に広がっていたと言われています。

調理  60 min.
難易度  チャレンジ
日持ち  2 数日

アルコール  フリー

材料（6個分）

クルミ・ピスタチオ…各50g

A
シナモン…小さじ1
カルダモン・クローブ・オールスパイス…各小さじ¼
コーンスターチ…大さじ1

B
バター…大さじ4
油…大さじ4

C
砂糖…150g
水…200ml
レモン汁…小さじ1

冷凍パイシート…400g

作り方

❶クルミとピスタチオを細かく刻み、Aを合わせておく
❷Bを合わせ、電子レンジで溶かしておく
❸Cをひと煮立ちさせ、シロップを作っておく
❹パイシートを麺棒でできるだけ薄くのばし、耐熱皿大（10×15㎝程度）のものを5枚作る
❺耐熱皿に❹を1枚広げ、❷の¼を塗って❶の¼をまんべんなく散らし、❹を1枚のせ…をくり返して5層にする
❻6個のひし形になるように切り込みを入れる
❼まず170度のオーブンで35分、次に210度で10分焼く
❽❸のシロップを回しかける

Advice シロップは「ちょっと多すぎ？」と思っても、全部かけて！

186
シリア・アラブ共和国

ハラワートジュブン
もちもちチーズデザート

じつはチーズ作りが盛んな国。そのチーズのお菓子です。ハマあるいはホムスの町が発祥といわれますが、移民先のトルコやドイツでも人気が広まっています。

調理 40 min.

難易度 チャレンジ

日持ち 当日中

アルコール フリー

材料（10個分）

A
- 砂糖…50g
- 水…50ml
- オレンジウォーター…小さじ1

- レモンの皮…1個分

B
- モッツァレラチーズ…50g（すりおろす）
- 砂糖・水…各大さじ1

- セモリナ粉…50g
- リコッタチーズ…100g
- ピスタチオ…10粒

作り方

❶Aにすりおろしたレモンの皮を加えて沸騰させ、粗熱をとり、冷蔵庫で冷やしておく
❷Bを煮溶かし、セモリナ粉を加えて混ぜながら、キツネ色になるまで弱火にかける
❸バットに平らに広げ、10個に切り分け、それぞれにリコッタチーズをのせ、冷やす
❹器に盛りつけ、❶をかけ、ピスタチオを飾る

ほのかに塩味も

187
イラン・イスラム共和国

ハルワ
バラとサフラン香るセモリナ粥

P193でも紹介したとおり、この菓子の仲間は広く分布し、内容も多種多様。これは粥状ですが、他に固形タイプやペースト状、ゴマ主体のもの、果物入りなどもあります。

調理 20 min.　難易度 ほどほど　日持ち 数日　アルコール フリー

材料（2人分）

- セモリナ粉…125g
- 油…100ml

A
- 砂糖…100g
- 湯…80ml
- ローズウォーター…60ml
- サフラン…小さじ½

- スライスアーモンド…適宜

作り方

❶セモリナ粉と油を弱火にかけ、ややキツネ色にまで約15分炒める
❷Aを合わせ、❶に注いで素早くかき混ぜる
❸器に盛りつけ、アーモンドを飾る
★冷蔵庫で冷やしてもおいしい

アラビアンナイトの香り

ースが斬新!

188

アフガニスタン・イスラム共和国

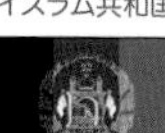

羊肉まんのトマト&ヨーグルトソース

マントゥ

中国西部から中央アジア、トルコ、バルカン半島にいたる広い地域で親しまれている大ぶりの蒸しギョーザ。地域によって、大きさや具材、ソースが異なります。

調理  min.

難易度  ほどほど

日持ち  当日中

アルコール フリー

材料（16個分）

A
- トマトピューレ…大さじ3
- バター…小さじ1
- チリペッパー…小さじ½

B
- ヨーグルト…150ml
- おろしニンニク…小さじ½
- 塩…小さじ½

皮
- 強力粉…150g
- 水…80ml
- 塩…小さじ½

具
- ジンギスカン用羊肉…150g
- 玉ねぎ…¼個（みじん切り）
- 塩…小さじ½
- 胡椒…少々
- クミン…小さじ½
- チリペッパー…小さじ½
- 水…大さじ1

作り方

❶Aを混ぜ合わせ、電子レンジで1分加熱して、トマトソースを作っておく

❷Bを混ぜ合わせ、ヨーグルトソースを作っておく

❸皮の材料を練り合わせ、ラップに包んで1時間休ませる

❹具の羊肉は包丁で叩いてミンチ状にし、その他の具の材料と練り合わせ、冷蔵庫で20分休ませる

❺❸と❹をそれぞれ16等分し、麺棒でのばした❸で❹を包んだものを、16個作る

❻ラップをかけ、電子レンジで4分加熱した後、そのまま5分蒸らす

❼トマトソースとヨーグルトソースを添える

私の世界料理修行㉑

あわや沈没?! トルコ焼酎ラキの呪い

●トルコでは、ケバブ、キョフテ、バグラヴァ、カダイフなどのレシピを学ぼうと決めていた。

しかし、料理修行はなかなか進まなかった。なぜなら、そのときの宿にゴキゲンなヤツが多く、ブドウからできたトルコ焼酎ラキを毎晩3本も空けて、楽しく飲み明かしていたからだ。翌日はなかなか起きられず、夕方近くにようやく出かける日々。ラキの誘惑、恐るべし……。

ところが、サズという民族楽器を買ってから流れが変わった。楽器店の奥さんが料理を教えてくれたのを皮切りに修行が進んだのだ。まあ、出国日が迫ってやっと私も焦ったというわけ。いや、ラキの呪いをサズが解いてくれたのか。

Advice 電子レンジにかけすぎると皮が硬くなっちゃうので、注意！

花嫁の太もも!?

189

トルクメニスタン

ジェリンブドゥ
牛ミンチ入りライスポテトコロッケ

東部の砂漠地帯は遊牧民による肉食文化の地。この料理も名前の意味「花嫁の太もも」から食べごたえまで肉感的！ 別名でトルコやアラブ世界でも食されています。

調理  min.｜難易度  ほどほど｜日持ち 当日中｜アルコール フリー

材料（約4個分）

玉ねぎ…⅛個（みじん切り）
おろしニンニク…小さじ½
油…大さじ1
牛ひき肉…100g

A
パセリ（みじん切り）…小さじ1
塩…小さじ¼
クローブ…小さじ¼
黒胡椒…適宜

B
ジャガイモ…1個（ゆでてつぶしておく）
ご飯…茶碗½杯
塩…小さじ½
小麦粉…大さじ1

揚げ油…適宜

作り方

❶玉ねぎとおろしニンニクを油で炒める
❷牛ひき肉とAを加え、火が通るまで炒めて、クローブを取り出しておく
❸Bを粘りが出るまでよく混ぜ合わせる
❹❸をゴルフボール大に分け、❷を中に詰めてラグビーボール状の形に整える
❺180度の油でキツネ色になるまで揚げる

Advice 揚げ油の温度が低いと破裂しがちなので、気をつけて！

シルクロードの味

190
ウズベキスタン共和国

羊肉トマトうどん
ラグマン

中央アジアを代表する麺料理（P213も参照）。うどんによく似た麺は、麺棒でのばす手打ちではなく、両手で何度も引きのばす手延べで作られます。

調理	難易度	日持ち	アルコール
 30 min.	 カンタン	  出来立て	 フリー

材料（2人分）

A
- おろしニンニク…小さじ½
- おろしショウガ…小さじ½
- 玉ねぎ…½個（薄切り）
- パプリカ3種（赤・黄色・緑）…½個（短冊切り）

- 油…大さじ1
- ジンギスカン用羊肉…200g（細切り）

B
- カットトマト（缶）…½缶
- 水…100ml
- クミン…小さじ1
- 塩…小さじ⅔
- 胡椒…少々

- うどん（現地の麺の代用）…2玉

作り方

❶油を熱し、Aを中火でしんなりするまで炒める
❷羊肉を加え、さらに5分炒める
❸Bを加え、弱火で15分煮込む
❹うどんをゆで、❸をかける

Advice パプリカはピーマンだけでもOK

しょう油の味がする⁉

191

キルギス共和国

アシュランフー
トコロテンとうどんの野菜たっぷり冷麺

国境に近いカラコルの名物で中国系ドゥンガン人の料理。
このメニューに入れる肉は、牛や羊でもOK。
ドゥンガン人はイスラム教徒なので、豚肉は使いません。

調理 30 min. ／ 難易度 ほどほど ／ 日持ち 出来立て ／ アルコール フリー

材料（2杯分）

ソース
- チキンスープ…200ml（コンソメの素でOK）
- しょう油…大さじ2
- 砂糖…小さじ1
- トマトペースト…小さじ1
- おろしショウガ…小さじ½
- チリペッパー…小さじ½
- コーンスターチ…小さじ2

- 油…大さじ2
- ニンジン…¼本（千切り）
- 赤ピーマン…¼個（千切り）
- 鶏むね肉…100g（ゆでて割いておく）
- セロリ…½本（千切り）

A
- キュウリ…½本（千切り）
- ネギ…1本（小口切り）
- 薄焼き卵…1個分（細切り）

- トコロテン（クラフマルの代用）…100g
- うどん（現地の卵麺の代用）…1玉（ゆでておく）
- 食べるラー油（ラザの代用）…適宜

作り方

❶ソースの材料すべてを混ぜ合わせておく
❷油を熱し、ニンジン、赤ピーマンを炒め、鶏むね肉、セロリを加えてさらに炒め、Aを加えて❶を注ぎ、ひと煮立ちさせる
❸粗熱をとり、冷蔵庫でしっかり冷やす
❹トコロテンとうどんを2つの器に盛りつけ、❸をかけ、お好みで食べるラー油を添える

Advice 冷たーくしたほうがおいしいよ！

おやつこぼれ話❸

ウズベキスタンのラグマン論争

●P211で取り上げたラグマンは、中央アジア一帯でポピュラーな麺料理だ。どの国の料理として紹介するか迷ったが、編集者と相談の末、ウズベキスタンにした。

しかし、メニュー撮影の際、編集者が怪訝な顔をする。「ウズベキスタンで食べたラグマンはもっと汁だくでした」。私がウイグル人から教わったのは汁なしのレシピ。本場の人に習ったので間違いはないはずだ。お互いガンとしてゆずらず、微妙な空気が漂った……。

真相を見極めるべく改めて調べると、中央アジア内でも微妙にバリエーションのあることが判明。顔を見合わせて「そうか！」と納得した。

192

カザフスタン共和国

ジェント
バター風味の麦焦がし

調理 20 min.　難易度 カンタン　日持ち 2 数日　アルコール フリー

「豊かな牧民は羊、山羊、駱駝、馬の四畜を飼う」という言い伝えが残る遊牧民の国。最近は牛が中心ですが、以前はバターもこれら四畜の乳から作られていました。

材料（16個分）

オートミール…250g
溶かしバター…110ml
練乳…50ml
砂糖…小さじ½
ハチミツ・レーズン・ナッツ…お好みで（なくてもよい）

作り方

❶オートミールをフライパンに入れ、弱火で約10分炒る
❷残りの材料すべてを加え、よく混ぜる
❸麺棒で厚さ1cmにのばし、クッキーの型などで抜く

飲み物必須

193

タジキスタン共和国

チャクチャク
サクサクおこしのハチミツがけ

調理 40 min.　難易度 ほどほど　日持ち 2 数日　アルコール フリー

元々は、タタール人のお菓子と言われていますが、この国をはじめ、中央アジア一帯で広く愛されています。丸い形が一般的ですが、麺状にのばして作られることも。

材料（茶碗2杯分）

A 小麦粉…75g
A 砂糖…小さじ¼
A 塩…ひとつまみ
溶き卵…1個分
ハチミツ…大さじ1⅔
揚げ油…適宜

作り方

❶Aを合わせて溶き卵を加え、練る
❷冷蔵庫で30分休ませる
❸直径約5mmに細長くのばし、1cm程度にカットする
❹180度の油でキツネ色になるまで揚げる
❺容器に移してハチミツをまんべんなくかけ、冷蔵庫で冷やす

194

モンゴル国

バンシタイツァイ

羊肉ギョーザ入り塩味ミルクティー

モンゴル人が1日に何杯も飲むお茶が、スーティチャイという塩味のミルクティー。それにギョーザを入れた軽食メニューです。

調理

min.

難易度

チャレンジ

日持ち

出来立て

アルコール

フリー

材料（2人分）

ジンギスカン用羊肉…180g
玉ねぎ…¼個（みじん切り）
岩塩（なければ塩）…小さじ¼
ギョーザの皮…12枚
スーティ茶（なければプーアール茶）…小さじ½
牛乳…200ml
水…100ml
岩塩（なければ塩）…小さじ¼

作り方

❶羊肉は包丁で叩いてミンチ状にし、玉ねぎと岩塩を加えてよく混ぜる
❷ギョーザの皮で包む
❸牛乳と水を沸騰させて火を止め、お茶パックに入れた茶葉を3分間浸してから取り出し、岩塩を加える
❹❷のギョーザを入れて約8分煮る

Advice 茶葉は「少な目かな」と思うくらいがちょうどいいよ

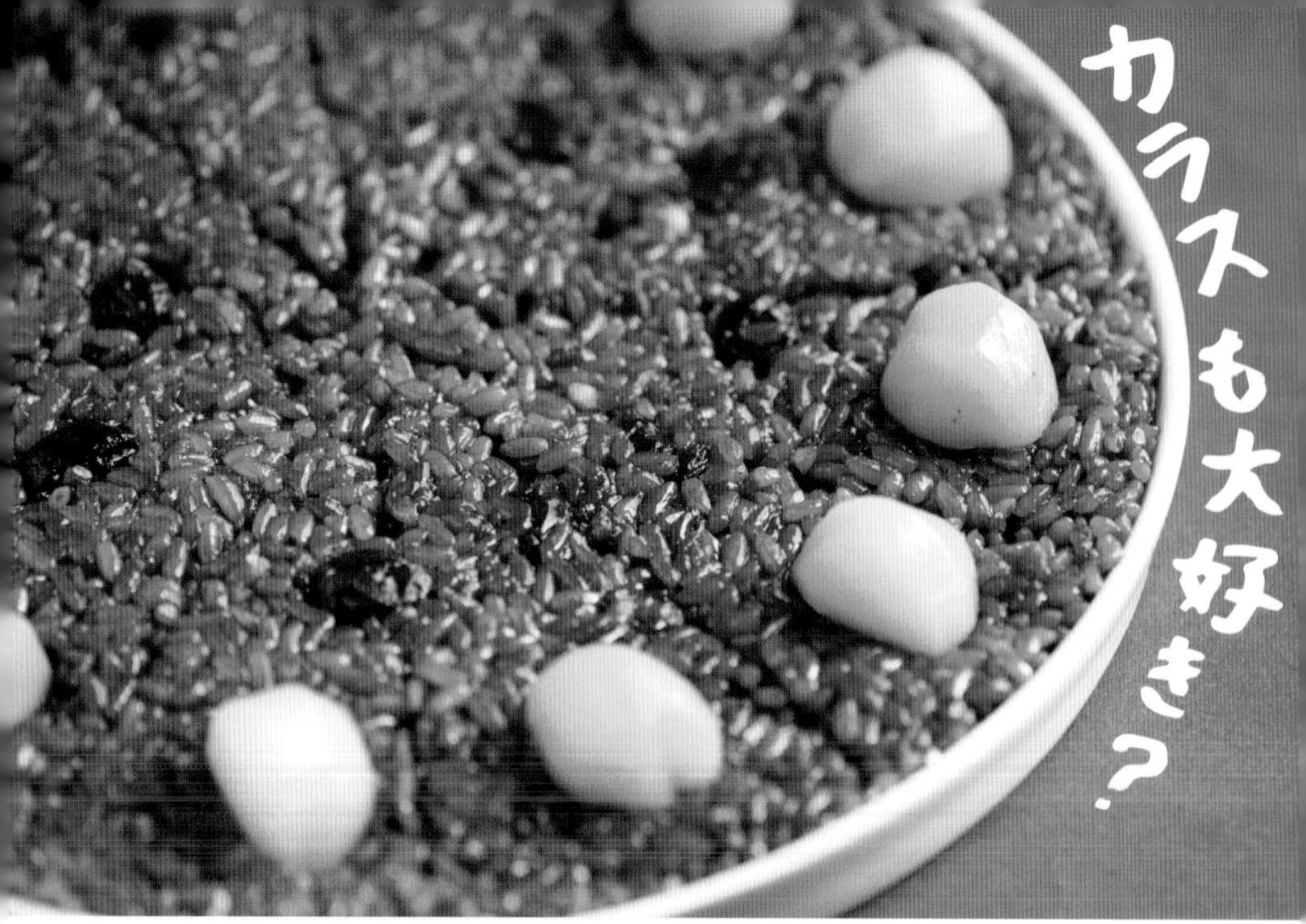

カラスも大好き？

195

北朝鮮

ヤクシク（薬食）
黒糖味のナッツおこわ

新羅の時代の正月15日、王が命を救ってくれたカラスにお礼として与えたという故事が伝えられるメニュー。そのため、旧暦1月15日にこれを食べる習慣があります。

材料（10個分）

もち米…360ml（2合）
水…炊飯器の米2合の目盛り分
レーズン・クコの実・クルミ…各大さじ2
栗の甘露煮…10個
黒糖…大さじ3
ハチミツ…大さじ2
醤油・ゴマ油…各大さじ1
塩・シナモン…各小さじ½

作り方

❶もち米を洗い、水に2時間以上つけておく
❷その他の材料すべてを加え、炊飯器で炊く
❸炊き上ったら、全体を手早く混ぜ合わせる

Advice ラップに包んで冷凍しておけば、レンチンで食べられるよ！

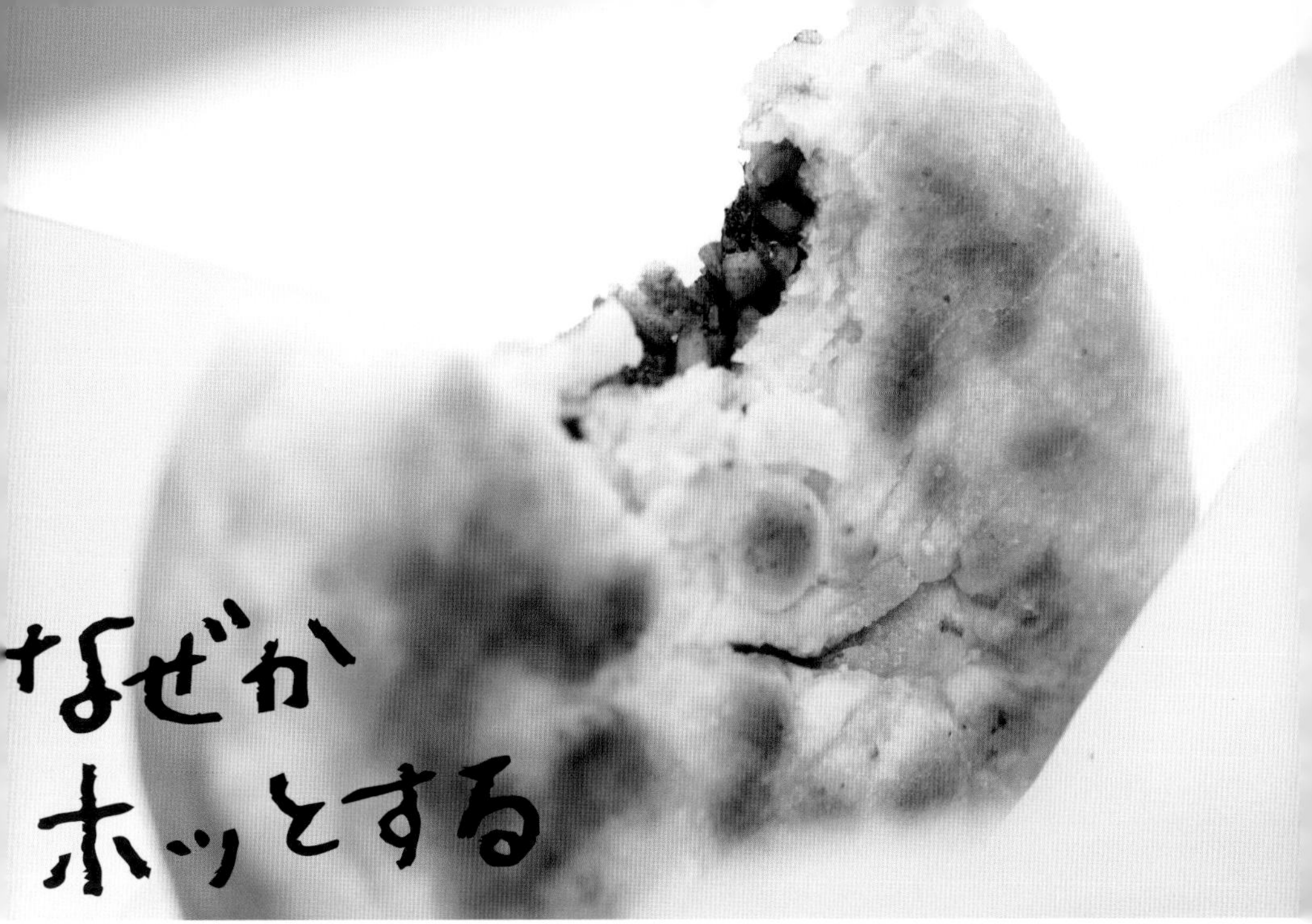

なぜかホッとする

196

大韓民国

ホットク（胡餅）クルミと黒糖のおやき

屋台おやつの代表格で、油を使わずに焼く店もあります。
名前の「胡」は、中国を意味する言葉で、
19世紀末、中国商人が考案したメニューと伝わります。

調理  40 min.
難易度  ほどほど
日持ち 当日中
アルコール フリー

材料（4枚分）

ドライイースト…小さじ1⅔
ぬるま湯…150ml
A
強力粉…160g
白玉粉…大さじ4½
砂糖…大さじ1
塩…ひとつまみ
B
黒糖…大さじ1
砂糖…大さじ2
細かく刻んだクルミ…大さじ2
シナモン…小さじ½
油…小さじ2

作り方

❶ぬるま湯にドライイーストを入れ、なじんだらAを加えてこね、ラップをかけて30分休ませる
❷Bを混ぜておく
❸手に油（分量外）をつけて❶を4等分し、それぞれに❷を¼ずつ包む
❹温めて油を引いたフライパンに入れ、焼きながら、コップの底を押し付けて、生地を平らに整える
❺途中で裏返し、両面ともきれいに色づくまで焼く

Advice 押さえつけて平らにしたほうが、中の具が均一になるよ

トッピングが
楽しい！

台湾

トゥファ（豆花）黒糖ジンジャー風味の豆乳ゼリー

調理 10 min.　難易度 カンタン　日持ち 数日　アルコール フリー

夏には氷やかき氷を加え、冬には温めても美味！
起源は遠く漢の時代までさかのぼる中華系おやつです。
中国本土でも人気で、塩味や辛味の地方もあります。

材料（2人分）

ゼラチン…小さじ1
水…小さじ2
豆乳…200㎖
ハチミツ…大さじ1
お好みのフルーツや煮豆…適宜
クコの実・黒蜜・ジンジャーシロップ…適量

作り方

❶ゼラチンを水でふやかし、電子レンジで溶かしておく（P010）
❷豆乳にハチミツと❶を加えて、よく混ぜる
❸器に移し、冷蔵庫で約4時間冷やし固める
❹食べる直前に、フルーツや煮豆をのせ、クコの実、黒蜜、ジンジャーシロップをかける

Advice ❶でゼラチンを完全に溶かさないと、固まらないよ

私の世界料理修行㉒

すべては香港から始まった

「うわっ、危ない！」。窓側の席だった私は、自分の乗った飛行機が建物スレスレの軌道で着陸していく様を見て心の中で叫んだ。当時、着陸が世界一難しいといわれた香港の啓徳空港でのことだ。

私が初めてアジアに足を踏み入れたのは1990年、中国返還前のこの香港だった。

私は当時24歳、日本でフランス料理を修行していた。他の料理にはあまり興味がなく、フランス料理の技法や味が世界一だと思っていた。

香港にはコック仲間に無理やりに連れていかれた。そこで、海鮮の火の通し方、素材のいかし方、出汁の取り方、チャーシューや煮こみに使う八角という香辛料の使い方に感服した。そして、町の活気、人の活力、エネルギーに圧倒された。本音で生きている感じがした。

私の中で、何かが芽生えた気がした。なぜこんな料理が生まれたのだろう？　どんな歴史があったのだろう？　イギリスの影響は？　この旅が、料理の背景に興味を抱くきっかけになったのは間違いない。

その後、世界30カ国での料理修行は、帰国後の日本での修行を通じ、この興味はますます深まった。そして今、こう信じている。世界の料理を学ぶとは、世界の文化、歴史、風土、国民性を学ぶこと、ひいては世界全体を俯瞰することにつながる、世界の料理は平和への道しるべなのだ、と。

餡のコクがたまらない

198

中華人民共和国

ユエピン（月餅）
ゴマ&ナッツ餡入り焼きまんじゅう

調理	難易度	日持ち	アルコール
45 min.	チャレンジ	2 数日	フリー

元々は、秋の満月を愛でる中秋節のお供え物。
地方ごとに多くの種類があり、なかには塩漬け卵入りも。
今は贈答品としても重宝され、高級化が進んでいます。

材料（6個分）

A
- 小麦粉…150g
- カスタードパウダー…大さじ½
- ベーキングパウダー…ひとつまみ

- 卵…½個
- ハチミツ…20g
- 油…大さじ1⅓
- グラニュー糖…大さじ1⅔
- 塩…ひとつまみ

B
- すりゴマ…35g
- ナッツ（クルミ・アーモンドなど）…25g

- 溶き卵…適宜

作り方

❶Aを合わせてふるっておく
❷卵、ハチミツ、油、グラニュー糖、塩を合わせ、❶を加えてさらに混ぜる
❸ラップにしっかり包み、ひと晩休ませる
❹Bを混ぜ合わせて、6等分する
❺❸で包み、平たい円形に整える
❻180度のオーブンで17分焼く
❼いったんオーブンから出し、ハケで表面のみに溶き卵を塗る。飾りの模様をつけても楽しい
❽色づくまで再び3～5分焼く

Advice 皮が柔らかいので、包むというよりも具に塗りつける感じで

199

香港

マンゴープリン

マンゴープーディン（芒果布丁）

調理 20 min. ｜ 難易度 カンタン ｜ 日持ち 2 数日 ｜ アルコール フリー

プリン好きなイギリス人の多い香港生まれのデザート。
名前はプリンですが、作り方はゼリーです。
生のマンゴーで作ると、濃厚な高級レストランの味に！

ぷるるん

材料（6個分）

- ゼラチン…小さじ1
- 水…大さじ1½
- マンゴーピューレ…175ml
- 砂糖…大さじ1½
- 生クリーム…100ml
- 牛乳…150ml

作り方

❶ゼラチンを水でふやかし、電子レンジで溶かしておく（P010）

❷マンゴーピューレに砂糖を入れて溶かし、❶と生クリーム、牛乳を入れてよく混ぜる

❸器に移し、冷蔵庫で冷やし固める

200

マカオ

サクサク生地のエッグタルト

プーシデンタ（葡式蛋撻）

調理 40 min. ｜ 難易度 ほどほど ｜ 日持ち 当日中 ｜ アルコール フリー

1989年、イギリス人がポルトガルのパステルデナタと
イギリスのカスタードタルトを参考に作ったのが始まり。
香港のものとは、生い立ちも味も異なっています。

材料（4個分）

- 冷凍パイシート…80g（丸めて4等分にしておく）
- バター…適宜
- A
  - 卵黄…3個分
  - グラニュー糖…大さじ2
  - バニラエッセンス…2滴
- 生クリーム…70g
- 牛乳…大さじ2

作り方

❶4つのタルト型それぞれにバターを塗り、のばしたパイシートを縁より低めに貼りつけ、200度のオーブンで10分焼く

❷Aを合わせ、白っぽくなるまで混ぜる

❸生クリームと牛乳を電子レンジで30秒加熱し、❷に加える

❹粗熱が取れてから❶に詰め、200度のオーブンで15分焼く

関西人の
ソウルフード

201

タコ焼き

タコとキャベツ入り サクッ！トロ！焼き団子

日本国

私にとってはこれがまさにおふくろの味！
子どもの頃、タコ焼き器がテーブルに出されると
テンションが上がったものです。

調理 30 min.　難易度 ほどほど　日持ち 当日中　アルコール フリー

材料（2人分）

卵…2個
A だし汁…500ml
　醤油・みりん…各小さじ1
小麦粉…140g
ベーキングパウダー…小さじ1
油…適宜
ゆでタコ…100g（1cmの角切り）
B キャベツ…2枚（みじん切り）
　青ネギ…½束（小口切り）
　揚げ玉・紅ショウガ…適宜
C ソース・マヨネーズ・青のり・削り節…適宜

作り方

❶卵を泡立て器で溶きほぐし、Aを加えて混ぜ合わせてから小麦粉とベーキングパウダーを加え、よく混ぜる
❷多めに油をひいたタコ焼き器をしっかり熱してから、まずゆでタコを入れ、❶をあふれるまで注ぎ入れる
❸全面にBを散らして、しばらく焼き、生地がねっとりと固まってきたら、あふれている部分をタコ焼き器の凹みに押し込んでいく
❹串でコロコロとこまめに返しながら、キレイに色づくまで焼く
❺器に取り出し、お好みでCをかける
★明太子、クリームチーズ、ツナ、ソーセージ、竹輪を加えてもおいしい

Advice ベーキングパウダーを加えると、ふっくらするよ

おやつこぼれ話❹

おふくろ直伝 タコ焼きのコツ

●おいしくキレイに焼くには、ちょっとした秘訣がある。
①タコ焼き器の丸い凹みに、少し油がたまるほど多めの油を、油ひきで塗る→カリッとしてくっつきにくくなる
②油をひいた焼き器が十分熱くなってから、生地を入れ始める→カリッとしてくっつきにくくなる
③生地は、最初に卵を溶いてだし汁を混ぜてから、小麦粉を足す→ダマになりにくい
④タコ焼き器の丸い凹みが見えなくなり、あふれるくらいまでたっぷり生地を注ぐ→丸いタコ焼きになる

おわりに

この『全201カ国&地域 おうちで作れる世界のおやつ』は、私にとって4作目の本です。

本書の企画を出版社の編集者から打診されたとき、私がずっと作りたいと思っていた本とあまりにも合致していてびっくりしました。そのため、すぐに話が盛り上がり、ついつい話しこんでしまったものでした。

実際に本の制作に入ると、レシピづくり、撮影用の調理、コラム執筆など、たくさんの作業が来る日も来る日も続き、取り上げるレシピ数が多いこともあって、正直なところつらく苦しい思いもしました。でも、編集の川﨑さんとは、この本の世界観を共有できている感があり、苦難を乗りこえることができました。ありがとうございました。

撮影日を何度もリスケしてしまったのにもかかわらず、快く撮影してくださったカメラマンの増田さん、朝から夕方遅くまで膨大なレシピ数の調理制作に携わってくださった調理スタッフの山本さんと細川さんにも、心から感謝を申し上げます。

そして、本書を読んでくださった皆様、いつも応援してくださる世界のごちそう博物館のファンの皆様、世界各地で料理を教えてくださった方々、本を作るたびに家を資料本だらけにしてしまい、いつも迷惑をかけっぱなしの家族、本当にありがとうございます！

そして、私に生きる楽しさや人への思いやりを大きな愛で教えてくれた、今は亡き父と認知症になって施設で過ごしている母に、この本を捧げます。

本書を通して一人でも多くの方が世界に興味を広げ、それが世界の平和につながることを願っています。

2022年11月　世界のごちそう博物館シェフ　本山 尚義

国名さくいん（五十音順）

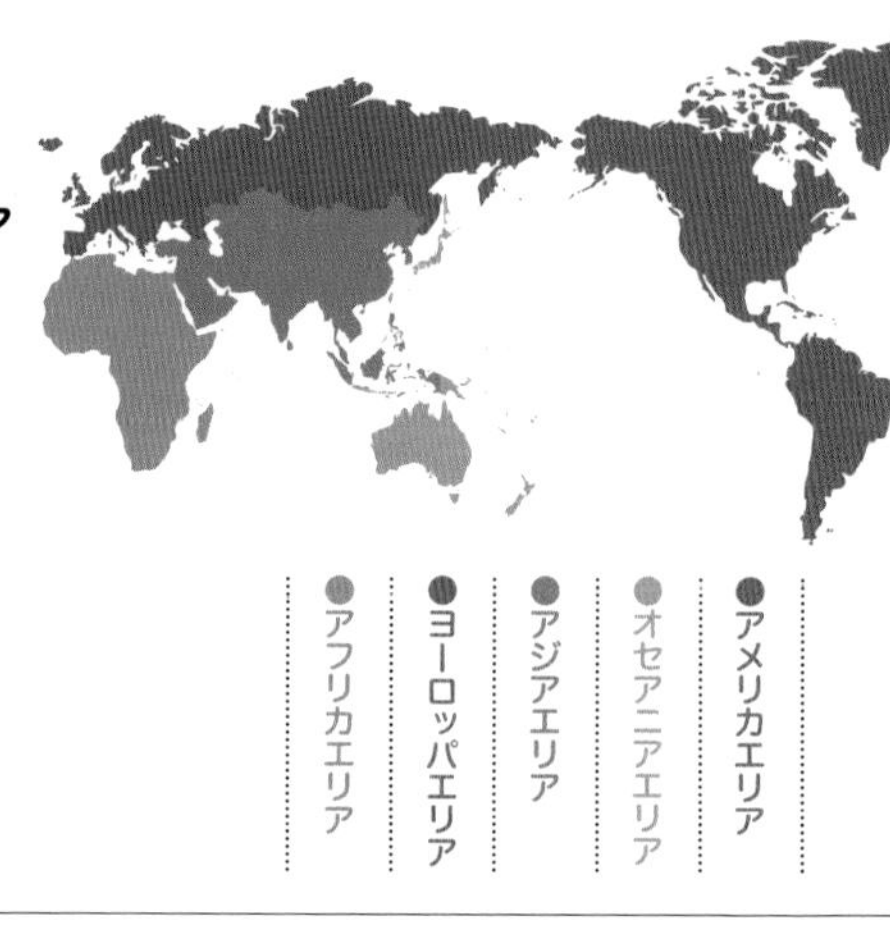

●アメリカエリア
●オセアニアエリア
●アジアエリア
●ヨーロッパエリア
●アフリカエリア

カ

キ

ク

ケ

コ

サ

シ

本書の制作を
支えてくださった方々

コロナ禍で製造業にダメージを受け、収入が減り、家庭にもヒビが入りました。

そんな時、本書のお話がありました。しかし、金銭的、精神的に追いつめられた私は、執筆がまったくはかどりませんでした。

そこで恥も外聞もなくFACEBOOKでSOSを出して応援を求めました。

FACEBOOKに投稿した途端、すぐに30名以上の方の支援がありました。私はその夜、パソコンの前で号泣しました。応援してくださる方がいらっしゃるというのは力をいただけますね。

しんどくて辛かった時に助けていただき、本当にありがとうございました。この皆さんのおかげで本を完成させることができました。

苦しさを乗り越えた甲斐あって、とても楽しい本に仕上がっていると思います。ぜひ、愛する人と一緒に楽しんでいただければうれしいです。

お礼の気持ちをこめて、ここにお名前を記載させていただきます。

荻野 睦夫 様
黒田 浄治 様
光岡 大介 様
山本 玲子 様
江頭 ゆかり 様
我謝 賢 様
安福 愛 様
岩田 順二郎 様
米内 雄樹 様
市野 直樹 様
佐藤 一絵 様
仲 有紀 様
柿本 雅通 様
山中 裕司 様
井上 大河 様
井野 里美 様
市川 久仁子 様
長谷川 葉子 様
ふじだい ともこ 様
福本 周子 様
中田 洋一 様
堺 遥 様
仲矢 将之 様
曽木 みずほ 様
伊藤 由華 様
笠井 宗明 様
柳瀬 健司 様・舞 様
野田 雅子 様
石黒 雅俊 様
児島 奈美 様
長谷川 葉子 様
井上 映子 様
masako kato 様
masami sakai 様
lyco Farai lyco 様

（順不同）

著者略歴

本山 尚義（もとやま なおよし）

1966年、兵庫県神戸市生まれ。

19歳よりフランス料理を修行し、26歳でホテルの料理長に就任。

27歳の時、インドでスパイスの魅力に衝撃を受けたのをきっかけに退職し、世界料理修行をスタート。世界30カ国を旅しながら、アポなし飛びこみで各国の料理を教わり、習得した。

帰国後の1999年、神戸にレストラン「世界のごちそうパレルモ」をオープン。2012年からは「世界のごちそうアースマラソン」を開催し、全世界195カ国（当時日本政府が承認していたすべての国）の料理を約2年がかりで提供して、話題となった。

2016年、家庭でも気軽に世界の味を楽しんでもらいたいと、各国の郷土料理をレトルトにして販売する「世界のごちそう博物館」に転身。「世界の料理で世界を平和にする！」をモットーに、チャレンジを続けている。

著書に、『世界のごちそう　旅×レシピ』（イカロス出版）、レシピ本大賞審査員特別選考委員賞を受賞した『全196カ国おうちで作れる世界のレシピ』（ライツ社）、『世界のおつまみレシピ』（主婦と生活社）がある。

全201カ国＆地域 おうちで作れる世界のおやつ

2023年1月1日　第1版第1刷

著者　本山 尚義
発行者　伊藤 岳人
発行所　株式会社 廣済堂出版
〒101-0052
東京都千代田区神田小川町2-3-13 M&Cビル7F
TEL　03-6703-0964（編集）
　　03-6703-0962（販売）
FAX　03-6703-0963（販売）
https://www.kosaido-pub.co.jp/
振替 00180-0-164137

印刷・製本　株式会社 シナノ
写真　増田 えみ
装丁・デザイン　向井 恵子
調理協力　山本 和美・細川 隆志
DTP　株式会社 RUHIA
校正　長田 あき子
編集　川﨑 優子（株式会社 廣済堂出版）

ISBN978-4-331-52382-7 C0077
定価はカバーに表示してあります
落丁・乱丁本は、お取り替えします

「わたし」と向き合う

1日10分のお風呂習慣

小林式 マインドフルネス入浴法

公認心理師／SleepLIVE株式会社代表取締役
小林麻利子

「わたし」と向き合う お風呂の10分間

それが小林式マインドフルネス入浴法です。

よい睡眠だけではメンタルは変わらない

私は、これまで多くの方に睡眠指導をしてきました。

睡眠指導者の育成も行っており、テレビやラジオなどでも、良質な睡眠を得るための寝る前の過ごし方やお風呂の入り方を発信しています。

クライアントさんとは対面、マンツーマンで長期にわたって深く寄り添う指導方法をとるため、お話しをするなかで普段の生活習慣はもちろん、ご家族やパートナー、親しいご友人などにもなかなか話せない悩みを打ち明けられることもあり、その人の考え方やこころの癖などが理解できるようになりました。

そんな指導を続けるなかで、気づいたことがあります。

例えば、寝る前の自律神経を整え、深部体温がしっかり低下する状態で眠りにつくことにより睡眠の質は確実によくなります。でも、そうやって最高の目覚めが得られたとしても、ちょっとしたことでイライラしたり、人に嫉妬してしまったり、訳も分からずモヤモヤしたり憂鬱になったりといった、こころの癖や状態は変わらないということ。

睡眠は、メンタルの改善にもつながるとよく言われます。

確かに、深く眠ると翌朝すっきりしたり、前の日に悩んでいたことが嘘のように忘れられることはよくあります。

ただ、それはあくまでも眠りの質が改善されたということで、本質的なこころの在り方が変わったわけではないから、同じようにイライラ、モヤモヤを繰り返す負のループにはまってしまうのです。

人間ですから、もちろん幸せを感じるときもあれば落ち込むこともあります。

誰しも完璧ではないから、人生山あり谷あり。雨が降るから晴れの日が嬉しくなるように、変化のあるこころの状態も悪くないかもしれません。

でも、ストレスが溜まったり落ち込んだり、メンタルが不安定なとき、生理前だから、仕事が忙しいからと何かしら理由をつけて片付けてしまうのでは、結局同じことの繰り返しになってしまいます。

ちょっとしたイライラ、モヤモヤ、憂鬱から解放され、いつもこころが穏やかに安定して、春の陽だまりのようにほのぼのとした自分でいられたらどんなに幸せでしょう。

睡眠指導によって生活習慣が改善し、よりよい健康状態になることはできる。一方で、こころの悩みや課題を解消するためには別のアプローチが必要なのではないかと感じるようになってきたのは、今からちょうど5年前のことです。

お風呂をこころと向き合う時間に

睡眠は脳とからだの修復。
では、こころの修復は？

ストレスが溜まったら、発散するために運動をする、ヨガをする、読書をする、カラオケに行くという方もいらっしゃると思います。
もちろん、そういったこともストレス解消にはつながるでしょう。
でも、本質的にこころを修復するためには、もっとダイレクトにこころと向き合う時間が必要ではないでしょうか。

皆さんは、24時間の中で自分のこころと向き合う時間をどれだけ持っていますか？

「自分自身のこころと向き合う」意識を、1日の中にほんの少しでも持つことで、誰もが良質な睡眠が得られるだけでなく、毎日健やかに、幸せに生きていけるのではないだろうか？

それが、睡眠指導をしていくなかで私が感じたことでした。
この気づきがきっかけとなり、クライアントさんの心理状態をさらに深く知り適切に指導をしていくため、私は公認心理師の資格も取得しました。

〝眠りとお風呂の専門家〟〝睡眠指導者で公認心理師〟という肩書だけを見ると、さぞかし睡眠もメンタルも安定している人だろうと思われるのですが、実は以前の私は安定、穏やかなどという言葉とは真逆でした。

この仕事を始める前、20代の頃の私は睡眠の質がとても悪く、こころもすさんでいました。万年睡眠不足でイライラしていて、自分と人とを比べては落ち込み、嫉妬し、気持ちがモヤモヤすることもしょっちゅうありました。まさに、負のループです。

でも、今ではそんな私の性格が180度逆方向へ。

20代の頃は、電車に間に合わなかっただけで舌打ちをしていたのに、今では「イライラしたのはいつだっただろう……」と思い出せないくらい。息をするだけで、なぜか幸せがふつふつと泉のように湧いてくる。失敗しても成功しても、自分を抱きしめて認めてあげられるような私に変わったのです。

なぜだと思いますか？

振り返ると、当時は意識していませんでしたが、毎日1つだけ欠かさずに行っていたことがあります。それは、本書でご紹介するマインドフルネス入浴法。

ただマインドフルネスを行うのではなく、お風呂で行うマインドフルネスです。

お風呂で温熱作用を高め、副交感神経を優位にすることで睡眠の質は向上できます。

でも、からだや脳の修復だけでなく、私の在り方を180度転換させてくれたのは、ただお湯に浸かって温まってリラックスするだけではなく、「わたしのこころと向き合う」お風呂での10分の習慣でした。

それは、あるがままの自分を見つめる10分間。


これに気づいてから、私の指導方法はガラリと変わりました。

お風呂の入り方を指導するだけではなく、そこでの過ごし方をほんの少し変えるだけであなたのこころが変わり、幸せを感じられるようになるのです、とお伝えするようになりました。


本書でご紹介するマインドフルネス入浴法は、いつも当たり前のように入っていたお風呂を「こころと向き合う空間」にすることで、あなたの人生を劇的に変える可能性を持っています。


24時間の中、たった10分間で構いません。

どうぞ、私に預けてください。

1日10分のお風呂習慣が、あなたのこころを強く、しなやかに、そして幸せに導いてくれるはずです。

そして、眠りの質も驚くほど上がることを実感できると思います。

マインドフルネス入浴法で、からだと脳、そしてこころを最高の状態に整えていきましょう！

how to

マインドフルネス入浴法 10分間・3つのステップ

では、本書で皆さんにやっていただく、マインドフルネス入浴法のプロセスについてご紹介しましょう。

マインドフルネス入浴法に必要な時間は、湯船に入ってからの10分間。

「整う」4分
「想う」5分
「結ぶ」1分

の3ステップです。

24時間のうちでたったの10分間、こころと向き合う時間を持つことで、あなたは確実に生まれ変わります。

湯船で行う3ステップ

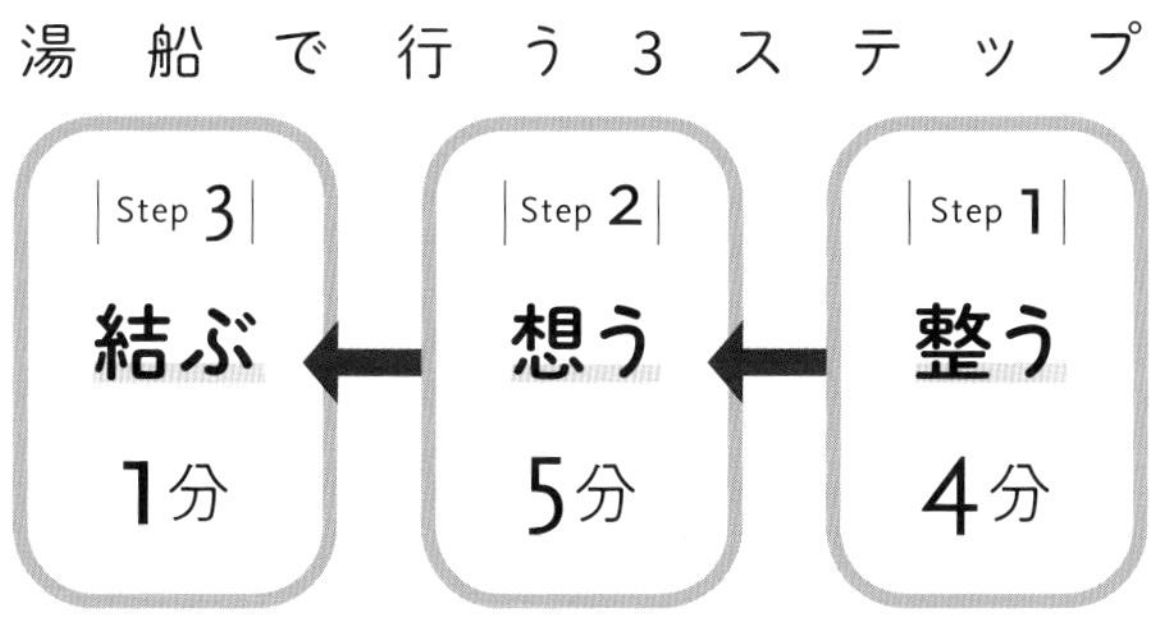

Step 1

整う

4分

→P030～

マインドフルネス入浴法は、基本的なマインドフルネスをお風呂で実践しやすいように私が考案したものです。そのため、大切なのはマインドフルネス同様「今、ここ」に意識を集中すること。浮力を感じながらゆっくりと呼吸だけを行って、「今、ここ」に意識を集中しながらこころを整えていきましょう。

|Step 2|

想う

5分

→P036~

「整う」の呼吸が気持ちよければ、それだけを10分間ずっと行っても、もちろんOK。

ただ、あなたが何か課題を持っているのなら「想う」のステップに進みましょう。

ここは、考えるではなく「想う」。つまり、瞑想の想です。本書では、あなたの様々な課題に応じた対策として心理療法をお伝えしています。

マインドフルネスが基本ではありますが、「整う」で1つのことに意識が集中しやすい状態になっていますので、ぜひその日の課題別の対策を選んで行ってみてください。

Step 3

結ぶ

1分

あなたの課題や悩みに応じた「想う」を行ったあとは、「今、ここ」の自分に戻ります。

想い描いたあなたから、ゆっくりといつものあなたに戻り呼吸の音に耳を傾けていきます。それが「結ぶ」の1分。ここでは、それまで目を閉じていたらゆっくりと開けて、頭をバスタブのふちから起こしていきましょう。

文章だけを読んでいると、「マインドフルネス入浴法って難しそう」と思う方もいるかもしれません。でも、そんな方こそぜひ一度、だまされたと思ってやってみてほしいのです。難しいこと、面倒くさいことは何ひとつなく、ただただ気持ちのよい時間だというのが分かると思います。

スキンケアもエクササイズも筋トレも、それが好きという方を除いては毎日やるのは面倒くさいと思う人もいるでしょう。でも、このマインドフルネス入浴法は、自然とやりたくなってしまうはずです！

毎晩、寝る前に、こころもからだも丸裸の状態で自分と向き合う。

日々の生活の中で、ふと、こころが折れそうになったとき、そこまでのダメージはないけれど、もっとこころを強くしたい、安定させたい、もっと幸せを感じたい。そんな方にも、ぜひ試していただきたいのです。

マインドフルネス入浴法を、あなたの当たり前の日常における大切な時間として取り入れ、穏やかでしなやかなこころを手に入れていただけることを願っています。

小林麻利子

マインドフルネス入浴法 実践編

お悩み、モヤモヤはお風呂でスッキリ！

こころと向き合い、人生が変わる　お悩み別・マインドフルネス入浴法――035

不安や緊張、気持ちの浮き沈み

人間関係で思い悩んだら

明日のためのマインドセット

キレイのためのマインドフルネス

マインドフルネスとは？

過去も未来も考えず
ジャッジも加えず
「今、ここ」を
ありのままに受け入れてみましょう

「今、ここ」の感情を自覚

「マインドフルネス入浴法」をご紹介している本書ですが、「そもそも、マインドフルネスってどういう考え方なの？」という方もいらっしゃると思います。マインドフルネス入浴法を実践していく前に、ここではマインドフルネスの基本的な考え方や、マインドフルネスによってもたらされる効果などについて、おさらいしておきましょう。

マインドフルネスとは、「今、ここでの気持ちや体験に気づき、そこにジャッジを加えることなくありのままに受け入れること」。つまり、他のことは考えず「今、ここ」のみに集中することです。[※1]

それに対して、将来のことや心配しても意味のない過去の出来事、頭の中が色々な思考で散らかっていたり、自分の考えに振り回されているような状態を「マインドレスネス」と言います。

生きていく中では、ちょっとしたことで悩んだり、気持ちが落ち込んだり、不安や怒りをおぼえたり……と、様々な感情が湧きおこります。そんな自分の感情に巻き込まれず、うまくコントロールしていくことができたらどんなに楽でしょう。マインドフルネスは、そんな様々な感情と、どのように向き合っていくかを学ぶ手段といえるのです。

マインドフルネスの誤解

「マインドフルネス－気づきの瞑想」(バンテ・H・グナラタナ, 2011)によると、マインドフルネスには次のような誤解があると言われます。

×単なるリラクゼーションのテクニックにすぎない

○リラックスも伴うこともあるが、単なるリラクゼーションではない。狙いはあくまでも「気づき(awareness)」と集中力の養成。

×トランス状態である

○トランス状態の経験なしに、体験の気づきを維持するもの(Kristeller,2007,p399)。催眠と類似したトランス状態になることもあるが、グナラタナはマインドフルネスでは生じないと言っている。

×神秘体験であり、現実感覚では理解困難

○「今、ここ」の体験に気づくことは神秘体験ではない。昔の記憶が蘇ったり、なんともいえない感覚やイメージが湧くのは、内的体験に対する集中が高まっただけ。

×危険であり、賢明な人は避けるべき

○自分の嫌な性格を自覚したり、忘れたい過去の記憶が自覚されることがあるが、これは危険ではない。心に生じた「今、ここ」でのあらゆる反応であるのみ。

×宗教者や徳の高い人が実践するもの、一般人には向かない

○仏教瞑想との繋がりが深いことから生まれた偏見。教育レベル、老若男女問わず、誰でも実践可能。アメリカでは学校や刑務所でも導入され、効果が報告されている。(Bowen,Witkiewitz,Dillworth et al.,2006)

×現実からの逃避である

○全く違う。現実への深い関与が正しい。自分を取り巻く現状と感情や考えを自分の判断をせず、ありのままを観察するだけ。

×独りよがりである

○グナラタナは、マインドフルネスは情動調整を図り、対人関係を改善し、他人に対して思いやりを持つこととしている。

×座位で行い、実践者に高尚な考えを抱かせるものでなければならない

○マインドフルネスは気づきの実践であり、時と場所、姿勢にこだわらない。歩行中や食事、運動の際にも行われる。

マインドフルネスの効果

マインドフルネスの効果については、慢性疼痛、免疫機能、物質関連障害、不安障害、情動調整、うつ障害などの研究報告があります。[※2]

その他、

①集中力の向上（仕事やスポーツ、勉強などに有効）
②ストレスや緊張感の緩和
③自分が今考えていることや、感情を自覚しやすくなる（感情コントロールが上手になる）
④判断能力、対応力の向上
⑤アイディアが浮かびやすくなる
⑥自己肯定感の向上

といった効果も、数多くの研究から実証されています。

これを、お風呂の中で実践するのが「小林式マインドフルネス入浴法」。

他の誰にも邪魔されない静かな空間で、裸になってあなた自身に１００％集中できる時間。その日に起こった様々な出来事は一回リセットし、「今、ここ」に集中してこころと向き合い、理想の自分もダメで弱いと感じている自分もありのままに見つめることで、あなた自身を信じる力、幸福感も高まっていくはずです。

※1_マインドフルネスは、東南アジア各地のテーラワーダ仏教で悟りを開くための瞑想法（satipatthana）の英訳。これが、アメリカに渡って普及していきました。定義としては諸説ありますが、マサチューセッツ大学教授のジョン・カバット・ジン（1944年～）が唱えた「MBSR（Mindfulness Bsed Stress Reduction）」の説明である「注意を払う特定の方法で、意図的であり、現時点に焦点を定め、価値判断を下さない」（1994年）が一般的。

※2_慢性疼痛（Kabat-Zinn,1982）／免疫機能（Davidson,Kabat-Zinn,Schumacher et al.,2003）／物質関連障害（Breslin,Zack& McCain,2006）／不安障害（Anka,Zvolenskya,Bernsteina et al.,2007）／情動調整（Chambers,Gullone & Allen,2009）／うつ障害（Geschwind,Peeters,Drukker et al .,2011）

マインドフルネス入浴法 実践編

Step 1　Step 2　Step 3

整う−想う−結ぶ

1日たったの10分！

マインドを変える
お風呂の入り方をマスター

浴室を、自分の心地よい環境にする

Keyword

01 お風呂の湯温は38～40℃以下に設定

02 浴室の照明を消す

03 浴室をミストサウナに！

マインドフルネス入浴法を実践するときに、
大切なのが空間づくりです。
浴室を、あなたのこころにとって居心地がよく、
自然にリラックスして
身をゆだねられるような空間に
整えていきましょう。

01 お風呂の湯温は38〜40℃以下に設定

マインドフルネス入浴法は、「今、ここ」であなたのこころに気づき、ありのままに受け入れる必要があるため、刺激がなく、副交感神経が優位になりやすい湯温がベストです。

目安として夏は38℃、冬は40℃くらい。心地いいな、と感じる温度で入浴し、少しぬるいと感じたら、たし湯をしたり追焚きをしたりなど「あなたの感覚」に従ってOK。無理なくゆったり10〜15分浸かり続けられる温度設定にしましょう。とにかく快眠したい！という場合は、水温計を用意して「ぴったり40℃」のお湯に15分浸かり、就寝前に一時的に深部体温を上昇させて入浴後急降下させる入浴法が効果的です。

参考文献

40°C15分の入浴効果

上村佐知子、簡易脳波、深部体温と遠位・近位皮膚温から見た温泉浴の睡眠への効果、Vol.39 Suppl. No.2（第47回日本理学療法学術大会 抄録集）、2012

02 浴室の照明を消す

お風呂と睡眠は1セット。お風呂でこころとからだが整った状態でベッドに入ると、スッと気持ちよく眠りに入ることができます。

お風呂の時間は、あなたにとって不快なものや、交感神経を刺激するストレスは皆無にしておくことが大切。入浴時は、外は暗くなっていることが多いため、家の中に電気がこうこうとついていたら、それは当然刺激となります。さらに天井が低い浴室は、リビングの照明よりも光の刺激が大きくなります。「睡眠ホルモン」と呼ばれるメラトニンは、主に光によって調節されるため、覚醒から睡眠に切り替えたいお風呂の時間に浴室を暗くすることは重要です。

とはいえ、照明をつけないと真っ暗で何も見えないので、代わりにキャンドルやお風呂用ライトを用意したり、脱衣所の照明だけをつけておきましょう。暗いのが当たり前になると、明るい浴室自体が不自然に感じられるもの。その不自然さを、今まで感じていなかっただけなのです。

03 浴室をミストサウナに！

極端に寒い、暑いといった不快な感情も、避けたい刺激のひとつ。浴室に入った瞬間から「気持ちいい～♡」という状態をつくりたいので、冬場や寒い時期は浴室に入る少し前からシャワーで勢いよくお湯を出しておき、ミストサウナのように湯気を立たせて浴室内を充分に温めておくといいでしょう。このとき、洗面器などを受け皿にしておくと、水蒸気が発生しやすくなりますし、すぐに足湯することもできます。

高湿度になっていると、寒い冬でも浴室に入ったときに「ヒヤッ」とした刺激がなくなります。逆に、夏はミストサウナにすると暑くてからだに負担がかかりますので不要です。入浴から睡眠までをノンストレスで過ごせることが大切です。

ゆっくりと からだを リラックスさせる

Keyword

04 まず、頭を洗う

05 半身浴から全身浴へ

06 上半身をふわっと脱力

あなたがホッとリラックスできる
浴室の環境づくりができたら、
マインドフルネス入浴へ進みます。
浴室に入ったら、まず頭を洗って
湯船に浸るのがおすすめの順番。
誰もいない、あなただけの空間で、
毎日頑張っているからだをゆるめましょう。

04 まず、頭を洗う

浴室に入ったら、マインドフルネス入浴法を行う前に頭皮の血流をよくして温熱作用を高めましょう。血流がよくなれば、脳は酸素を含んだ血液で満たされるので、思考が巡りやすくなりますし、のぼせの防止にもなります。

ミストサウナ状態にしておくと、冬場もそのまま洗髪できると思いますが、土地柄や家屋の気密性によってはそれでも寒く感じる場合もあります。その際は、ゆっくりと深呼吸しながら足先から湯船に浸かり、5分ほどプレ入浴してから洗髪します。

memo

月経中はなるべくからだに負担をかけないほうがよいので、汗をたくさんかいて洗わないと気持ち悪いということがなければ、初日は頭を洗わずに入浴するのがおすすめです

05 半身浴から全身浴へ

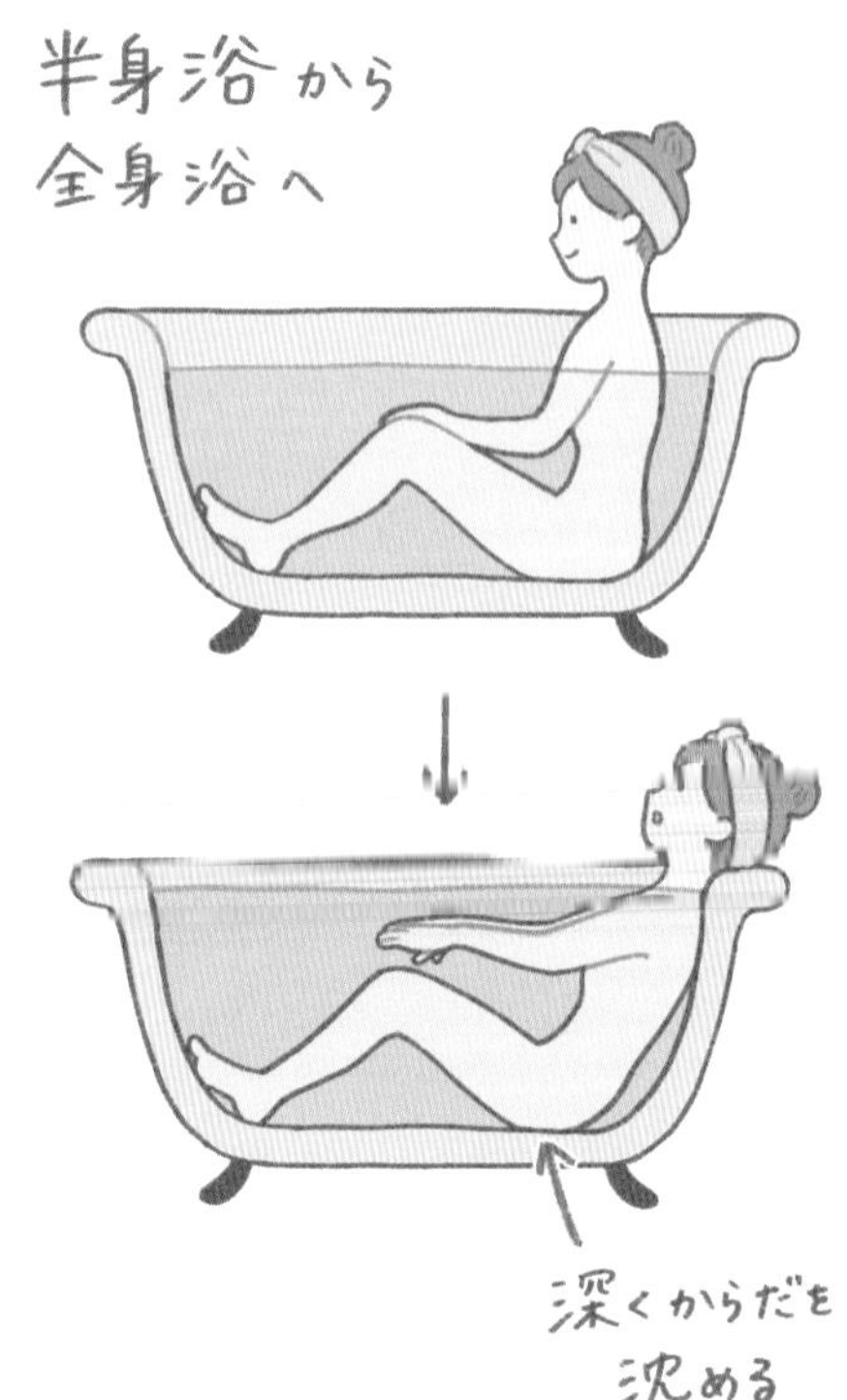

鼻から息を吸ってゆっくりと口から吐きながらみぞおちまで浸かったら(半身浴)、力をゆるめて自然に鼻から空気を吸い込み呼吸を繰り返します。その状態で、心臓がバクバクしたり脈が速くなったり乱れていたら、しばらくはそのまま深呼吸を繰り返して。落ち着いたら、またゆっくりと鼻から吸って口から吐きながら肩まで浸かります(全身浴)。

急に肩まで浸かると、心臓などに疾患のない方でも血圧が急上昇したり、呼吸が苦しくなることもありますので、必ず呼吸を意識しながらゆっくりとからだを沈めていきます。これによってリラックスもしやすくなります。湯船に広さがある場合は、半身浴でお尻を落として座り、呼吸をしながらゆっくりとお尻ごと前にスライドさせるようにからだを沈めます。

06 上半身をふわっと脱力

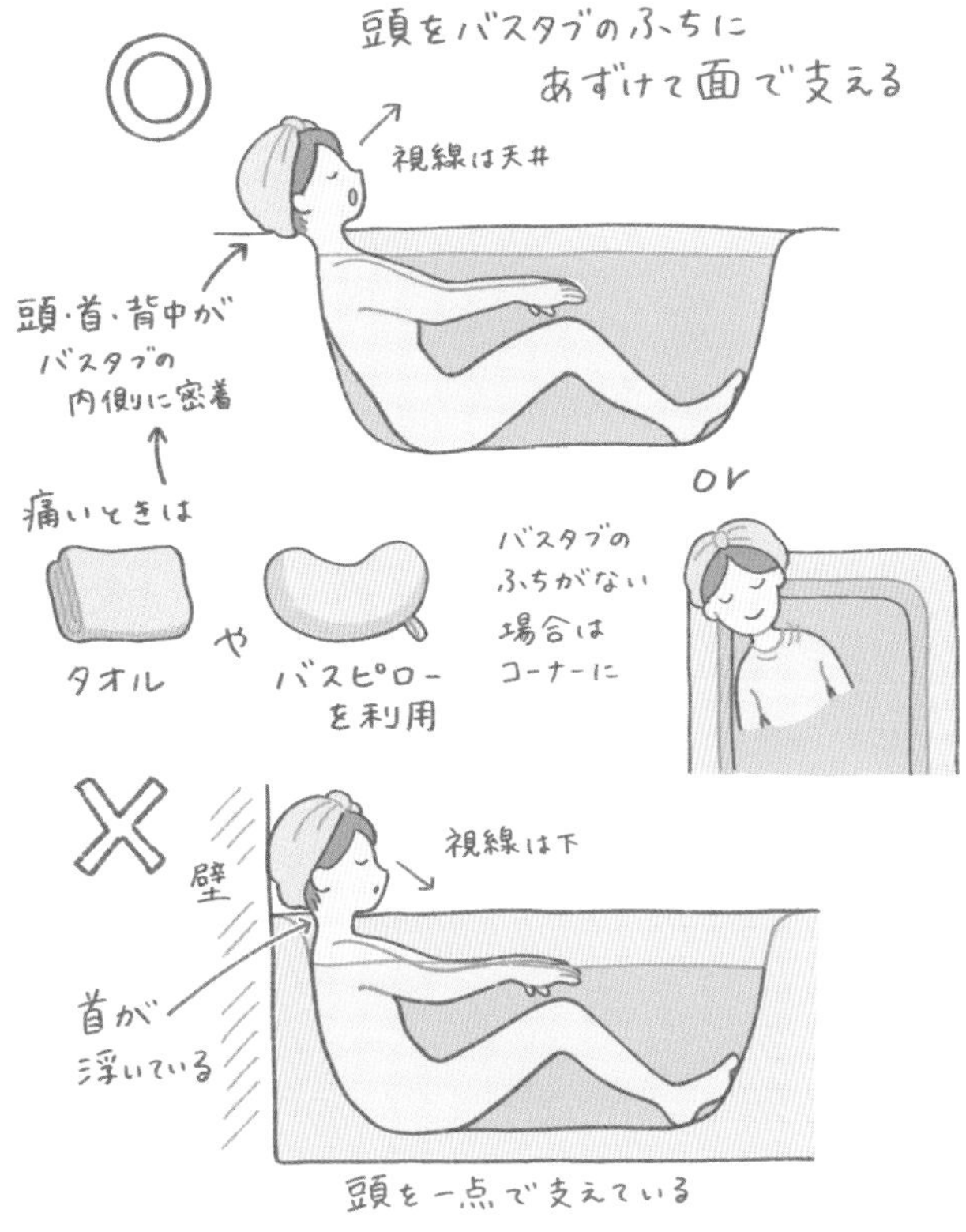

ゆっくりと頭をバスタブのふちにあずけ、脱力します。バスタブにふちがなく、すぐに壁の場合は、浴槽のコーナー部分など肩から首、頭の脱力がしやすい場所を探しましょう。バスタブのふちが硬くて違和感がある場合は、痛みを感じないようバスピローやタオルを敷いて頭をのせます。浴槽のカーブにからだを沿わせ、余分な力を抜いて上半身をリラックスさせていきましょう。両手をお湯に浮かせてみると、手のひらは自然と下に向くはず。

首やからだの力が抜けて、最小限の力で快適に保っている状態がベスト。からだが安定して快適な姿勢になると、マインドノルネス状態をつくりやすくなります。

呼吸の効果は5分から！

小林式 マインドフルネス入浴法を深める呼吸のチカラ

バスタブでお湯の浮力を感じながらゆっくり呼吸を続け、からだとこころをゆるめる。「整う」から始まる小林式 マインドフルネス入浴法では、自律神経の副交感神経を優位にし、リラックス状態にするための呼吸が大切です。

整う―想う―結ぶ 呼吸を続けることが大切

まず呼吸のポイントです。

速く浅い呼吸ではなく、ゆっくりと深く呼吸をすることがマインドフルネス入浴法では大切です。P30からご紹介しているように、ゆっくりと深呼吸をすることで副交感神経の働きが活発になり、息を吐くときに心拍数は減少して脈拍が遅くなり、リラックスしてきます。

ただ、呼吸法による脳波の変化は2〜3分では起こらない可能性があります。変化が起きるためには5分は続けることが必要。深い呼吸を5分程度続けていれば、ほとんどの人の脳波にリラックスを示すα波が出てくる、という研究報告もあります※。

小林式 マインドフルネス入浴法は、バスタブの中で自分と向き合う10分間。浮力を感じ、呼吸を続けることで、からだとこころが心地よくゆるんでリラックスできるのが分かるでしょう。

慣れないうちは、「呼吸をすること」を頑張りすぎてからだに力が入ってしまったり、どうしても深い呼吸ができない、という方もいらっしゃると思います。そんなときも、焦らず、お湯の浮力を感じながら少しずつからだを慣らしていきましょう。

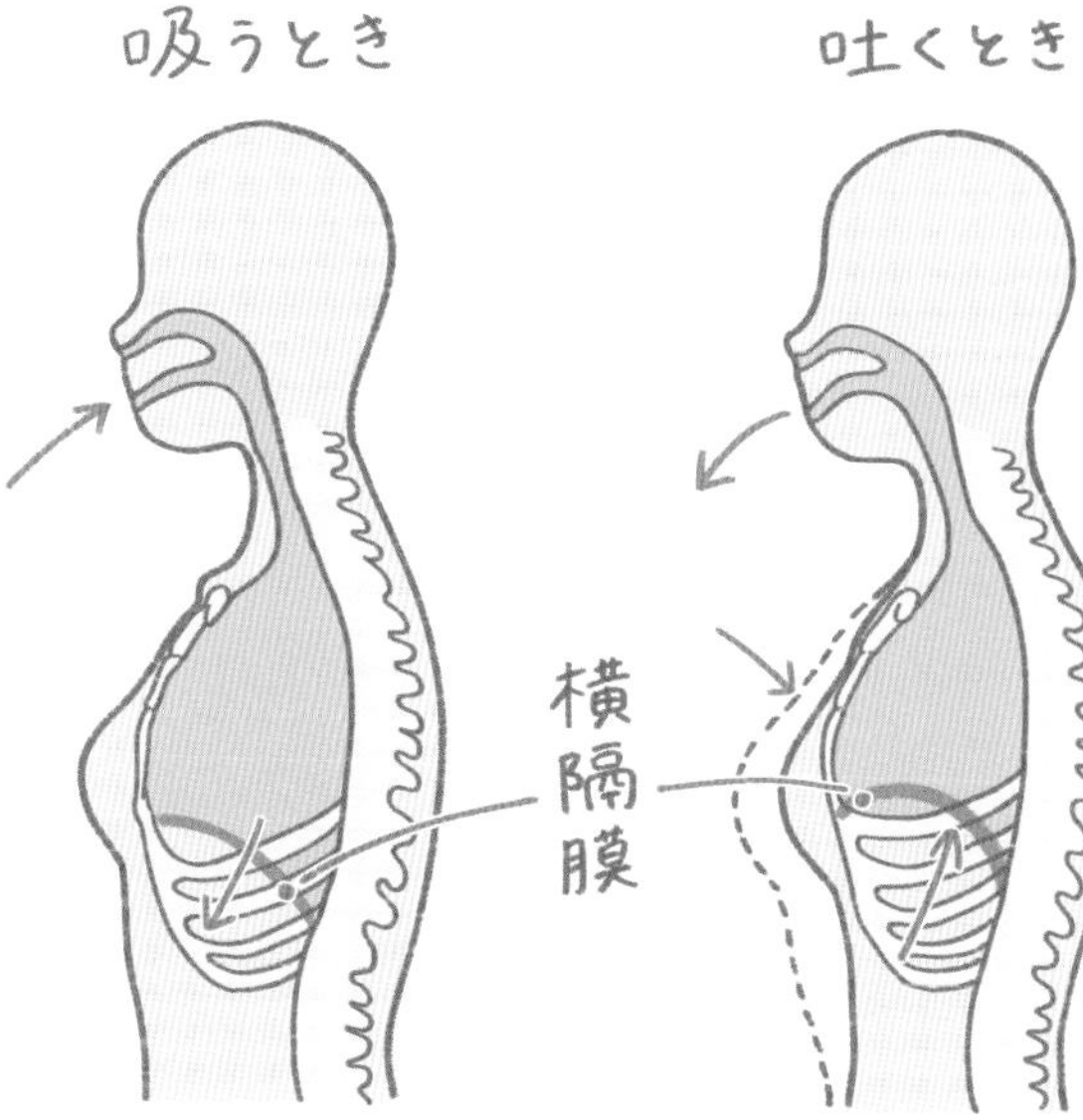

吸うとき　吐くとき
横隔膜

呼吸のときの
からだの動き

息を吸うときは
横隔膜が下がる→肺が拡張→腹部が膨らむ→胸が膨らむ→鎖骨が上がる。
息を吐くときは、この逆で
横隔膜が上がる→肺、腹部、胸が収縮→鎖骨が下がる
という動きになります。
この動きを感じながら、ゆっくりと呼吸を繰り返してみましょう。

呼吸のはたらき

呼吸は、①自発性②反射性③随意性④精神性という4つの調節を受けて、血中の酸素や二酸化炭素を一定に保つはたらきをしています。

①自発性→日頃の呼吸は無意識ですが、これは延髄網様体という部分に広く分布している呼吸中枢によって呼吸のリズムが作られていて、自発的調節が行われているからです。

②反射性→様々な感覚器官からの情報によって、呼吸中枢を介して反射性調節が行われています。例えば、血圧が上昇したときは、頸動脈洞および大動脈弓にある圧受容器が興奮して呼吸運動を抑制します。また、皮膚への熱や冷刺激、痛みなどの刺激によっても呼吸中枢の活動を活発にします。これも反射の影響です。ちなみに、吸ったときに心拍が増加して、吐くときに心拍が減少するのと同じで、呼吸は生体反応と密接な関係があります。

③随意性→何秒吸って何秒吐く、といった呼吸パターンによって呼吸をすることは、大脳皮質運動野からの指令で、体性運動神経によって支配されている呼吸筋を随意的に変化させることです。

④精神性→呼吸法の実施により筋肉への弛緩状態につながれば、副交感神経の活動が活発になり、心拍が減少し、リラックス効果があると言えます。

※有田秀穂『セロトニン欠乏脳』P.84-93、NHK出版、2003

| Step 1 |

整う_4分

浮力を感じながらの呼吸でからだをゆるめ「今、ここ」に集中

Keyword

吸って浮いて、吐いて
沈んで浮力を感じる

沈んでいる
時間のほうが
長くなるようにする

仕事や人とのコミュニケーション、
電車での移動、人混み……。
１日頑張ったからだは、
あなたが思っている以上に緊張しています。
バスタブに浸かったら呼吸で全身をゆるめ、
「今、ここ」に意識を集中しましょう。

吸って浮いて、吐いて沈んで浮力を感じる

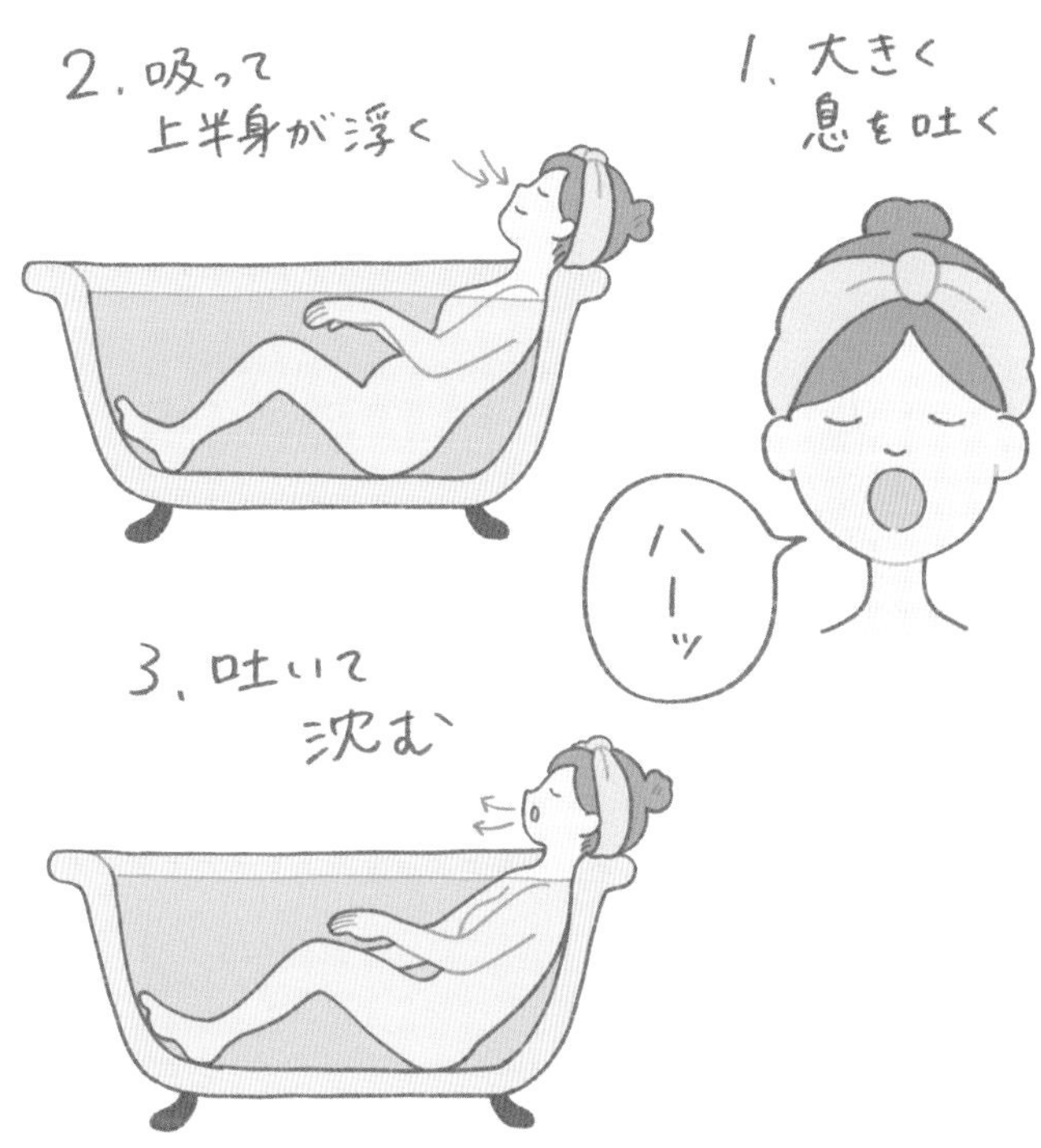

①呼吸をする前に、今ある息を口から大きく「ハーッ」と吐ききります。やりにくいと感じる人は、息と一緒に声を出しながら吐くといいでしょう。

②息を吐ききったら、その反動を利用して今度は鼻から息を吸っていきます。その際、肺に空気が入り、お腹もそのあとに続けて膨らんでいき、風船のようにからだの中全体に空気が入っていくことをイメージしてみて。上半身が自然にぷくっと水面へと浮かんでいきます。

③気持ちよく息を吸い込んだら、口から気持ちよく「ハーッ」と吐きます。からだの中から空気がどんどん抜けていき、上半身が自然と沈んで力がゆるんでいきます。最初は、いろいろなところに力が入ってしまう人もいると思いますが、焦らずに。何回か続けて、からだをゆるめる気持ちよさを味わってください。

沈んでいる時間のほうが長くなるようにする

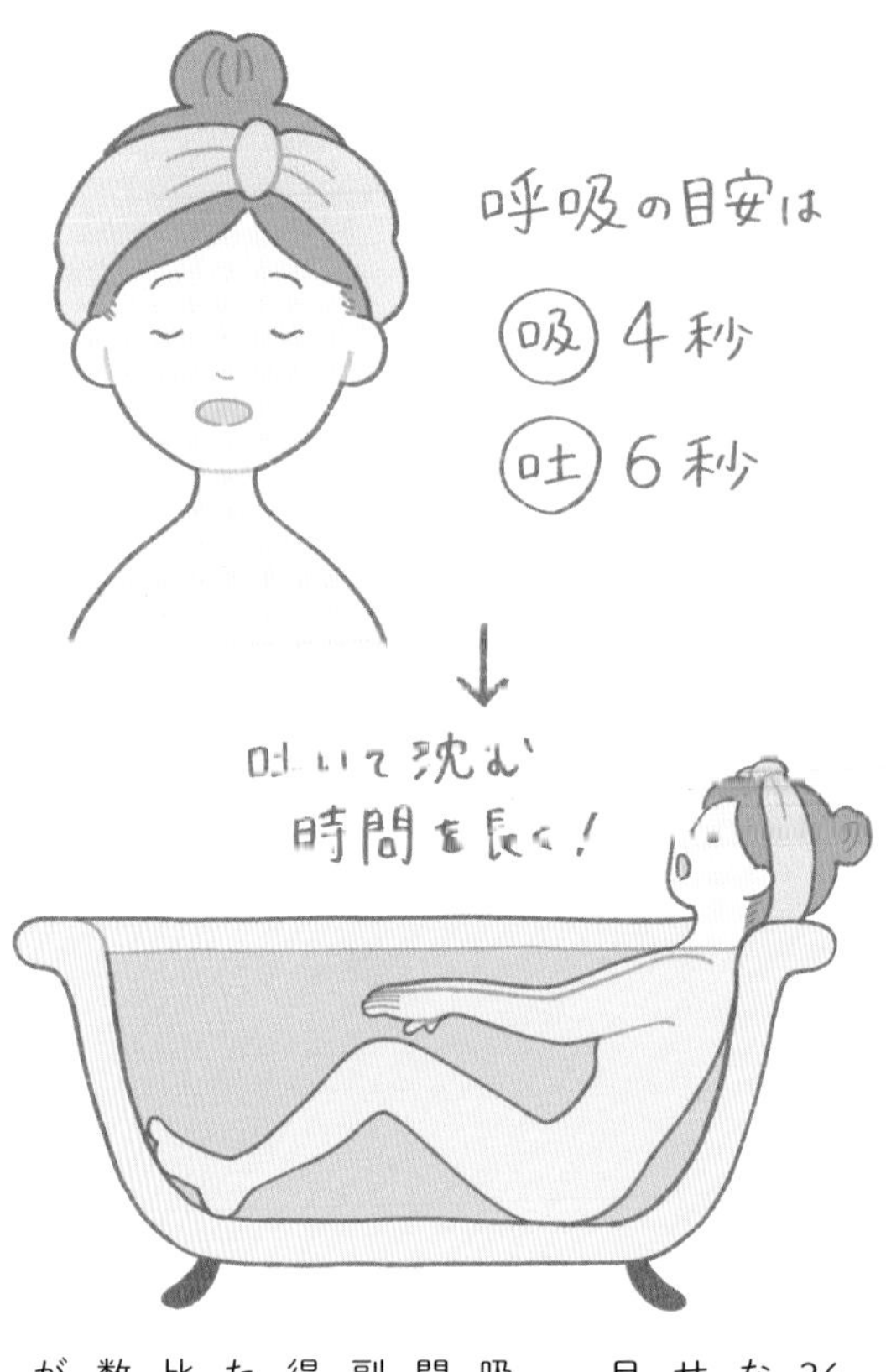

呼吸は自律神経の交感神経と副交感神経が関係し、気分やそのときのからだの状態に同調するものですが、逆に意識的に呼吸を行うことでリラックス状態にすることもできます。ゆっくり深呼吸をすると副交感神経の働きが活発になり、息を吐くときに心拍数は減少して脈拍が遅くなり気分が落ち着いてきます。

マインドフルネスは、特に呼吸の秒数をコントロールする決まりはありませんが、「マインドフルネス入浴法」では、長く吐く、つまり口から空気を吐いてからだがお湯に沈んでいる時間のほうが長くなるように意識していきましょう。

マインドフルネス入浴法で行う呼吸は、36ページからの「想う」のワークで指定がない限り秒数をカウントする必要はありませんが、何秒吸って何秒で吐けばいいかの目安は知っておきましょう。

基本は吸うのは4秒、吐くのは6秒です。吸って吐いてを1呼吸とするならば、1分間に6回行える「1呼吸10秒」の呼吸は、副交感神経の活動が進みリラックス効果が得られることが研究で分かっています。また同じ秒数で吸う、吐くを繰り返す呼吸と比較すると、吐く息を長くすることで心拍数が減少し副交感神経が刺激されてこころが落ち着いていくことも分かっているので、

呼吸を深めるPoint

・顔の筋肉をゆるめる

目は閉じてもOK。眠くなってしまう場合は、うっすらと目を開けてどこか一点を見つめていきます。口は少し開けて奥歯の噛み締めをほどき、眉毛を少し目から離すようにして、眉間のしわや目の周りの固まっている筋肉をゆるめます。舌が上あごに力強くついているなら離して、前から見たときに、舌が少し見える程度に力を抜きます。ストレス状態は顔に表れることが多いので、意識的に筋肉のこわばりをほどいていきましょう。

・長さ、温かさ、湿り気、音など、鼻先を出入りしている息に注目

・呼吸をするとき、お腹が膨らんだりへこんだりといったからだの感覚の変化に注目

基本は「4秒吸って、6秒で吐く」となります。

ただ、無理な深呼吸は筋肉の緊張や精神的ストレスにつながり、交感神経の活動が活発になってしまうため、いったん「4秒吸って、6秒で吐く」を試して、きついと感じたら慣れるまでは秒数を短めにしてみてください。あくまでも秒数は目安と考えて、「浮く、沈む」「沈んでいる時間を長くする」というポイントを押さえつつ、その日のコンディションに合わせて調整していきましょう。なお、口から吐いたほうが息をしっかり吐きやすいので口からと指定していますが、もし鼻からのほうが楽であれば鼻から吐きましょう。

参考文献

10秒呼吸

及川欧、Lehrer.P：Heart Rate Variability（心拍変動）バイオフィードバックの臨床適応、バイオフィードバック研究 35(1)、P59-64、2008

| Step 2 |

想う_5分

▼

| Step 3 |

結ぶ_1分

その日の気分で
テーマを選び
あなたのこころと
向き合いましょう

生きているといろいろなことがあります。
つらいことや悲しいこと、嬉しいこと。
怒ったり、人に嫉妬したり、イライラしたり……。
でも、どんな自分もあなた自身。
どんな感情も「全部、私」と自己受容をすることで、
楽に生きられるようになります。
Step 2「想う」5分→Step 3「結ぶ」1分で、
あなたのこころと向き合ってみてください。

お悩み、モヤモヤは
お風呂ですっきり！

こころと向き合い、人生が変わる お悩み別 マインドフルネス入浴法

小林式 マインドフルネス入浴法では、
マインドフルネスを基本としながら、科学的根拠のある心理療法や、
世界の心理学者や精神科医提唱のものなど
様々な方法のエッセンスをとり入れ、小林流にアレンジしています。

P 036~

不安や緊張、気持ちの浮き沈み
何となくすっきりしない、やる気が出ない。
誰しも、そんな気分になることはあります

P 074~

人間関係で思い悩んだら
パートナー、母親、友人、仕事仲間……。
時々カチンとくることもあります

P 110~

明日のためのマインドセット
大切な1日。頭を切り替え、
リフレッシュして迎えたいですね

P 128~

キレイのためのマインドフルネス
マインドフルネスはからだの健やかさ、
美しさを育むためにも効果的です

001

Q

何となく、気分が落ち込んでしまいます

A

呼吸の間に息を止めて静寂感を味わってみましょう

外在化で自分と問題を切り離す

今、あなたはこころがどんより重く落ち込んでいるのですね。理由は探せば出てくるかもしれないけれど、よく分からないこともありますよね。マインドフルネス入浴法では、その理由を追究せず、呼吸を深め、ただ呼吸に意識を向けていきます。

「基本の呼吸」を少し続けたら、鼻から4秒吸ってそのまま2秒止め、口から6秒で吐く呼吸にアレンジしてみます。「吸って吐く」の間に何もしない時間をとって、お風呂場に広がる静寂感を味わってみましょう。誰もいない、あなたしかいない浴室で、シーンとしたこの時間を見つめていくので

す。息を止めている時間がもう少し長い方が心地よければ、3秒、4秒…と秒数をのばしからだの中に息をたっぷりためた状態をキープしてみましょう。

呼吸を繰り返していると、様々な想いが巡るかもしれません。そのたびに考え込むのではなく、私はこんなことを考えているんだな、と客観的に気づき、また呼吸に戻ります。ポイントは「外在化」。自分の内側にあるものを外に出し客観的に確認することを、外在化と言います。自分と問題を切り離して、客観的に物事を見つめられるようになると気分をコントロールしやすくなります。

参考文献

外在化
田村奈央、田邉敏明、反応スタイルの違いによる問題の外在化・内在化の心理的効果、中国四国心理学会論文集第50巻. 2017

002

Q

理由はよく分からないけれど、モヤモヤして何だか泣きたくなってしまいます

A

「フォーカシング」で自分の感覚に名前をつけてみましょう

よく分からないモヤモヤを言語化

泣きたい気持ちになっているのですね。そんなときは頭を洗いながら泣いてしまってください。気持ちは抑えるのではなくて、あなたの想うままにあふれさせていいのです。そのあと、お風呂に浸かって行うのは、アメリカの哲学者・臨床心理学者のユージン・ジェンドリンが唱えた「フォーカシング」をヒントにした「想う」の時間を。やり方は独特ですが、理由がよく分からない、そのこころのモヤモヤを客観的にとらえられるようになっていきます。

まず、基本の呼吸をしながら、あなたのからだにぼんやりと意識を向けてみてください。

何となく違和感や気になる感覚があれば、しばらく観察してみる。柔らかいのか、ツンツンしているのか、温かいのか、何色か、

参考文献

フォーカシング

中谷隆子、杉江征、フォーカシングに関連する心理学的研究の動向—日常的フォーカシング態度への発展可能性—、Tsukuba Psychological Research 46、P121–129、2013

大きさは？　イメージできたら、その感覚に名前をつけてみましょう。

例えば「むにむにちゃん」や「モワモワちゃん」など、何でもＯＫ。

こころの中によく分からない何かがあって、それにとらわれていると感じるときは、「むにむにちゃん」や「モワモワちゃん」を、自分の感覚でひょいと取り出し、真横か斜め前あたりにちょこんと置いてお風呂に浮かんだ様子をイメージしてみてください。形は？　どんな感覚？　可愛い？　温かい？　泣いている？　怒っている？

そのときに、「あなたは何？」「なぜ私の中にいるの？」「なぜ気になったの？」といったことを、むにむにちゃんに聞いてみましょう。

答えが出なくても構いません。よく分からない感覚を言語化することで、あなたのこころを客観的に見つめることができるようになります。ゆったりと基本の呼吸を繰り返しながら行ってみましょう。

Q 003

やることがたくさんあるのに、やる気が出ないです

A

思考を言語化して「ラベリング」してみましょう

頭をよぎったものにラベルを貼って整理

あなたは何かに疲れているのかもしれないし、少し休みたいと潜在的に感じているのかもしれません。やる気は自ら頑張って引き出すものではありません。今はただ、そんなあなたのこころの状態を観察していきましょう。

今、経験している出来事や、思考に気づいて、それを言語化して自覚することをマインドフルネスでは、「感情のラベリング」と言います。感じたことに気づいて、こころの中で言語化することで、あなたの思考を客観的に見ることができます。こころの中をよぎった内容に、それぞれラベルを貼り、そのときの思考がどのラベルにあてはまるか分類しましょう。

感じたことをラベリングで分類

参考文献

感情のラベリング

北澤加純 他、感情のラベリングの方法の違いが感情変化や認知的負荷に及ぼす影響の検討、信州心理臨床紀要16：P39–49、2017

基本の呼吸を続け、リラックス。その途中、匂いが気になったら「匂い」、音が気になったら「音」、からだのかゆみやしびれは「からだの違和感」、仕事のことは「仕事」など、頭をよぎったものにラベルを貼っていきます。

　呼吸を繰り返しながら、あなたのからだに生じた様々な経験や変化、感覚に気づき、その都度ラベルを貼っていくのです。間違いなどはありません。またこんなことを考えてしまった、と否定する必要もありません。繰り返していくと、あなた自身の思考の傾向が見えてくるかもしれませんね。ラベリングを行ったあとは、また基本の呼吸に意識を向けてゆっくりと目を開け、頭を起こしましょう。入浴前に、「やること」は仕事なのかプライベートなのかを整理するのもおすすめ。付箋に重要度と緊急度が高いものを書き出し、「明日やること」として手帳やテーブルなどに貼っておきましょう。

Q 004

やることが多くて、焦りだけがつのります

A

「ボディスキャン」でからだの状態に気づきましょう

からだからのメッセージを受けとめて

あれもこれもやらないといけない。でも全然できていない……。「こうあるべき」とか、「絶対やらないといけない」、などと決めているのはあなた自身ということもあります。時間に追われながら過ごしていると、からだやこころは過緊張状態。忙しければ、その状態に慣れてしまいます。優しくいたわるように「ボディスキャン」をして、からだに表れている筋肉のこわばりに気づき、からだからあなたへのメッセージを受け止めていきましょう。

基本の呼吸を続けたら、さらにからだの力を抜いて脱力。眉間のしわや顔のこわば

参考文献

ボディスキャン

Kabat-Zinn,J.:Full Catastrophe Living: Using the Wisdom of your Body and Mind to Face Stress,Pain, and Illness. New York: Bantam Dell. 1990

野田昇太 他、社交不安症におけるマインドフルネスの作用機序と介入プログラム、武蔵野大学心理臨床センター紀要17号、P37-44、2017

りもほどいて、ゆったりと楽な呼吸を繰り返しながら、足裏から頭まで順に丁寧に意識を向けていきます。

右足の親指、人差し指……というように、指一本一本にも意識を向け、次に土踏まずやかかとのあたりまで意識を向けたら左足へと移ります。さらに足首、ふくらはぎ、膝、太もも、足の付け根、お尻や背中、お腹、肩や鎖骨から顔全体、頭の先までゆっくりと意識を向けましょう。呼吸は止めずに続けていきます。痛み、かゆみなど、違和感がある部分を見つけたら、その部分に呼吸を送ることをイメージします。

血流がよくなり、からだがぽかぽかと温かくなるイメージをしていきます。

何となく楽になってきたら、またからだの次の部位に意識を向けていきます。こわばっていたり緊張している部分があれば重点的に意識を向け、その部分に吐く息が届くようなイメージでゆったりと呼吸を繰り返していきましょう。

005

Q

頭がごちゃごちゃして、考えがまとまりません

A

呼吸の温度変化にフォーカスしてみて

鼻を通る空気の温度に注目して呼吸でからだを変化させる

毎日のタスクが多かったり、人間関係や将来のことを考えたりと、人の頭は大忙し。頭に血がのぼって、オーバーヒートしている状態なのかもしれません。とりあえず、その理由を今は考えなくて大丈夫。無理に頭で処理しようとせずに、まずは呼吸の温

度変化に意識を向けていきましょう。

浮いて沈む、基本の呼吸を丁寧に続けてください。このとき、冷たい空気が鼻から入って、温かい空気が口から出ていく（難しい場合は鼻からでもＯＫ）様子を感じていきましょう。呼吸の温度変化に注目するとき、鼻から入る冷たい空気が脳を冷却し、熱くなった空気がどんどん外に逃げていき、脳の温度が呼吸と共に次第に下がっていくことを想像しましょう。

お風呂から出ると、こころが穏やかになり、ごちゃごちゃしていた考えがまとまってメモをとりたくなるかもしれませんが、その日は何もせずにそのまま気持ちよく眠りにつきます。翌日、クリアな状態になった脳で自分の考えをノートに書き出してみましょう。

Q 006

いつも同じことを悩んで、思考がぐるぐる回ってしまいます

A

「ピーク・エンドの法則」で今日、うまくいったことを想い出してみましょう

うまくいったことの決着まで想い出す

一度、こころの整理ができたと感じても、またふとした瞬間に悩みが襲ってくることはありますよね。その状態になることを恐れて、考えないでおこうと強く想えば想うほどに、また同じ感情がこころに宿ってしまったりすることもあります。

そんな状態から脱出し、前向きな気持ちになりたいときは、ノーベル経済学賞を受賞した行動経済学の創始者ダニエル・カーネマンが1999年に発表した「ピーク・エンドの法則」を利用します。うまくいったことを想い描き、それがどう決着したかを最後まで想い出すことで、失敗を恐れず前向きな気持ちになる方法です。

あなたのぐるぐる思考は、いったん否定せずそのままにしておきましょう。いつも考えてしまうのなら、そっとしておきましょう。感情は自分でコントロールせず

OK。

そして、基本の呼吸をしながら今日あったこと、うまくいったことを想い出してみましょう。そのうまくいったことは、どうやって工夫してどういう結果になったかまで想い出し、その余韻にゆっくり浸ってみます。

人の脳は一度に別のことを考えられないもの。「今日は、何があったかな」と想い浮かべるだけでも、考えの上書きとなって悩みから遠ざかることができます。

参考文献

ピーク・エンドの法則

土井彩容子 他、UXにおけるピーク・エンドの法則の適用についての考察、日本デザイン学会研究発表大会概要集 67 (0)、P108–、2020

Q 007

うまくいかないとき「どうせ私なんて」と考えてしまいます

A

「ストレングスモデル」で自分が「できること」に着目しましょう

個人と環境の「強み」に着目してみよう

「どうせ私なんて」と考えてしまうのですね。仕事でうまくいかなかったとき、子育てがスムーズにいかなかったとき、人間関係で失敗したと感じたとき、自己嫌悪に陥ると、こころがどんよりと重くなり、何も手につかなくなることもあります。そんなときはとてもつらいのではないでしょうか。

でも大丈夫。この思考は生まれ持ったものでも、変化しないものでもありません。あなたのこころが楽になる、「ストレングスモデル」を試してみましょう。

「ストレングスモデル」とは、チャールズ・A・ラップ（カンザス大学社会福祉学部名誉教

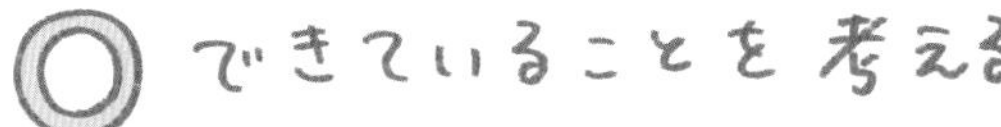

参考文献

ストレングスモデル

Stanard, Rebecca Powell, "The Effect of Training in a Strengths Model of Case Management on Client Outcomes in a Community Mental Health Center," Community Mental Health Journal, 35 (2) : P169-179、1999

授）が提唱した方法で、自分が「何ができないか」ではなくて「何ができるか」に着目すること。ストレングス（強み、能力）は、個人が持っているものだけでなく、地域などの環境も含まれています。

基本の呼吸をしながら、まず自分のストレングスは何かを想い描いていきます。たとえば個人のストレングスは、真面目、優しい、思いやりがある、よく気づく、気遣いがある、努力家。環境のストレングスは、仕事がある、友達がいる、安全な家に住んでいる、など。

ポイントは、まず着目すること。自身のストレングスに気づくことで、次第にそれを活用、実行する思考に向かうことができるでしょう。

あらゆる人に応用可能で、近年の障害者支援においては、欠点や障害を持つ方を対象に、克服するためのリハビリテーションモデルから、個々の強みにフォーカスしたストレングスモデルへと変化しています。

Q 008

自分のことが好きになれないです

A

大好きな人を3人想い浮かべてみましょう

好きな人のよいところを声に出してほめてみる

あなたは今、あなた自身のことを好きになれないのですね。

ではあなたは、友人や家族、夫、子ども、恋人など好きな人を3人想い浮かべることはできますか？　誰でも構いません。身近にいなければ、芸能人やキャラクターでもいいです。とにかくあなたが好きだなと感じる人を想ってみてください。

3人想い浮かばなければ、1人でも大丈夫。では、あなたはなぜ、その人のことを「好きだな」と感じたのでしょうか？　その人のいいところや尊敬するところなどを、いくつでもいいので声に出してほめてみてください。

「いつも家族のために仕事を頑張ってくれてありがとう」

「あなたがニコニコしてくれるだけで幸せな気持ちになるよ」
「ひたむきに努力する姿勢は、私の人生の刺激だよ」

嫌なことばかりが最近起こると感じたとしても、実はいつもの変わらない日常の中で嫌なことが目に留まっているだけ。自分にとって本来喜ばしいことも、それが認識されていないだけ、ということがあります。これは自分を守るための防衛反応が出ているだけなのかもしれません。

そんなとき、自分のよいところを想い出そうとしてもなかなか出てこないので、自分が好きな人のよいところを想い出し、声に出すことで気持ちが明るくなります。

あなたが好きな人3人に向けられた言葉ではありますが、声に出すことで浴室全体がポジティブな言葉でいっぱいになっていくのが分かります。好きな人のことと好きな人への言葉で、こころを満たしていきましょう。

Q 009

緊張しやすくて困っています

A 「タクティカル・ブリージング」を行ってみましょう

落ち着きと高い集中力を得る4－4－4－4

人前で話すときやプレゼンの前、上司と話すときなどに、緊張状態で呼吸が浅くなってしまうことは珍しくありません。そんなときに頭は真っ白、冷や汗をかいて、自らの心臓の鼓動に驚いてしまうことがあります。緊張状態のときにおすすめしたいのは、「タクティカル・ブリージング」。これは、アメリカのペンタゴン（国防総省）も採用しているといわれる呼吸法です。

まず、息をすべて吐き出しましょう。

次に

①口を閉じ、鼻から4秒かけて息を吸う
②息を止め、4秒カウントする
③口から4秒かけて息を吐く
④吐き終わったら、4秒息を止める

①～④までを1クールとし、落ち着くまで4～5回繰り返します。

まずは、お風呂の中で練習してみましょ

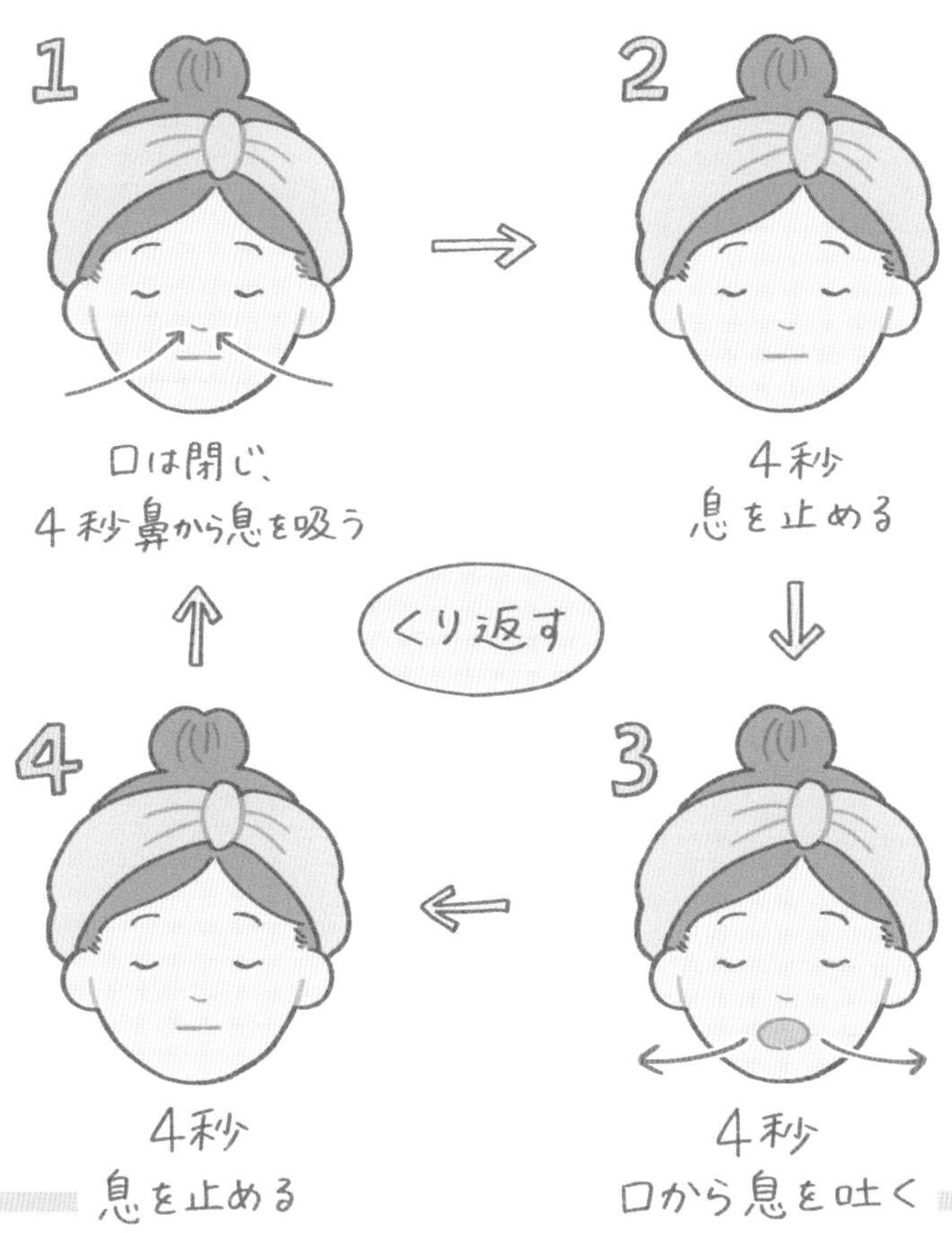

う。覚えておくと、日中に緊張状態で心臓がバクバクしてしまいそうなときに活用することができます。また、集中力を高めたいときにもおすすめです。

人は極限の緊張状態になったときに、自分の行動を自分で制御できないこともありますが、自転車や水泳のように、からだでしっかりと覚えていることは忘れません。もし、あなたが緊張しやすいと認識しているならば、緊張する場面が多い時期だけでもこの呼吸法をお風呂で続けてみることで、必要なときに、きちんと引き出すことができるようになります。

参考文献

タクティカル・ブリージング

カイゾン・コーテ『ペンタゴン式 目標達成の技術』、幻冬舎、2015

010

Q

「うまくいくかどうか」
いつも不安です

A

地域、日本、
世界、地球へと
イメージを
広げましょう

より大きな視点で
自分を俯瞰してみる

今、目の前に何かが立ちふさがっていて、「うまくいくかどうか不安」と考えているならば、もっと大きな視点であなた自身を見つめてみましょう。

基本の呼吸を続けながら、目を閉じてゆっくりと自分からあなた自身を引っ張り出し、浴室の天井からお風呂に入っている自分を眺めるイメージを想い描いてみます。

さらに上に昇っていき、今住んでいる家を空から眺めてみます。次はさらに上空に昇り、自分が住んでいる地域、日本を眺めるイメージ、もっと昇っていくと世界、そ

して地球が見えてきました。後ろを振り返ると様々な惑星があります。大きな宇宙の中に、あなたがいるのです。

私たちは、たまたま地球という星に生まれました。何十億年とかけて生命が誕生し、自然が移り変わって人類が生まれ、文明の進化が加速し、今の豊かな時代になったのです。そして、その中でも平和な国、日本にあなたは生まれたわけです。これは奇跡以外の何物でもないことなのです！ ゆっくりと地球を見つめて、世界を、日本を見つめて、地域を、自宅を、お風呂へと自分の意識を戻していき、今、ここに生まれてきたことに感謝をしてみましょう。

イメージすることが難しければ、あなたの周りにある環境だけでなく、日本や世界にと意識を少し広げてみるだけでもOK。ゆったりと呼吸を繰り返しながら、あなたが今、この場で生きていることをイメージしてみると、目の前の不安がとても小さなことに見えてきませんか？

011

Q 将来のことを考えると、不安で眠れません

A 「ミラクル・クエスチョン」で奇跡が起こった翌朝を想像してみましょう

突然、奇跡が起こったら……そのときのあなたの様子は？

将来が不安だと感じているのですね。あなた自身が何を目指していけばいいか見えなくなっているときは、ソリューション・フォーカストアプローチの技法のひとつ、「ミラクル・クエスチョン」で奇跡を想像しましょう。ソーシャルワーカー・心理療法士のインスー・キム・バーグと、夫であるスティーブ・ド・シェイザーらを中心に開発された「ミラクル・クエスチョン」は、問題解決後の状況を具体的にイメージさせるために非現実的な質問を投げかけること。

基本の呼吸を行ったら、想像してみてください。

あなたが眠っている間に奇跡が起こりました。あなたが抱えているすべての問題が解決したのです。目が覚めたとき、どんな

参考文献

ミラクル・クエスチョン

ピーター・ディヤング、インスー・キム・バーグ『解決のための面接技法［第4版］ソリューション・フォーカストアプローチの手引き』桐田弘江翻訳、金剛出版、2016

違いがあることで奇跡が起こったと判断できるでしょうか？　あなたの様子は？　どんな表情ですか？　どんな1日がはじまりますか？

例えば、何の不安もなく愛する人と笑顔で朝食をとっているあなた。そこで想い描く、奇跡を手に入れたあなたの様子が未来の理想像でもあるのです。お風呂の中では、この理想像を想い描くだけでOK。

奇跡というテーマなので、行うことにハードルを感じる方もいらっしゃるかもしれませんが、これによってあなたの本来の願望や、今後どうしたいのか（方向性）が見えてきます。

そしてその理想像につながるために、あなたの中でできる目標を用意してみることが次のステップです。翌日、その理想像を見つめながら、具体的にあなたの目標をたててみること。さらにその目標に向けて、あなたは何をしたらよいのかを、具体的に箇条書きで書いてみるとよいでしょう。

Q 012

憂鬱な気分が続いています

A バブルバスを使って「芸術療法」を行ってみましょう

創作活動であなたの内面を表現してみよう

憂鬱な気分が何日も続いているのですね。マインドフルネス入浴法では、その理由を深掘りしません。いったんその気分は横に置いて、バブルバスを使った芸術療法を取り入れていきましょう。

「芸術療法」とは、絵画、工作、音楽といった芸術作品を創る活動で、こころの健康の回復を目指す心理療法です。

バスタブにお湯を張るとき、発泡性のある入浴剤を入れてブクブクのバブルバスにします。基本の呼吸を行ったら、泡で何かの形を作ったり、手にのせてみたり吹き飛ばしたり……と、難しいことは考えず自由に〝創作活動〟を楽しんでみましょう。

入浴剤は、好みの香りのものを選ぶと一層リラックスできます。色のついたパウダーを加えるバブルバス用の入浴剤も販売されていますので、それを利用してもよい

でしょう。

言葉ではなく、こういった創作活動を通して自分の内面を何かに表現することで、カタルシス効果（こころの浄化作用）を得ることが期待できます。「カタルシス効果」は、1880年代初頭にオーストリアの精神科医ヨーゼフ・ブロイアーが唱えた言葉です。こころの中に溜め込んだ悩みを何らかの形で発散することで、悩みが整理されこころが安定しやすくなります。

参考文献

芸術療法

日下部あゆみ、大野颯斗、藤原直子、アートセラピー体験が心理状態に及ぼす影響、岡山心理学会第68回大会発表論文集、P35-36、2020

013

Q からだが重だるくて、無気力です

A 行動から からだ、こころを変化させましょう

お風呂枕にからだを預け浮遊感を味わおう

無気力の原因は様々だと思いますが、「いつも理想の自分でいなければいけない」とか、「最高の自分を見せないといけない」など、完璧さを求めすぎてバーンアウトのような状態になっているのかもしれません。

「バーンアウト」とは、アメリカの精神心理学者ハーバート・フロイデンバーガーが提唱した、日本語でいうと燃え尽き症候群のこと。無気力で何もやる気が起こらなくても、その感情を持ち上げる必要はなし。無理に、こころをあなたのこころで何とかしようとするのではなく、行動に起こしてからだを変化させ、こころの変化も感じていきます。

今回は、お風呂枕を使って浮遊感をつくり、あえてからだを無気力状態になるよう

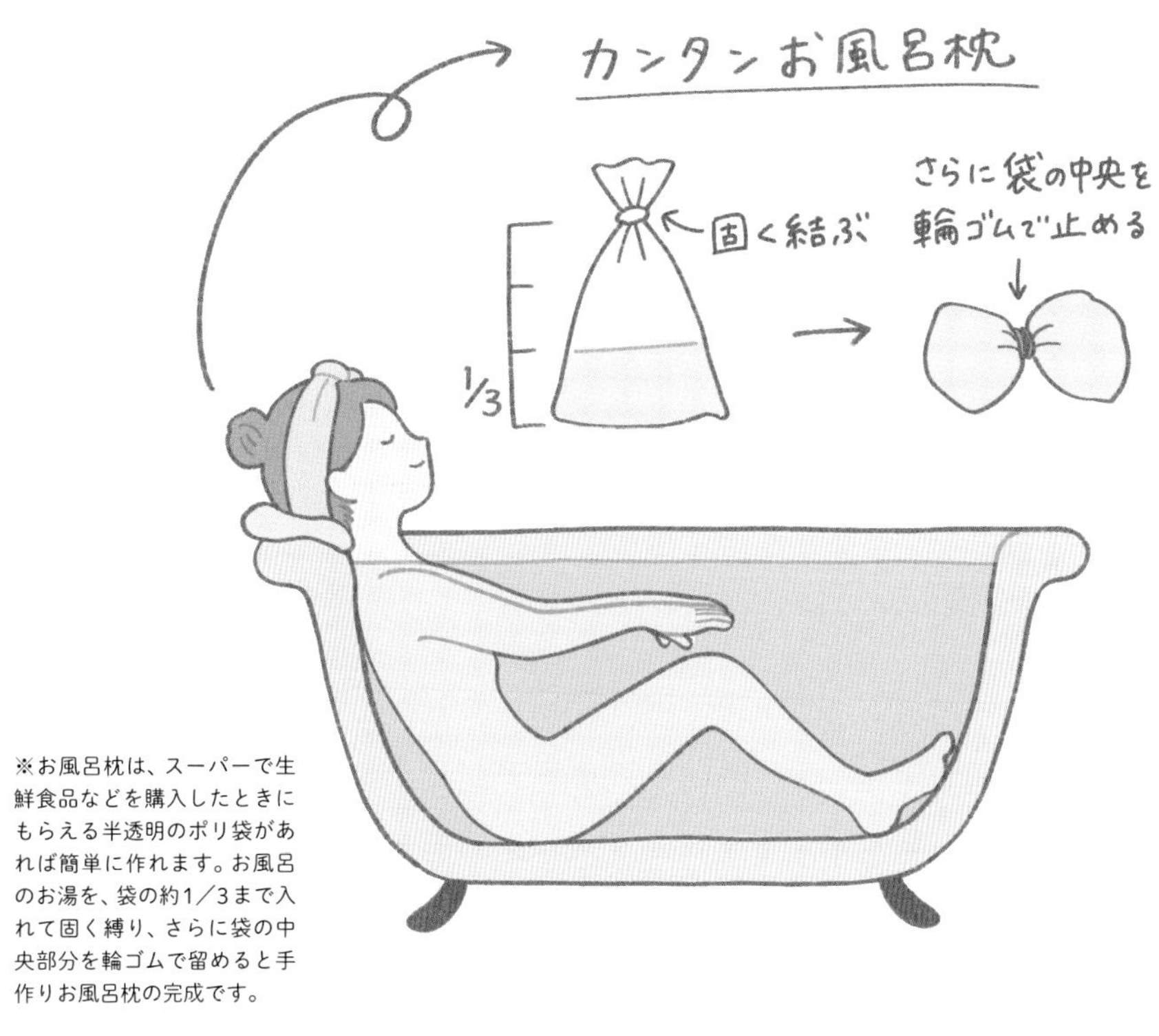

※お風呂枕は、スーパーで生鮮食品などを購入したときにもらえる半透明のポリ袋があれば簡単に作れます。お風呂のお湯を、袋の約1／3まで入れて固く縛り、さらに袋の中央部分を輪ゴムで留めると手作りお風呂枕の完成です。

にしてみましょう。

お湯はいつもより多めに。首まで浸かっても、お湯が外に出ないくらいの量でたっぷりと入れます。頭をバスタブのふちに預け、頭の後ろに枕をセットしゆったりと基本の呼吸を繰り返します。このとき、吸って吐いての際にからだが浮いたり沈んだりするだけでなく、からだを左右にゆっくり揺すってみたり、頭を起点にしてからだを海中のわかめのようにふわふわと動かしてみます。

お風呂の浮力を利用して副交感神経を優位にさせ、アドレナリンやコルチゾールなどストレスホルモンの数値を下げてリラックス状態に持っていきましょう。からだが変われば、こころもそれに伴い穏やかになっていきます。就寝前のこころが安定し、眠りの質が上がれば、論理的思考に関係する前頭連合野（ぜんとうれんごうや）がしっかり修復。翌朝の目覚めがよくなれば、シャキッとやる気が出てくるかもしれません。

014

Q

些細なことでヒステリックになってしまいます

A

声を出しながら息を吐く「呼吸再調整法」を

感情をコントロールせず呼吸法でラクに脱力

ヒステリックになってしまうと、あなた自身とてもつらいのではないでしょうか? 忙しい毎日を過ごされているのかもしれません。本当にお疲れさまです。

でも、ヒステリックにならないように、イライラしないように、その感情を小さくしようと思っても、実はできません。だからやる必要はないのです。

感情は自分でコントロール不可能なものですが、認知行動療法を取り入れて、からだを変化させてこころを楽にしていきましょう。いつもの呼吸を、あなた自身が楽になる呼吸にチェンジすることで、副交感神経が刺激され心臓の鼓動が穏やかになり、じきにこころも落ち着いていきます。

今回は、PTSDの際にも用いられる「呼吸再調整法」をアレンジ。

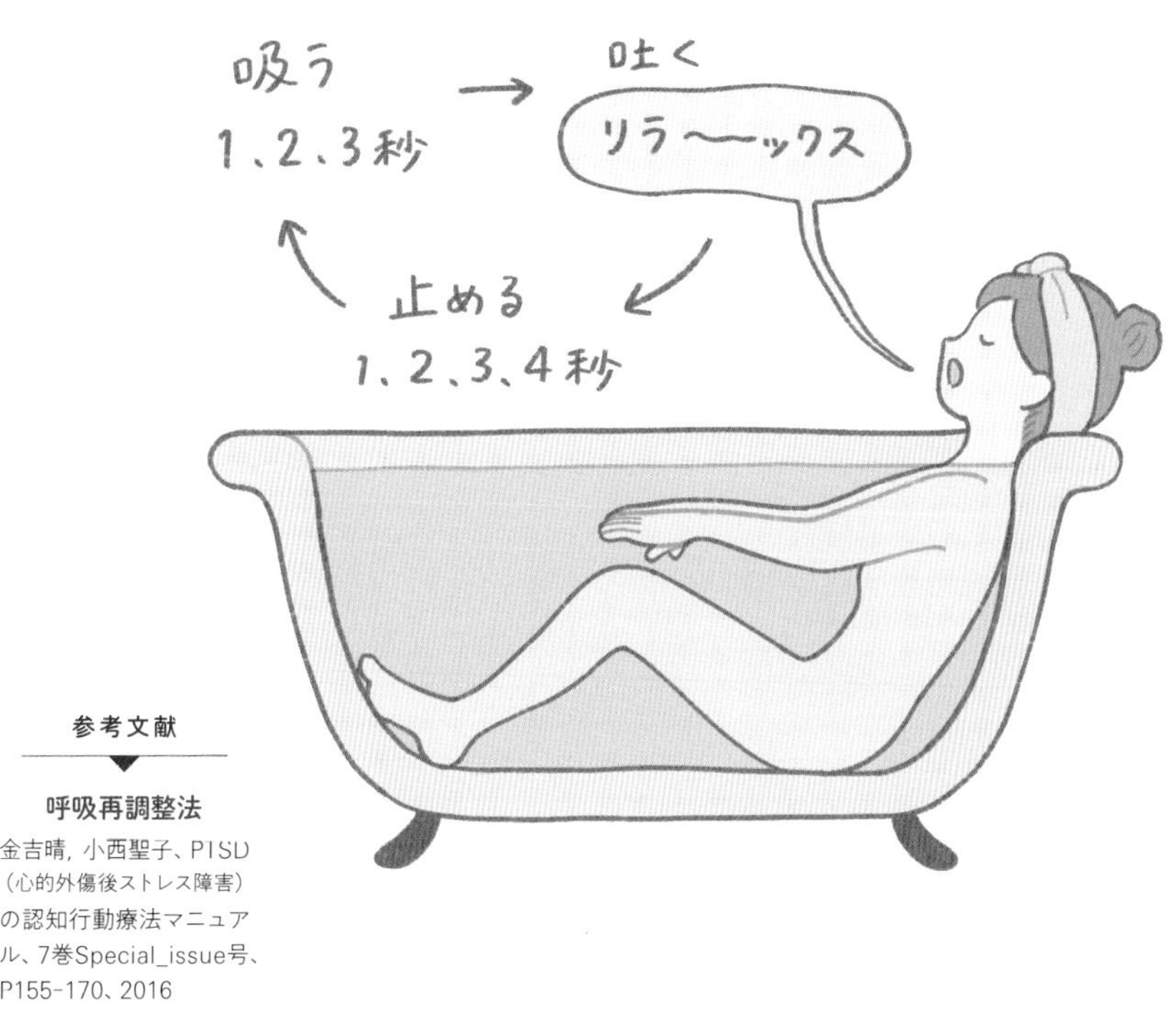

参考文献

呼吸再調整法

金吉晴，小西聖子、PTSD（心的外傷後ストレス障害）の認知行動療法マニュアル、7巻Special_issue号、P155-170、2016

基本の呼吸を行ったら、3秒吸って、「リラーーックス」と声を出しながら息を吐き、4秒息を止める呼吸法をしばらく繰り返します。声を出しながら吐くとしっかり脱力しやすく、「イライラーー」という言葉よりも「リラーーックス」という言葉のほうがこころが楽になりやすいです。リラックスという言葉自体が、緊張をといてくつろぐ様子にリンクするからでしょう。

また、「ラ」の音は、口を「あ」の形にしているので息が吐きやすくなり、最後の「ス」にはSがつきます。Sの音は、舌を歯茎に近づけて発音するため空気が漏れるように自然に吐き出される音になります。そのため「リラーーックス」という言葉によって、力まずに空気を吐くことができ、実際にからだもリラックスしていくのです。

マインドフルネス入浴法のときはもちろんですが、ぜひ日中も、ヒステリックになりそうなときに、この呼吸法を行ってみてください。

015

Q 今いる場所から、遠いところへ逃げ出したいです

A 「イメージ療法」で、行きたい場所をリアルに想い描きましょう

行きたい場所 楽しかった場所をイメージ

「逃げる」ということは、あなたのこころを守るためのストレッサーの低減対策です。逃げてもいいのです。頑張りすぎないで。

でも、いろいろな事情からすぐには逃げられないこともあります。

「どこか遠くへ行ってしまいたい」。そんな気分のときは、あなたが行きたい場所をイメージしながら基本の呼吸を続けていきましょう。

これは「イメージ療法」という方法です。イメージ療法は、視覚イメージを扱う技法ですが、自由にイメージを想い浮かべる「自由イメージ法」と、指定された内容をイメージする「指定イメージ法」があります。今回は、方向性だけを指定するので、

参考文献

イメージ療法

福留留美『実践 イメージ療法入門──箱庭・描画・イメージ技法の実際──』、金剛出版、2016

あとはあなたが自由にイメージしていきましょう。

基本の呼吸を続けて落ち着いたら、今行きたい場所をなるべくリアルにイメージしてみましょう。

例えば好きな人がいて遠距離でなかなか会えないなら、基本の呼吸を行いながら目を閉じて好きな人を想い浮かべます。一緒に行って楽しかったあの場所をイメージしてみましょう。穏やかで心地よい風が吹いている海辺なのか、こころ温まる温泉宿のお部屋でくつろいでいるのか。ゆったりとした時間が流れ、隣には好きな人が微笑んでいて、心身ともにとても充実しているその状態をイメージして想像を膨らませていきます。

あなた自身が生み出したそのイメージを充分に体験することで、何かの気づきがあったり、こころが徐々に安定してくるでしょう。呼吸は止めずに続け、こころが落ち着くまでイメージしましょう。

016

Q スランプ中で、どうしても前に進めません

A ロゴセラピーの「反省除去」で明るい未来をイメージ

自分を意識しすぎず明るい未来に目を向ける

仕事や芸術、スポーツなどでスランプを感じているのですね。そんなときは、あなたの内部に起こっていることを意識的に追究せず、未来やあなたにとってキラキラとしたその先をイメージしていきましょう。

基本の呼吸をゆったりと繰り返しながら、明るく楽しい未来をイメージしていき、こころが満たされるのを感じましょう。

ここで取り入れるのは、オーストリア出身のユダヤ人心理学者ヴィクトール・E・フランクルが提唱した「ロゴセラピー」の「反省除去」という方法。もちろん、振り返って考えることは物事を行う上で大切なことではありますが、あなた自身を過剰に意識しすぎることは、パフォーマンスをアップするどころかあなた自身を苦しめることにもなります。

例えば、読書や映画、仕事に集中してい

るとき、そこに「自分」という存在はありません。集中できない！と認識しているときは「自分」に集中している状態なのです。

フランクルは、こんな話を例に出しています。

ある森に、100本の足を上手に使う、踊りが上手なムカデがいました。意地悪なカエルが「33本目と88本目の足はどうやって動かしているの？　踊ってみて」と言います。すると、足を意識した途端にムカデはうまく踊れなくなってしまいました。

ムカデは自分の存在ではなく踊りに集中していたからこそ、最高のパフォーマーだったわけです。

参考文献

ロゴセラピー

斉藤啓一『フランクルに学ぶ―生きる意味を発見する30章―』、日本教文社、2000

017

Q 最近、うまくいかないことが多くて……

A 98%の失敗より2%の成功に着目する「例外探し」を

プラスの「例外」を想い出してみよう

あなたが力を注いでいることがうまくいかないな、と感じているのなら「例外探し」をしてみましょう。

これは、Q11でもご紹介した「ソリューション・フォーカストアプローチ（解決志向アプローチ）」という心理療法の技法のひとつで、原因探しをせず悩みの解決にアプローチをする方法。

今回は「うまくいかない」ことが多いというお悩みですね。では、100%すべてがうまくいかなかったのでしょうか？　例えば、すべてではなく98%失敗していたとしましょう。とすると、98%は失敗でも残りの2%は成功ということですね！

例外探しというのは、98%の失敗の原因を考えるのではなくて、成功した2%の「例外」について考えてみることです。

基本の呼吸をゆっくりと続けながら、そ

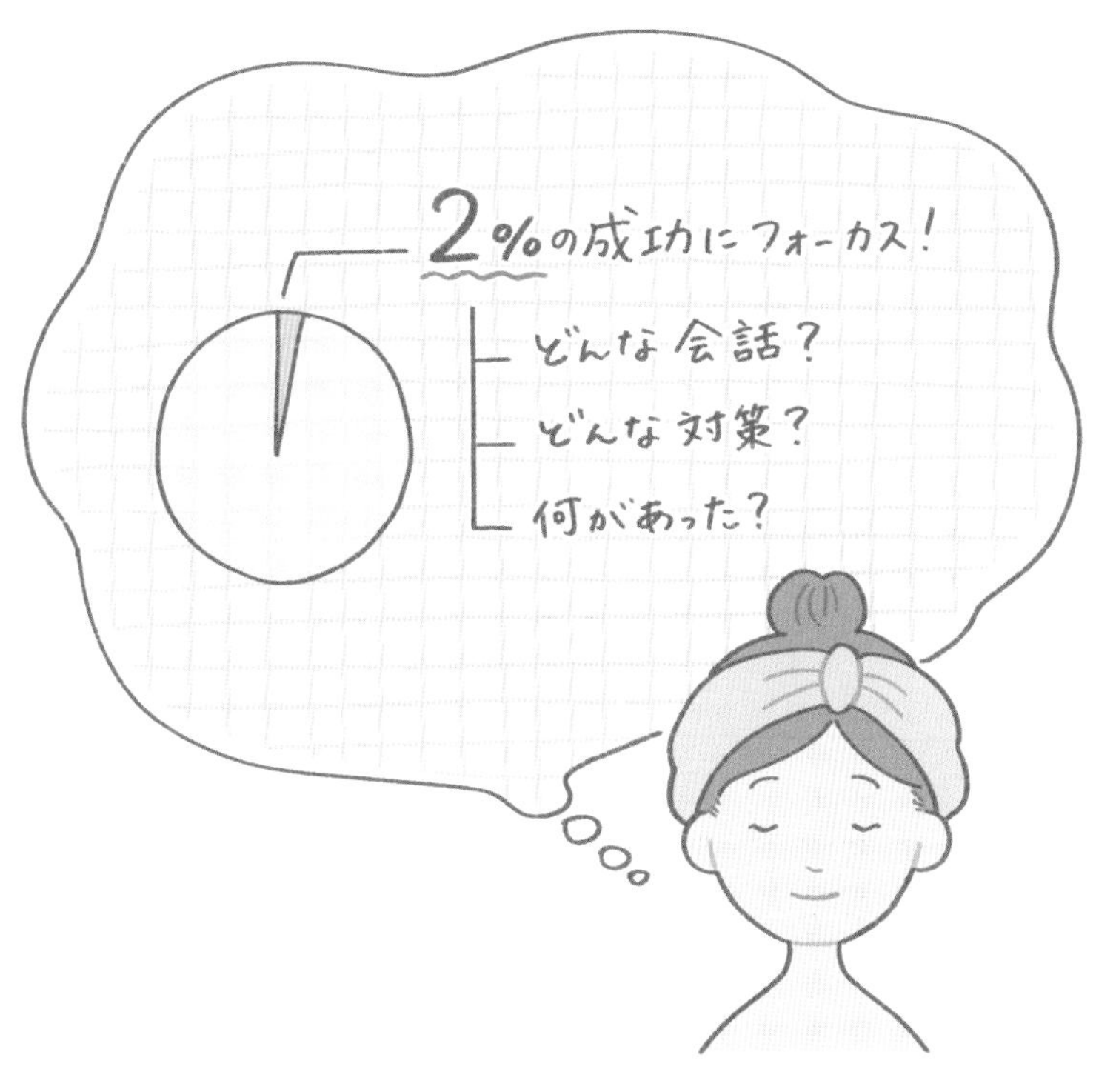

の2%のことを想い出してみてください。どんなことがあって、どんな会話があって、どんな対策をしたら成功したのでしょうか？　成功したときのことをイメージできたら、その余韻に浸ってみましょう。どんな気分ですか？　嬉しいですか？

余韻に浸ったら、呼吸を続けながら頭を起こし、ゆっくりと目を開けてください。

参考文献

例外探し、ソリューション・フォーカストアプローチ全般

伊藤拓、ソリューション・フォーカスト・ブリーフセラピーの質問の用い方のポイント──熟練したセラピストへの面接調査による質的検討──、65巻1号、P37-51、2017

018

Q

なぜかむしゃくしゃして、イライラが止まりません

A

脈拍の速度を意識しながら呼吸してみましょう

自分自身の拍動を感じながらゆったり呼吸

イライラしてこころが落ち着かないときは、交感神経が優位になっている、いわゆる戦闘モードです。あなたのこころを惑わす何かがあるのかもしれないし、その原因が見当たらず、マグマのように怒りがこみあげてきているのかもしれません。あなた自身もつらいことでしょう。こんなときは、

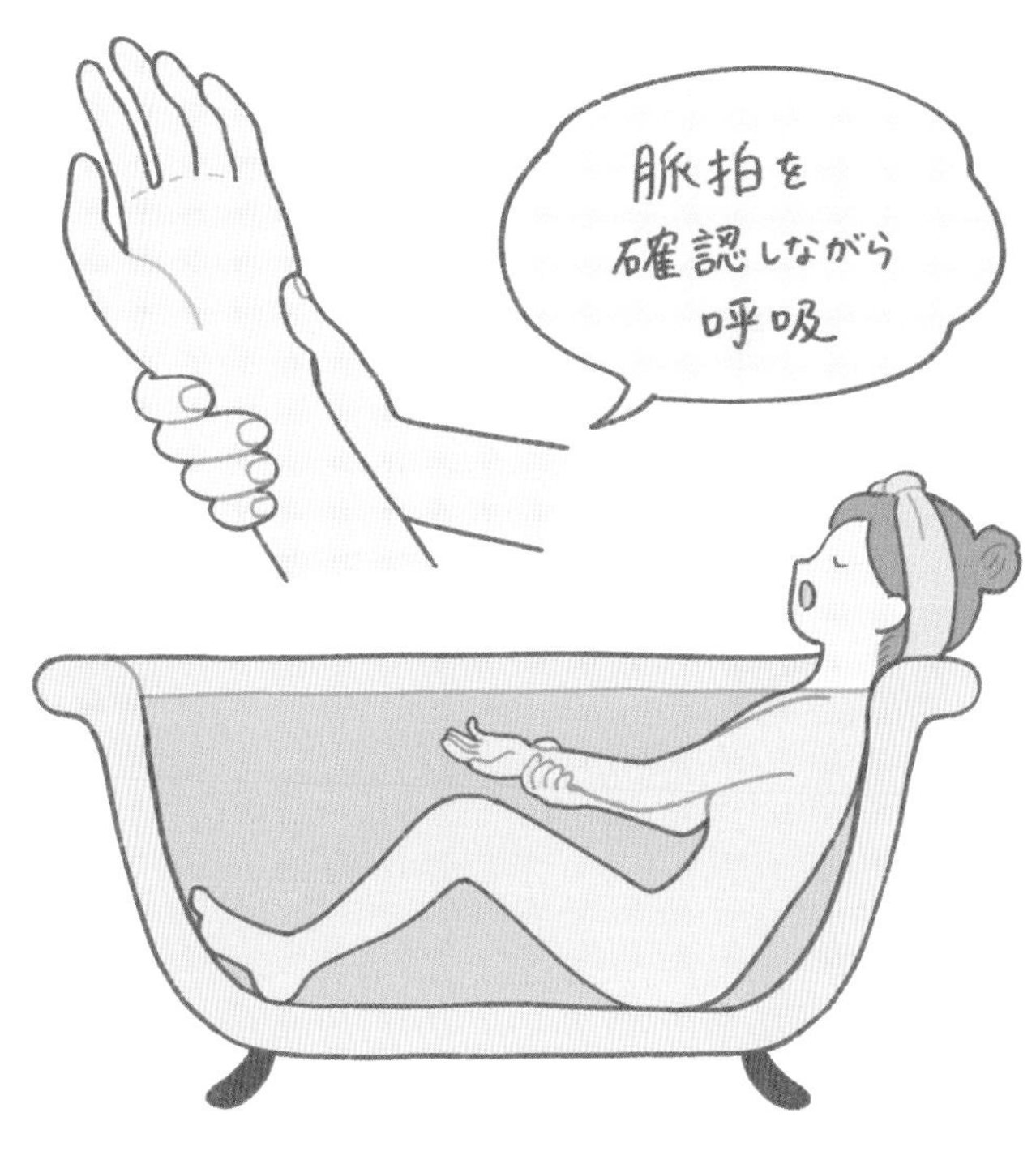

自分の脈拍の変化を確認しながら呼吸を繰り返して、副交感神経を優位にしていきます。

基本の呼吸を続けながら、脈を探します。手首なら、人差し指から小指までを反対側の手首の親指の付け根に縦に沿わせて探しましょう。本来ならば、息を吸うと心拍数が増加し脈拍が速くなり、吐くと心拍数が減少し脈拍が遅くなります。自分自身の脈拍をはかりながら、吐くときに脈拍が遅くなっていく様子を観察し、呼吸を繰り返しましょう。このとき、何か雑念が頭によぎっても大丈夫。そんな自分自身に気づいても、否定せずにそばに置いておき、また脈拍を感じていきましょう。

状態によっては、吸っても吐いても脈拍の速度が変わらないこともあります。脈拍が遅くならないから失敗、などとは考えず、まずは脈拍のスピードを意識します。あなた自身の鼓動を感じながら、ゆったりとした気持ちで呼吸を繰り返していきましょう。

Q 019

昔の嫌な出来事が忘れられずつらくなります

A

視覚・聴覚などを使って気持ちのいい海辺をイメージしましょう

気持ちのいい海の浮遊感にからだを預けてリラックス

昔の嫌な出来事やつらい思い出がどうしても消えない、というときは、あなた自身のこころをつらくさせる物事の見方や考え方、とらえ方になっているのかもしれません。

例えば、雪道で人の足跡があれば、そこを自然とたどろうとしますよね。そこが安全だと感じるからです。

あなたの考え方の癖もそれと同じで、つらくなるきっかけがあると、その後もすべての物事を同じようにとらえてしまう考え方を自然と選択するため、結果的にあなた自身をつらくさせている可能性があります。

物事のとらえ方を変えるために、お風呂の中で「誘導イメージ法」を取り入れ、こころのしなやかさを高めましょう。ここでは視覚、聴覚、嗅覚などを用いてイメージを膨らませてほしいので、匂いや感触、温かさや風、音などをイメージしやすい海辺をテーマにお伝えします。

参考文献

誘導イメージ法

黒田眞理子『誘導イメージ法の健康青年に対する精神・心理的影響に関する研究』、看護研究、34(5)、P417-424、2000

基本の呼吸の後、楽な姿勢をとって、暑くもなく寒くもないちょうどよい気候の季節に、きれいで青い海と空が広がる砂浜にいることをイメージします。

爽やかな風が海から吹いています。柔らかい砂浜に素足で立って、足裏で砂を感じています。ぽかぽかとした太陽の光が降り注ぎ、穏やかな海の波の音が聞こえてきます。磯の香りもしてきました。その状態を味わっていきます。

波の音に合わせてからだがふわふわと脱力していき、波が海のほうへ移動するときに、からだも海の浮遊感に合わせてゆっくりと力が抜けていくことをイメージします。足先から頭まで、すべてがその気持ちのよい海の浮遊感に合わせてふわふわ浮いて脱力していきます。深くリラックスして、その場所に入っていくことをイメージしたら、しばらくその状態を味わってみましょう。

からだの感覚を用いてイメージを描くことで、自分の内面に意識が向き、その意識状態の変化によってこころの状態を安定化させる作用が期待できます。

最近、パートナーのことが愛せなくなっています

A 「内観法」で夫や恋人に「してもらったこと」を想い出して

あなたとパートナーを客観的に観察してみよう

「あんなに仲がよかったのに、会話をほとんどしなくなった」「大好きだったのに、今は顔を見るのも苦痛」。

夫や恋人など、パートナーとの関係に悩んでいる女性は意外と多いものです。パートナーへの愛情が薄れてきたと感じたら、2人の関係を想い浮かべてみましょう。これは、実業家出身で浄土真宗の僧侶でもあった吉本伊信が創始者の、自己観察法のひとつである「内観法」を取り入れたマインドフルネス入浴法です。

基本の呼吸法でゆったりと呼吸を繰り返しながら、次の3つを時系列で想い出してみます。

2人の想い出を振り返ってみよう

参考文献

内観法、フォーカシングについて

小林孝雄、「内観法」における体験の変化の検討――内観法、フォーカシング、内観フォーカシング――、臨床相談研究所紀要＝Bulletin of the Institute of Clinical Psychology 13、P3-11、2009

①夫からしてもらったこと
②夫にして返したこと
③夫に迷惑をかけたこと

「想う」5分の間に、3年ずつ（もしお付き合いの期間が短ければ数ヶ月、1～2年など）区切って、今日は2011年から2013年、などと決めて振り返ってみてください。

「いつも私が家事や育児をして、あの人には何もしてもらっていない」。

初めはそう感じたとしても、出会ったときから少しずつ想い返してみてください。本当に何もなかったでしょうか？　夫や恋人と初めて出会ったときのこと、告白されたとき、自分が愛を告げたとき、初めてのデート、プロポーズ、結婚式、子どもが産まれたときは？　ゆったりと呼吸を繰り返しながら、ぼんやりと想い浮かべて感じてみましょう。続けていくことで、自己中心性を客観的に自覚できるようになったり、パートナーからの愛情に感謝できるようになることが期待できます。

Q 021

パートナーの言動にイライラします

A

五感を使ってリラックスしましょう

音楽、アロマ、キャンドルの灯りを使って

パートナーの何気ない言動にイライラしてしまうのですね。ただ、そのときの感情にまかせて声を荒げてしまうと、あなた自身のこころもつらくなります。

交感神経が刺激され、血圧がどんどん上昇。夜も眠れなくなり、イライラはさらにつのる一方。こんなときは、音楽やアロマ、キャンドルの灯りなどを使って五感からこころを解きほぐしていきましょう。

まず、あなたがリラックスできそうな音楽をピックアップします。海の波の音、川のせせらぎなどは、お風呂のお湯とリンク

してイメージしやすいのでおすすめです。お風呂用のスピーカーやスマートフォンで、音楽を流してみましょう。お風呂場で音楽を流すのが難しい場合は、脱衣所から聴こえるようにセットしてもOK。

おすすめのアロマは、リラックス効果のあるラベンダー精油。バスミルクやバスソルトをお湯に入れたり、バスタブの蓋の端に精油を点々とたらして蒸気とともに香らせるのも効果的です。浴室にはキャンドルを灯しましょう。直視するとまぶしく感じることもありますので、洗面器の裏側などにキャンドルを置いて、浴室全体にキャンドルの炎の影がゆらゆらと揺らめいている状態を作るのもいいでしょう。

基本の呼吸を続けながら、ゆっくりとからだを浮かしたり沈めたり。このときお湯の中で両手を左右や上下に動かしたり、手のひらで水面を軽く押して、押し返すようなもちもちした感触を味わってみたり、触覚も刺激していきます。

Q 022

パートナーの言葉にカチンときて、文句を言いたくなります

A

「カチン」の理由は？「交流分析」を取り入れて想い返してみましょう

今日のやりとりを冷静に想い返してみる

私たちは、生まれたときから死ぬまで人との関わりの中で、相手の存在を認めるやりとり＝ストロークの中で生きています。ストロークには心地のよいものと不快なものがあり、同じやりとりでもその人のとらえ方で変わることがあります。

例えばパートナーが、久しぶりに出かけるあなたに「何時に帰ってくるの？」と聞きました。帰宅時間を聞かれただけですが、毎日仕事に育児に家事に大忙しのあなたは、久しぶりの外出なのに「何時に帰る？」と聞かれたことで時間を制約されているように感じて「そんなこと、いちいち聞かないでよ！」と返してしまいました。実はごく普通のやりとりが、とらえ方ひとつで不快なストロークになってしまったのです。

さて、今日あなたがカチンときたパートナーの言葉は、どんな言葉でしたか？

お風呂の中で、基本の呼吸をゆっくりと続

参考文献

交流分析

原英樹、交流分析で提唱されているゲームがもたらす対人関係の問題性、神奈川大学心理・教育研究論集29、P39-44、2010

けながら想い返してみます。

　これはアメリカの精神科医エリック・バーンが提唱した「交流分析」による心理療法に基づいています。エリック・バーンは、人のこころの成り立ちを親（P＝ペアレント）、大人（A＝アダルト）、子ども（C＝チャイルド）の三層構造で表しています。私たちのこころには厳しく制御したり（CP）、優しく受け止めたり（NP）、子どもらしく自由な行動をとったり（FC）、親の顔色を見ながら行動したり（AC）、現実に対応して冷静に判断できる状態（A）という5つの機能があり、1日の中でも状況に応じてストロークが変わってくるとしています。先ほどの例をあてはめると、「大人対大人（A：A）」のストロークであれば穏やかに済んだものが、一方が批判的な親（CP）として言葉を返してしまったため、双方にとって不快なストロークとなったのです。

　あなたとパートナーのストロークを冷静に見直してみると、「なんだ、そういうことだったのか」と気持ちが落ち着くかもしれません。

023

Q

母のことをうっとうしく感じてしまいます

A

母親を通したあなたを想い返してみましょう

自分を客観視できると母への気持ちが穏やかに

結婚は？　子どもは？　……などと、母親に言われてストレスを感じている方は少なくありません。そうでなくても、いつも反対をされたり感情的に怒られたりすることで、血がつながった実の親とはいえ、うっとうしく感じたりすることもあります。頭では分かっている。私のことを大事に思っているからだと。でも口を開けばついきつく当たってしまうこともあります。

そんなときは、Q20でもお伝えした「内観法」をヒントに、マインドフルネス入浴法を行ってみましょう。実際の内観法は長い時間をかけて行いますが、マインドフルネス入浴法はできる範囲で大丈夫。まずは、基本の呼吸をゆっくりと続けてこころを落ち着けます。そして、子どもの頃から現在まで、母親とあなたとの関係を自分史をめ

参考文献

内観法

P75参照

くるように年代別に時系列順で振り返っていきます。小学生の低学年まで、その後3〜4年くらいに年代を区切り、現在までの関係を振り返りましょう。「想う」の5分間に、すべての年代を振り返ることはできませんので、「今日は小学1〜3年まで」などと決めて行ってみてください。

まずは

①母親からしてもらったこと
②母親にして返したこと
③母親に迷惑をかけたこと

の、3つのテーマに沿って実際にあった具体的な経験を想い出してみましょう。内観法は、あなたでいうと母親との過去の想い出を身近な人、今回でいうと母親との関係の中から順序立てて客観的に振り返っていくことで、あなた自身のことも、母親に対する見方や感じ方も変わっていくというものです。はじめはうまくいかないと感じたとしても、いつものゆるりとした呼吸を繰り返しながら行ってみてください。

024

Q 上司に理不尽なことを言われて落ち込んでいます

A 「認知療法」で第三者の考え方を想像してみましょう

楽しそうな「あの人」ならどうする?

会社で理不尽なことを言われたら、つらいし憂鬱になりますよね。でも、そのつらい気持ちは、出来事(上司の言動)がそうさせているのではなく、出来事を「あなたがどうとらえたか」が作用しています。

今回は、アメリカの精神科医アーロン・ベックが創始者である「認知療法」を取り入れましょう。本来マインドフルネスでは、負の感情に行き着いた考え方を探ることはしませんが、今回は「整う」の後に、少しあなた自身を分析していきます。

上司が言ったことに対して「理不尽」「納得できない」という考えを持っていたからあなたは憂鬱になりました。では、同じことを言われてもつらい気持ちにならないためのバランスの取れた考え方は何か?もっと楽に感じる考え方はないか? お風呂に入りながら探してみましょう。

参考文献

認知療法

慶應義塾大学認知行動療法研究会、うつ病の認知療法・認知行動療法 治療者用マニュアル、厚生労働科学研究費補助金こころの健康科学研究事業「精神療法の実施方法と有効性に関する研究」

もし探しても答えが浮かんでこなければ、「何があってもあっけらかんとしていて、悩みが少なそう」と思う友人や芸能人などを想い浮かべてみます。そして、その人だったら自分に起きた出来事に対してどう考えるか、どんなことを言うか想像してみます。その考え方は、あなたが受け入れられないものであっても構いません。とにかく一度、取り入れてみるのです。例えば、あなたがそう考えたとしたらどんな感情になりそうですか？　こころの状態はどうでしょうか？

考え方ひとつで、同じことでも嬉しくも悲しくもなるものです。自分の考え方が負の感情につながるものであれば、つらいと感じてしまいます。

「そんなときもあるよね」「自分のための出来事だったのかもね」と考えると、「ま、いっか！」と思ったり、少し嬉しくなったり、ありがたいと感じたり……。あなた自身の考え方の幅を広げ、安定したこころへ整えていきましょう。

Q 025

友人の成功を素直に喜べず嫉妬してしまいます

A

メタ認知力を高めていきましょう

「なぜ?」の自問自答で嫉妬を成長に変える

友人に嫉妬しているあなたは、そんな自分がよくないと感じていませんか?

ですが、本来、人は誰しも他人と比較する生き物です。「社会的比較理論」では、比較とは自分自身を正しく評価する欲求と述べています。嫉妬すること自体がよくないものと認識してしまいがちですが、嫉妬は自分が成長するきっかけにもなるかもしれません。

大切なのは、「メタ認知力」。つまり、人と比較しているあなたの感情に気づくことです。

メタとは「超えた」、認知とは「考える」、合わせると「考えることを超える」。

ただ嫉妬しているだけでヤキモキするのではなく、さらに一歩進んで、なぜ嫉妬しているのかを、なぜ? なぜ? と自問して答えを出していきます。

マインドフルネス入浴法では、基本的に

参考文献

社会的比較理論
大久保暢俊、社会的比較による自己評価と対人関係、東洋大学人間科学総合研究所紀要 第10号、P111-121、2009

あなたの内面は追究しませんが、ここでは、少しアプローチを変えてあなたの感情を少し見つめていきます。

基本の呼吸をゆったりと続けながら、想いを巡らせてみましょう。

例えば、同じ分野で頑張っている人が表彰され、嫉妬しているのなら、なぜそう考えたのでしょうか？

「友人が成功したのを見て、嫉妬してしまった」

なぜ？

「自分も頑張っているのに、自分は成功しなかった」

なぜ？

「うまくいく秘訣が分からない」

このときは、「うまくいく秘訣が分からない」という考えが出てきました。

そこから、友人はなぜ成功できたのか？　どう努力したのか？　何か学べるものはないか？　真似をしてみるのもいいかもしれない！　といったように、自分が前に進むきっかけとなることもあるのです。

026

Q 婚活がうまくいかなくて、友人から結婚のお知らせが来ると焦ります

A この状況には、どんな意味があるの？考えてみましょう

自分の気持ちや状況にどんな意味があるか想像

あなたは焦りを感じているのですね。そんなときは、「この状況にどんな意味があるのか」を想像してみましょう。

基本の呼吸をゆったりと続けながら、今あなたが感じていること、状況にどんな意味があるのかを静かに考えていきます。今は、何か別のことに力を注ぐときという意

参考文献

ロゴセラピー

P67参照

味があるのかもしれないし、焦るというこころの反応に疲れているなら、少し立ち止まって休むことが必要かもしれません。

これは、Q16でも取り入れたフランクルの「ロゴセラピー」の考え方。「何のために生きているのか」という問いに対して、フランクルは「私たちそれぞれの持つ生きる意味を満たし、実現させるため」と提唱しました。

ナチスの強制収容所を生き延びたフランクルは、「どんなときにも人生には意味がある」「未来に待っている人や何かがある」「そのために今するべきことがある」と説きました。あなたが今何かを悩んでいたとしても、それすら意味があるということです。

※フランクル心理学は、フロイトの精神分析学、アドラーの個人心理学と並んでウィーン三大学派とされています。「何のために生きているのか」という問いに対して、フロイトは「快楽感情を満たすため」、アドラーは「力を手に入れて、劣等感を克服するため」という見解を示しました。

Q 027

自分と考えが違う人を、つい批判したくなってしまいます

A

「認知療法」で考え方の幅を広げてみましょう

考え方の幅を広げるとこころがラクになる

つい批判をしたくなるのは、原因がその人にあるような気がしますが、人の言動を批判的に見てしまうのは、あなたの考え方やとらえ方がネガティブ方向に向いているときかもしれません。実際にはあなたが正しかったとしても、そう考えてしまうときのこころの状態はあなたにとって気持ちのよいものではないでしょう。楽に過ごせるようになるために、「認知療法」で考え方の幅を広げる練習をしてみましょう。マインドフルネス入浴法では基本的に状況の分析はしませんが、今回はあなた自身の考え方を検討していきます。

まずは基本の呼吸でリラックスしながら、「批判したくなった」出来事に意識を向けてみます。例えば食事中に「この人の発言は、気遣いがない」と考えたとしたら、その事柄について、他にはどんな考えができるかを検討してみるのです。

確かに気遣いはなかったかも知れませんが、その発言を冷静に見直すとコミュニケーショ

参考文献

認知療法

P83参照

ンのヒントになる言葉があったかも知れません。自分とは違う考えや言動であったとしても、客観的に見ると、こころの乱れにつながりにくくなるのです。

感情がポジティブ方向に向いている人は、ちょっとしたことでは動じない強い精神を持ち合わせていますが、他人の気持ちを読む力は弱いかもしれません。

一方ネガティブ方向に向いていると、くよくよしたり悩んだりしがちですが、人の気持ちを汲んで思いやりのある言動をとれるかもしれませんよね。どちらが良い悪い、ではなく両方を持ち合わせたほうがあなた自身のこころが楽になります。あるときはあっけらかんと、あるときはつらい人に寄り添ってあげれるというように、状況に応じて対応を引き出せると気持ちの浮き沈みが少なくなるでしょう。

物事の見方は結局のところ自分次第。自分がどうとらえるかによって、それに伴う感情が付随していきます。だから、考え方の引き出しを増やしてあげる習慣をつければよいのです。

028

Q

自分のことばかり話す人にイライラします

A

ストレス緩和には、「労宮」のツボをプッシュ

覚えておくと便利な手のひらプッシュ

人との会話やコミュニケーションでストレスを感じてしまったときは、手のひらのツボをプッシュしてこころを落ち着けましょう。

プッシュするのは、手のひらの中央にある「労宮（ろうきゅう）」というツボ。文字通りあなたを労わるツボで、落ち込みやイライラなどこころの疲れからくる症状にいいということが知られています。

場所は、手を握ったときに手のひらで中指の先が当たるところ。鼻から息を吸って、口から吐きながら反対の手の親指の腹で少し指先に向かって突き上げるようなイメージで、ここをぐーっと押していきます。4秒かけて圧をかけたら、息を吸いながら3秒かけてゆっくりと脱力します。このとき、手のひらに血液がじゅわっと集まる様子を感じながら3セット、左右行います。

会話の中身やコミュニケーション方法は、

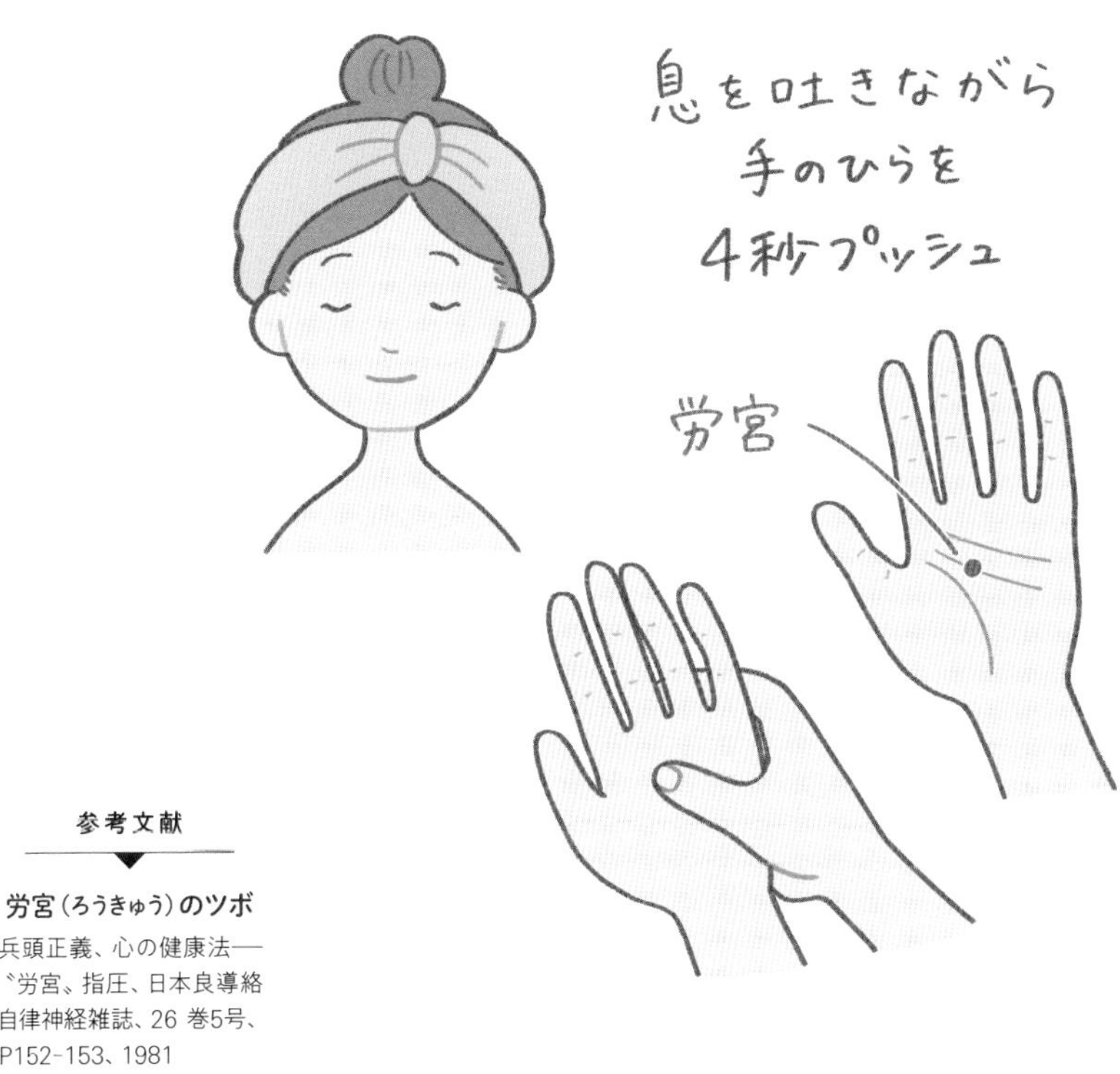

参考文献

労宮（ろうきゅう）のツボ

兵頭正義、心の健康法──〝労宮〟指圧、日本良導絡自律神経雑誌、26 巻5号、P152-153、1981

人それぞれ。間が怖くて焦って自分の話をしている人もいるし、あなたのことが好きだから、自分のことを分かってほしくて話しているかもしれません。一方、自慢したかったり、マウントをとって優位に立とうとするため、自己中心的な会話をする人もいます。

友人関係で一緒に話をしていてつらくなるなら、その場に無理にいる必要はありません。息苦しく感じたり、イライラしたりと反応が出ている時点であなたのからだが悲鳴をあげているのです。

でも仕事関係者など、どうしてもその場にいなければいけないときもありますよね。そんなときは、会話中にもこのツボを押してしまいましょう。さらに、ただ聞き役になるだけではもったいない。自分の話をペラペラ喋る人は、話上手なことが多いです。起承転結、オチを必ずつけて会話をしているはずですから、その方法を観察して自分のプラスのための勉強時間にするのもいいですね。

029

Q ルールを守らない人にイラつきます

A 「べき」のラベルを貼って客観的に観察してみましょう

あなたと「あなたが考えていること」を切り離す

目上の人に敬語を使わない、電車に乗るときに割り込む、ゴミ出しの日を無視する……。いろいろなシーンでルールを守らない人はいます。あなたは、「○○は、こうあるべき」という自分なりの規範を持っているため、そういう人を見るとイライラするのかもしれません。

しかし、「〜べき」「〜しなくてはならない」という気持ちは、実はあなたの思考を縛って固めてしまう危険信号。

そういう気持ちが出てきたら、Q3でお

伝えした「ラベリング」であなたの感情を穏やかに観察してみましょう。

基本の呼吸をゆったりと続けたら、評価は加えず、ただその思考をしている自分を観察してみます。「私は○○すべきと考えているんだなぁ」とか、「○○しなくてはならないと思っているんだなぁ」など、自分の思考に「〜べき」のラベルを貼っていき、それを客観的に観察したら、また呼吸に意識を向けていきます。

自分の思考を、感情から離れて俯瞰できるようになると、些細なことでストレスを感じにくくなります。

参考文献

感情のラベリング

P41参照

030

Q

部下に反対意見を言われて上から押し付けたくなりました

A

相手のよいところを探してみましょう

小さな長所に目を向けると思考の幅が広がる

まずは、基本の呼吸をゆったりと続けながら、部下はどんな性格でどんなよいところがあるのか想い出してみましょう。

メールの文章が丁寧、挨拶がいつも大きな声で気持ちがよい、食事を残さずきれいに食べるとか、本当に些細なことで構いま

相手の長所は？

メールの文章がていねい

あいさつが気持ち良い

食事をきれいに食べる

せん。

部下も上司も、同じ職場で仕事をする仲間。上司は組織の目標を達成させる役割、部下は目の前の仕事を全うする役割があるという、役割分担に過ぎません。上司と部下という立場になったのは、少し早く生まれてきた、もしくは早いタイミングでその会社に所属していただけとも言えます。

確かに上司は、その何十年の間に部下が経験していない様々な出来事を乗り越えてきたことによるキャリアがあるかもしれません。でも若い感性からは、年齢が上がったことでは生まれてこない新鮮な刺激や気づきが得られますし、そもそも、からだや脳の機能自体も若い人のほうが能力が高いという側面もあるのです。

これは仕事上の関係だけでなく、プライベートでも同じ。相手のよさを客観的に見つけていくことで、あなた自身の思考の幅も広がります。

031

Q 年収、容姿などを友人と比較して、つい羨ましくなります

A 他人ではなく、過去の自分と比較してみましょう

過去のあなたと比べるとすごい変化があるかも！

Q25でもお伝えしたように、他人と比較をするのは人間ですから当たり前のことです。でも、嫉妬してしまってこころが苦しく感じることもあります。また、妬みたくない、比べたくないと思ってもどうしても比較してしまうものです。就実大学の研究では、大学生を対象とした調査で158人中135人（85・4％）が他人を妬んだ経験があるという結果になりました。

比較することが日常となっているのなら、それはいったんそのままにして、比較対象を他人ではなくあなた自身にしましょう。過去のあなたと比べて何がどう変わったか、今まで考えたことはありますか？　基本の呼吸をゆったりと続けながら、過去の自分

参考文献

他人と比較すること、妬み

原奈津子、妬みの対処方略と個人内要因との関連について、(43)、P127-138、2013

に目を向けてみましょう。

昨日や1年前などではあまり変化を感じられないかもしれないので、高校生のときのあなたはどうでしょうか？　勉強や恋愛、将来のことでどんな感情になってどう対処して行動していたでしょうか？　今のあなただったらどう対処するでしょうか？　そのときのあなたと比べて何が変わっているでしょうか？

社会に揉まれ、いろいろな人と出会い、幾度となく困難にぶち当たって生きてきた私たち大人は、失敗を繰り返しながらも得た様々な経験や知識があります。失敗していたって、その経験があったからこそ得られたものも多いはず。

比較するならとことんしましょう！　他人ではなくあなたを。

そして、少しでもよい方向へ変化しているものを見つけて、「私ってなかなかすごいじゃない！」と想えたら、あなた自身のことがさらに好きになれるかもしれません。

Q 032

子どもが言うことを聞いてくれないと、ついきつく叱ってしまいます

A

出産のときの感動を想い出してみて

わが子の誕生を思い出し穏やかな気持ちに浸る

大切なわが子でも、ついカッとなったり感情的になってしまう。よくないことと分かってはいても、あなたも1人の人間。そんなときもあるでしょう。産後から1年間は、特にホルモンバランスの関係で感情のコントロールが難しくなることもあります。例えば2人目を出産したあと、悪気はなく下の子に手をあげようとする上の子に対し

て強く叱ってしまい、自己嫌悪に陥ったことがある方は少なくありません。

また、仕事に復帰してからも、子どもについイラっとしてしまうときは、仕事に余裕がなかったり、家事に手が回らず家が荒れているときが多いです。

育児も仕事も余裕を持ってできるように、お風呂にゆっくり浸かったり寝る前のストレッチや深呼吸も大切ですが、今回はイメージを膨らませてこころの状態を整えていきます。

基本の呼吸をゆったりと続けながら、子どもを授かったときの感動を想い起こしてみましょう。妊娠が分かったときの喜び、出産する際に入院した病院の様子、陣痛から出産まで。産まれたばかりのシワシワで小さくて、もろくて自分が守ってあげなくてはいけない存在であったわが子のことを、もう一度想い出してみてください。優しく温かい気持ちになって、涙があふれてくるかもしれません。

033

Q

久々に会った友人のひと言にムカッ今すぐ文句を言いたいです

A

事実・感情・次の行動の3ステップで「脱中心化」

リラックスして事実を冷静に整理してみよう

嫌なことがあった日、モヤモヤするときは、とにかく迷わずお風呂に直行！

嫌なことがあり感情的になると、自分でも抑えられない行動に出ることがあります。その場でつい、嫌みを言ったり、夜中に長文のメールを送ってしまったり……。自分のことなのに自分でコントロールできず、自動操縦状態。そんな状態のときは、基本の呼吸でゆったりとこころとからだをゆるめつつ、事実と感情と次の行動の3ステップで物事をとらえてみるのがおすすめです。マインドフルネス入浴法では、状況の分析は基本的に行いませんが、今回は少し今のあなたの状態に向き合って想いを巡らせてみましょう。

例えば、女子会で仲のいい友達に出身校について「頭の悪い学校だよね」と言われた。相手は酔っ払っていたけれど、あなたはとて

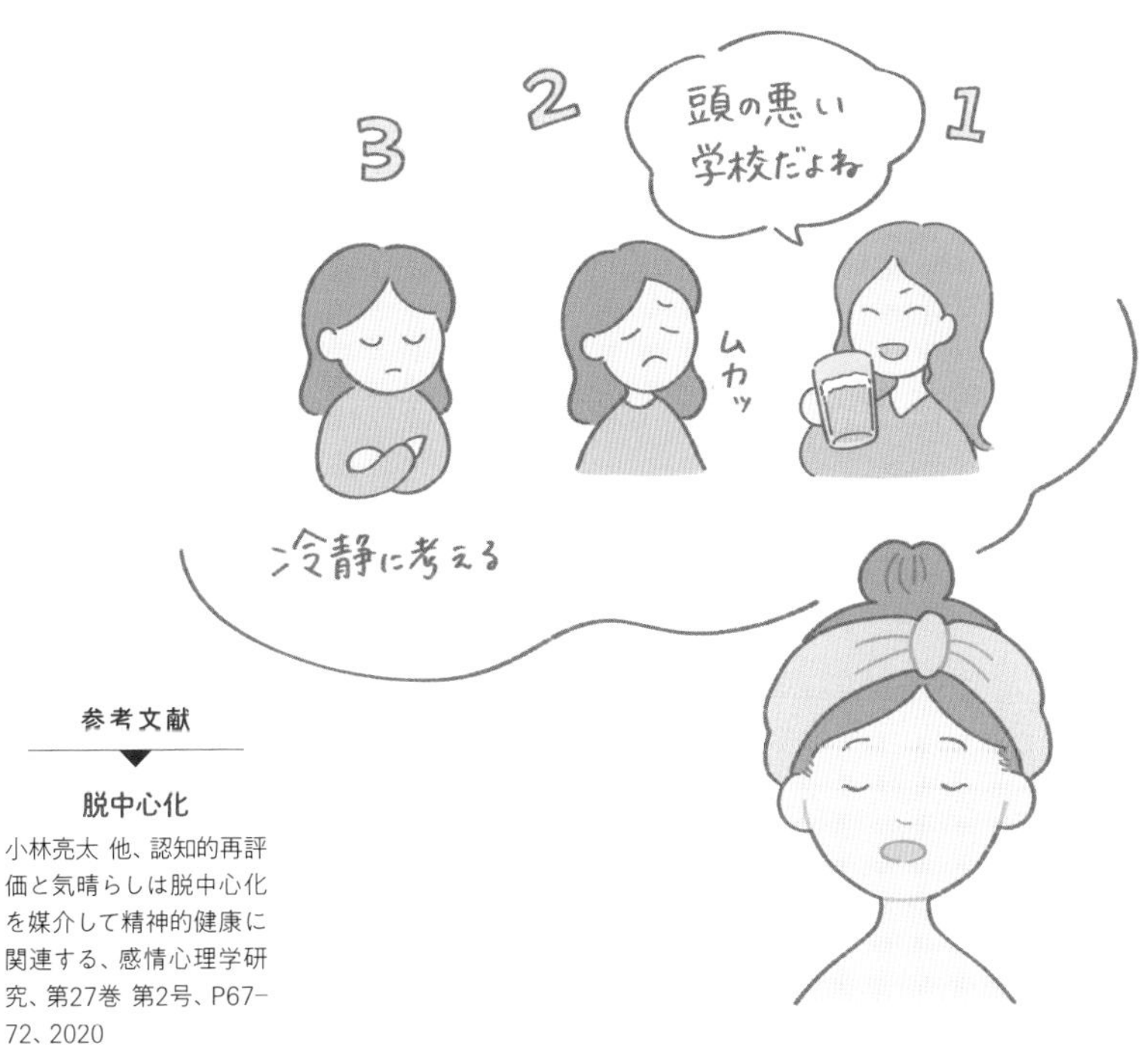

参考文献

脱中心化

小林亮太 他、認知的再評価と気晴らしは脱中心化を媒介して精神的健康に関連する、感情心理学研究、第27巻 第2号、P67–72、2020

もムカムカして気分が悪くなった。

そんな出来事を3ステップで整理してみます。

①事実を客観的に描写

友達に「頭の悪い学校だよね」と言われた。友達は酔っ払っていた。

②感情を観察する

ムカムカしている。

カッとなった感情を我慢している。

③冷静な行動を考える

今、何を言っても相手は酔っているからあまり聞いてくれないかもしれないし、場の空気も悪くなるかもしれない。次に会ったとき、お酒を飲んでいないときに自分が傷ついたことを伝えよう。

その後、またいつもの基本の呼吸に戻ってこころを整えていきます。

相手とあなたでは、見えている世界や考え方が違います。それを理解して、あなたの一方的な認識から抜け出す過程を「脱中心化」といいます。

完璧に仕事をしたいのに、失敗して自己嫌悪……

A 「正の注目」でとにかくたくさんの、成功体験を想い出そう

小さな成功体験であなたの長所に気づく

「私、失敗しないので！」という決め台詞のドラマがありましたが、人間ですから間違いや失敗はするのが当たり前です。

しかし、何でも完璧にこなしたいと考えている方は、〝失敗〟という事実を受け入れられず自分を責めてしまいがちです。理想が高すぎたり、人と比較しがちだったり、人の目が気になりやすい方は特にそういう傾向があります。

そんなときは、オーストリアの精神科医・心理学者のアルフレッド・アドラーが創始した「アドラー心理学」にある相手への関わり方のひとつ、「正の注目」を取り入れて、成功体験を想い出してみましょう。

基本の呼吸を続けながら、これまでの成

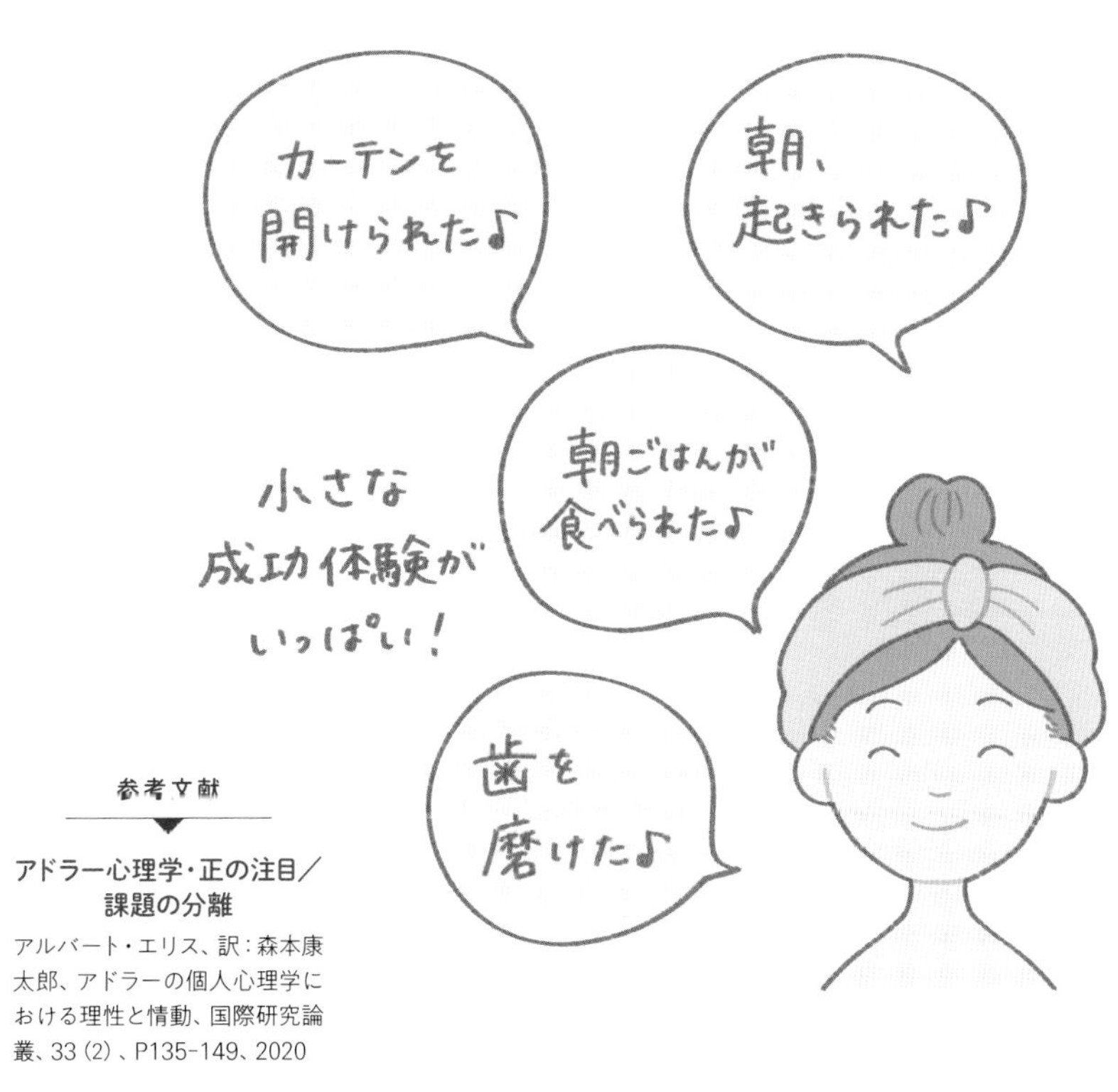

参考文献

アドラー心理学・正の注目／課題の分離

アルバート・エリス、訳：森本康太郎、アドラーの個人心理学における理性と情動、国際研究論叢、33（2）、P135-149、2020

功体験をできるだけたくさん想い出します。たった1つではなく、あれも、これも、こんなに！　といった具合に。

この成功体験とは、日常の小さな成功体験を指します。例えば、私は今朝、目覚まし時計が鳴る前に起きられた！　カーテンを開けられた！　歯を磨けた！　朝ごはんが食べられた！　など。

私たちは、無数の正しい行いをしていますが、それがあまりにも当たり前すぎて成功体験として受け入れられていないのです。それどころか、たった数％の正しくなかった行いに注目しがちで、できなかったことに対して自己嫌悪に陥りやすくなります。

小さな成功体験に目を向けることで、あなたの長所に気づくことができるのです。

また、こういった習慣を続けていくと、あなたにとってよくない出来事でも、その中の「よかったこと」に意識が向きやすくなるので、こころの落ち込みを防ぐことも可能になるでしょう。

035

Q 人と会話をするのが面倒くさくなりました

A 音と振動をからだで感じていきましょう

お気に入りの音楽をからだで感じてみよう

「誰とも話したくない」「話すのが面倒くさい」と感じてしまっているのなら、無理に会話をする必要はありません。

他者とのコミュニケーションが億劫であるとき、今あなたはこころの中で起きている感情の理由が分からなかったり、直面したくない何らかの原因があるかもしれません。気遣いに疲れたのかもしれないし、人の目が気になりすぎているのかもしれない。でも今は、その気持ちはひとまず置いておいて、音と振動に注目するマインドフルネス入浴法を行っていきましょう。

お風呂で基本の呼吸をゆったりと続けながら、お気に入りの音楽を聴いてみます。

海の波音や川のせせらぎなどの自然の音もいいですし、クラシックやジャズであれば曲調はゆっくり、自然に呼吸を繰り返すことができる穏やかな曲がいいでしょう。歌詞つきの曲は、その歌詞の内容にこころが偏ってしまう可能性があるのでここでは避けて。呼吸を繰り返しながら、何かがこころによぎっても、気にせず音に集中します。

最近は、お風呂用のスピーカーもバリエーションが豊富になっています。吸盤でお風呂の壁に設置できるもの、防水性能が高くバスタブに入れられるものなど、様々なタイプがあるのでお好みのスピーカーを用意しておくとよいでしょう。

そしてこのとき、耳からではなくからだで音を感じることを意識してみてください。もし、バスタブに入れられるスピーカーを持っていたら、スピーカーをお湯に沈めて低音が響く曲を聴くと、からだ全体で音を受け止める感覚が実感できるのでおすすめです。

036

Q

SNSの否定的な投稿やアンチコメントにイラっときます

A

それが「誰の課題なのか」考えてみましょう

不快なコメントはコメントした人の課題

否定的な投稿やコメントを見ると気分が悪くなってしまう、ということですね。あなた自身に向けられている内容でなかったとしても、気分が同調してしまうことはあります。人の投稿を見て、悩んでいるような内容だったり間違っていると感じたとき、よかれと思ってアドバイスをしたり否定したりする人もいます。いわゆるアンチコメントもそれです。投稿した人も、コメントした人も、その方たちは何かを感じて、メッセージを発信したのでしょうね。

でも改めて考えてみると、自分の情報を公表するのがSNS。そして様々な人がどう判断してコメントを出すかはその人次第なのかもしれません。

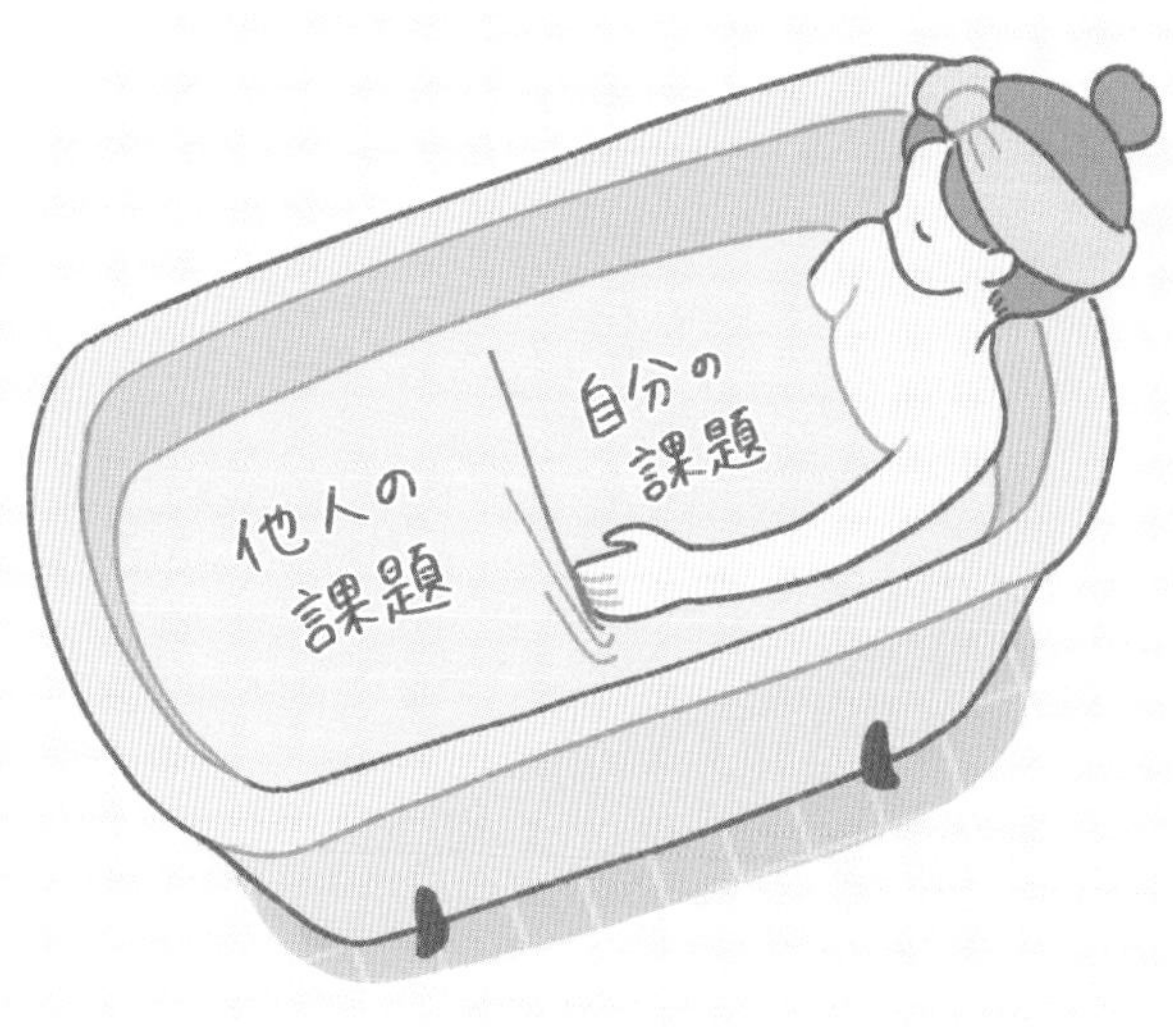

参考文献

課題の分離
P103参照

アドラー心理学で、「課題の分離」というものがあります。課題に直面したとき、「自分で変えられるもの（自分の課題）」と「変えられないもの（他者の課題）」に分離して、他者の課題には介入せず自分の課題に注力することで対人関係の悩みを一気に解決する方法。あなたの投稿に対して他人が感じたことや書き込んだことは、結局その人の問題。たとえ、その人があなたのことを嫌いで悪意のあるコメントだったとしても、そう感じたのはその人であって、あなたにとっての課題ではないので、切り捨ててしまえばよいのです。

基本の呼吸を続けたあと、そのコメントのことが頭をよぎっていたら、まずは誰の課題かを考えていきましょう。目の前にその人がいるとして、あなたとその人の間に境界線をひくように手でお風呂の湯を切ってみるのもいいですね。他人の課題だと気づいたら、それ以上干渉せず、あなたはあなたの呼吸に集中していきます。

037

Q

どうしても苦手な人がいて、顔に出てしまいます

A

苦手な人に対する接し方のレパートリーを増やしてみましょう

幸せになるために感謝の気持ちを形から

苦手な人がいたら、感謝してみましょう。

「え、顔に出るほど嫌いなのに絶対無理!!」

そう思うかもしれませんが、形からの感謝でもOK。

基本の呼吸をゆったりと続けながら自分の苦手な人を想い出し、たとえ納得できな

くても感謝の気持ちを想い浮かべてください。「ありがとう」と声に出して言うのもいいですね。

例えば、何かにつけて指摘してくる女性の上司がいたとします。「そのピアスは派手すぎる」「髪の毛は結わえたほうが仕事がしやすいわよ」……。仕事の仕方から服装まで、些細なことで注意されて面倒だし嫌い。でも、その上司の言葉があったことで仕事の姿勢や相手からの評価の学びにつながり、ひいてはあなたの成長につながっているとも考えられます。

感謝の気持ちを、今は気持ちよく受け入れられなくてもOK。考え方のレパートリーが増えれば増えるほど、物の見方が穏やかになり、負の感情という、いわば落とし穴にも落ちにくくなります。

幸せだから感謝をするのではなく、「幸せになるために感謝をする」と考えてみると、少し気持ちが明るくなりませんか？

038

Q

大きな仕事のプレゼンがあって、めちゃくちゃ緊張しています

A

起こっていない不安は「逆説志向」で軽く

ユーモアを持って不安や緊張を笑い飛ばす

大事なプレゼン前などは、緊張してそのことを想像するだけで胃が痛くなってしまったりすることがありますよね。緊張しませんように……と願えば願うほど逆に緊張は高まり、顔が赤くなったり、冷や汗が出てきたりするものです。

そんなときは、フランクルの心理学「ロゴセラピー」のひとつ、「逆説志向」を取り入れてみましょう。これは、不安や緊張、恐れを抱くことなどを自ら積極的に望んだり、そこに向かってあえて飛び込んでいくこと。

まずは、基本の呼吸をゆったりと続けていきます。緊張状態であれば、緊張や不安が頭をよぎると思います。いつものように、

参考文献

逆説志向
P67参照

その想いは否定しません。

今回は、その想いを逆説志向でとらえます。例えば、「明日のプレゼンは、とことん緊張してやる！」と想い描くのです。そのときに、ユーモアを持つことがポイント。「出てきた冷や汗を絞って、何ミリあるか量ってみよう！」「真っ赤になった顔を自撮りしておいて、次の飲み会のネタにしてみよう！」など。逆説志向を行ったら、いつもの呼吸に戻っていきます。

お風呂から出た後、緊張して眠れないのなら、入浴中に行う基本の呼吸をしながら「どうせ眠れないから、今日はもう絶対に眠らない！　眠ってやるもんか！」「暇だから、彼とのラブラブデートを想像しちゃおう♪」というように、ユーモアを持って緊張するあなたを笑い飛ばしてみるのです。

実際に、まだその場に直面していないのに起きる不安を「予期不安」と言います。逆説志向で、起こっていない緊張や不安を軽くしていきましょう。

039

Q 試験前のプレッシャーがつらいです

A 失敗したら人生終わり？「論理情動行動療法」で自分を論破してみて！

試験に落ちたらどうなる？ 物事のとらえ方を変える

試験前など過度の緊張がある場合は、自分の持っている「非合理的な信念（イラショナル・ビリーフ）」に対して反論をしてみるのがおすすめです。

まずは、基本の呼吸をゆったりと続けていきます。プレッシャーが常にある場合は「絶対合格しなければならない」「落ちたらどうしよう」……など自分にとって不快な感情がよぎるかもしれません。そのときは、マインドフルネスの基本、自分の感情は否定しないこと。

でも今回は、「試験に絶対合格しなくてはならない（落ちてはならない）」といった自分のこころを論破してみるのです。

例えば「試験に落ちたとして、私にどんなことが起こるだろう？」。

試験に落ちたら死んでしまう？　不幸のどん底に落とされる？　孤立無援になる？

参考文献

論理情動行動療法

佐藤洋一 他、論理情動行動療法に基づくComputer-Assisted Counselingプログラム改良版の効果（資料、〈特集〉プライマリーケアと行動療法・認知行動療法）、行動療法研究、28巻1号、P47-62、2002

すると、実際には死にはしない。何もかも失ったわけではないから不幸のどん底ではない。まして、それによって友人や周囲の人がすべて敵になるわけでもない、という答えが出てきますよね。

それなら、別に落ちてもいいじゃないか？と考えてみると少しこころが楽になってきます。「まぁいっか」と感じられたら、そのまま基本の呼吸に戻っていきます。

これは、アメリカの臨床心理学者アルバート・エリスが提唱した「論理情動行動療法」の手法。「非合理的な信念」とは事実に基づいていない、自己否定的で悲観的な内容であり、自分の物事のとらえ方や解釈の仕方で生まれてきます。悲しいとか、虚しいとか、ネガティブな感情を抱いてしまったとき、あなたの気持ちや考え方に意識をフォーカスして、自分のこころがハッピーになったり、嬉しくなる受け止め方は何があるかと考えてみることで、いつでもこころが穏やかになれるのです。

040

Q

明日は待ちに待ったデート。最高の1日にしたい！

A

彼の好きなところをたくさんイメージします

ゆったり呼吸で副交感神経を優位に

楽しみにしていたデートの日。心身ともに健康で、穏やかに、素敵な笑顔で過ごしたいですよね。

マインドフルネス入浴法は、そんなときにも強い味方です。ゆったりした呼吸で、とにかく副交感神経を優位にして良質な睡

眠をとることで、体調も肌ツヤもよくなり気持ちも安定。ちょっとしたことでイライラしたり怒ったりすることも、気持ちの浮き沈みも起こりにくくなり、人に優しく接することができるようになります。

お風呂では、基本の呼吸を丁寧に行っていきましょう。そして明日会う彼の好きなところを想い浮べます。笑顔が素敵、すっと車道側を歩いてくれる、共感してくれる……。

付き合いが長くなると、一緒にいるのが当たり前になってしまい、好きなところを考えることも口に出すことも減ってきます。改めて、〝あなた（彼）のことがこんなに好きなんだ〟ということをお風呂で、とてもリラックスした状態の中で想像してみるのです。穏やかな気持ちでいっぱいになりながら、気持ちよく眠りにつきましょう。

041

Q

明日は、
いい1日に
なりますように

A

自分のよいところを
声に出して
満たされている
ところに注目します

物事はすべて表裏一体。
短所は長所でもある

ゆったりと基本の呼吸をして、こころが落ち着いたら深く考えずに「あなたのよいところ」を3つ、口に出して言ってみましょう。

容姿でも行動でも性格でも、何でも構いません。もしマイナス面しか出てこなかったら、それを嘆くのではなく、何かないか〝探す〟ことが大事です。マイナス面と

いうのは表裏一体で、マイナス面からよい点を見つけられることもあります。例えば「人の顔色が気になる」というマイナス面が出てきたら、「人の感情に気づきやすいから、思いやりをもって接することができる」というのが、あなたのよいところ。

もし、自分のことが好きになれないと感じているならば、「自分の満たされないところ」に注目している傾向があります。でも、人の思考は面白くて、自分のよいところや満たされているところに目を向けると、物事自体を肯定的にとらえられたり、何の変哲もない毎日が幸せに感じられたりするようになります。同じ物事でも、他人は否定的に考えても自分は肯定的に感じることができるようになるのです。つまり、物事はすべて自分次第です。ゆったりと呼吸を繰り返しながら、あなた自身があなたのよいところを口に出すことで思考がどんどん上向きになっていきます。そう、きっと明日もいい1日です。

042

Q 不眠気味なので、質のよい睡眠をとりたいです

A 10秒呼吸で副交感神経を優位にしましょう

自然にあくびが出る呼吸の秒数を探してみる

ぐっすりとおやすみされたいのですね。そのためには寝る前に副交感神経を優位にしましょう。「整う」（P30〜）でもお伝えしたように、吸って吐いての1呼吸を10秒で行い、吐く息が長くなるようにすると副交感神経の活動が刺激されます。

しかし別の研究では、2秒吸って8秒吐く呼吸は4秒吸って6秒吐くよりも、副交感神経が刺激される一方で、その呼吸がつらいと感じたら副交感神経の活動が抑制されるという報告もあります。

今回は、あなたにとって最もリラックスできる呼吸を探る時間にしていくため、秒数をカウントします。

一度、息を口から吐いて、まずは鼻から4秒吸って口から6秒吐く、いつもの呼吸を行います。しばらく続けてみて、そのあと3秒吸って7秒吐く呼吸に変えていきます。慣れてきたら、2秒吸って8秒吐く呼吸を

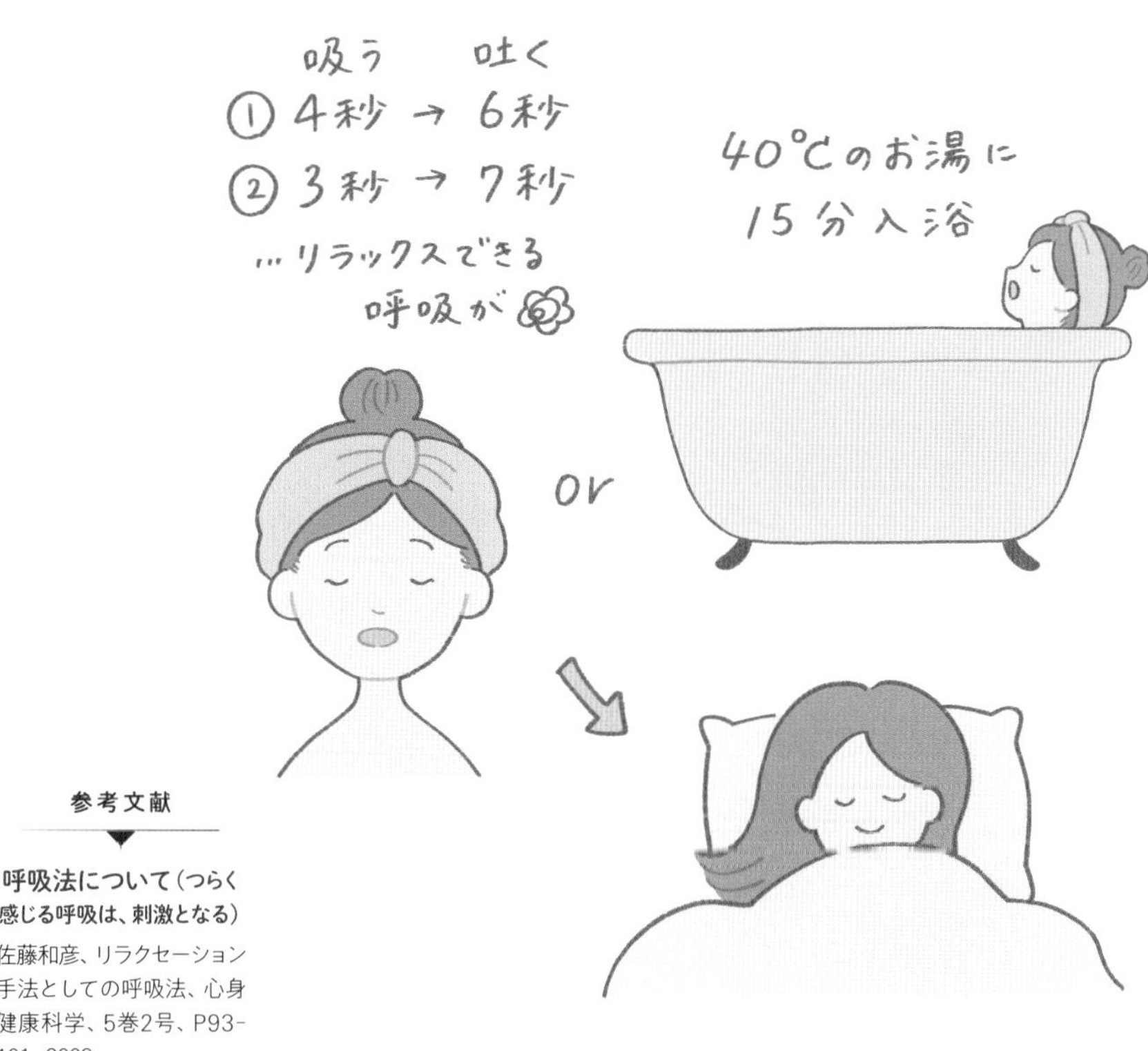

参考文献

呼吸法について（つらく感じる呼吸は、刺激となる）

佐藤和彦、リラクセーション手法としての呼吸法、心身健康科学、5巻2号、P93-101、2009

行います。7秒吐く呼吸を試してみてもいいでしょう。

何回か繰り返して、お湯に浮いている手や首や肩がさらに脱力してきたり、目が潤ったり、あくびがふわっと出たら、あなたにとってその秒数が最もリラックスしている状態です。もちろん、10秒呼吸にこだわらず、さらに吸う息や吐く息を長くしていったほうが楽になるのであればそれでもOK。自分にとって最適な秒数を探りながら、繰り返していきます。その間に、今日は眠れるかなぁ～とか、明日の仕事は……などの雑念がよぎると思います。いつものように、否定することなく、心地よい呼吸を探る時間に戻っていきます。

ちなみに、深い眠りを作るためには、からだの内側の深部体温を一時的に上昇させ、入浴後に急降下させる方法もいいでしょう。水温計で測ってぴったり40℃のお風呂に15分、汗が出なければ＋5分入浴して、汗がひいたらベッドに入りましょう。

043

Q

最近疲れているので、からだをしっかりと休めたいです

A

ヨガの伝統的呼吸法「ナディショーダナ」を行ってみましょう

ヨガの伝統的呼吸法で心身ともに整える

急な温度変化によるからだへの負担、運動不足などによって、「最近疲れやすくなった」という方、頭痛や腹痛といったからだの不調、ストレスを抱えている方は増えています。それらの多くは、自律神経の乱れからきていることが多いです。

そんなときは、基本の呼吸でリラックスしたあと、さらにヨガの伝統的な呼吸法のひとつ「ナディショーダナ（片側鼻孔呼吸）」で意図的に呼吸を調節していきましょう。この呼吸法を行うことで、活動の際に出現するβ波の減少が報告されています。

左の鼻孔と右の鼻孔を交互に使って呼吸をします。

右手の親指で右の小鼻を軽く押さえて鼻の穴を塞ぎ、左の鼻孔から大きく息を吸い、

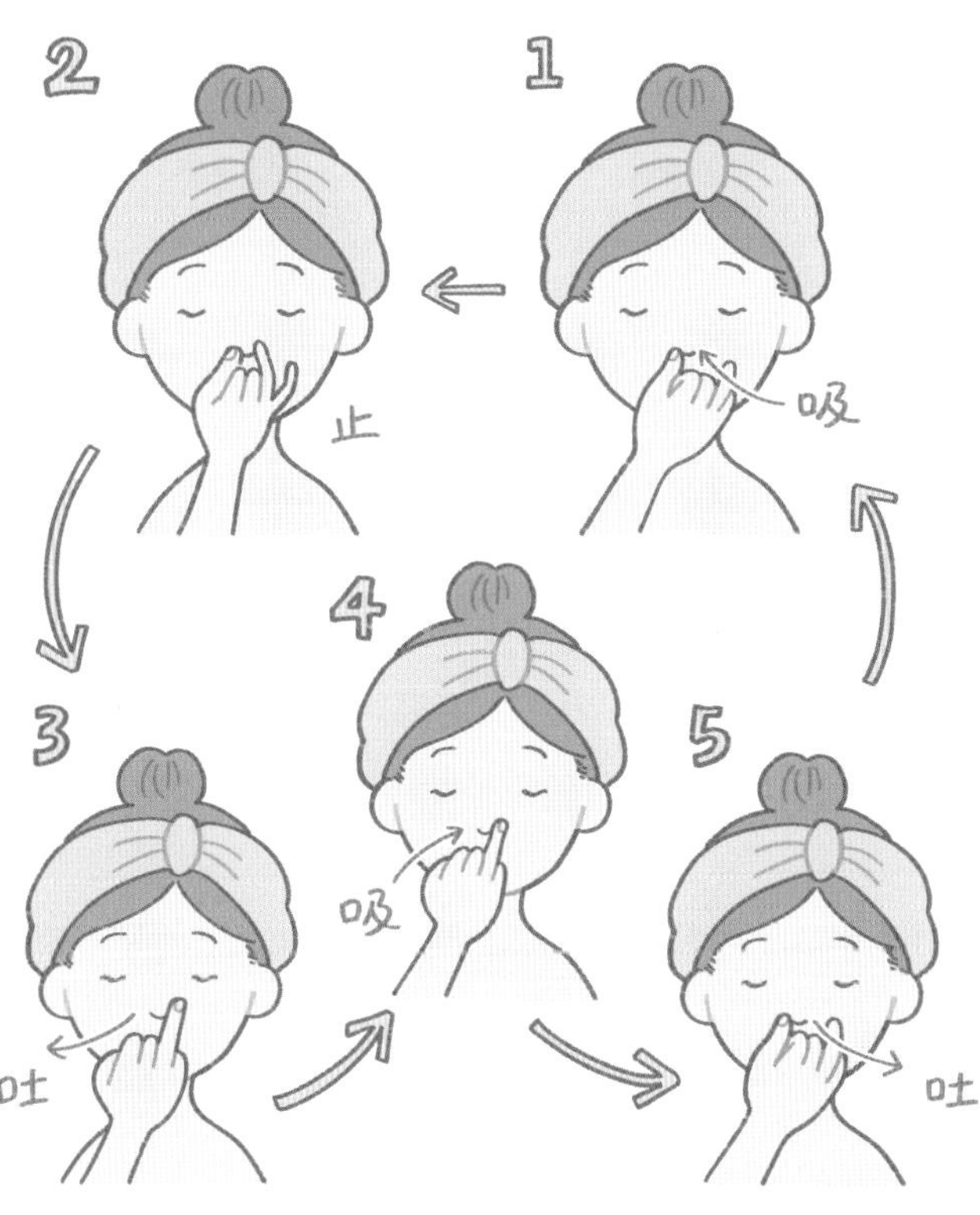

参考文献

片側鼻孔呼吸
インドの研究

Shirley Telles,et al., Hemisphere specific EEG related to alternate nostril yoga breathing, 24;10 (1):306,2017

吸いきったら薬指で左の小鼻も押さえて少し息を止めます。次に、親指だけを離し右の鼻孔から息を吐きます。吐ききったらそのまま右から息を吸い、親指で右の小鼻を押さえて薬指を離し左の鼻孔から息を吐きます。息を吸う、止める、吐く時間は、あなたが心地よいと感じられる長さでOK。これを1セットとして、10セットほど繰り返します。ナディショーダナの最中は、指先の動きと呼吸を同時に行うので慣れるまでは他のことが頭によぎりにくいかもしれませんが、もし何かがこころにぽっと浮かんだら、浮かんだなぁと感じて、またこの呼吸に戻っていきます。

終わったあと、手を離して基本の呼吸をすると、いつもよりも深く呼吸ができていることが実感できると思います。ただ浮力を感じて、心地よい余韻に浸っていきましょう。アレルギー性鼻炎などで鼻呼吸がつらいという人も、蒸気のあるお風呂場で呼吸することで息が通りやすくなります。

パソコンの使いすぎで、頭が疲れています

A 「ブラーマリー呼吸法」がおすすめです

"蜂の羽音"の振動を頭蓋骨に響かせる

仕事で、1日中パソコンに向かいっぱなし。目の疲れはもちろん、脳もからだもお疲れだと思います。そんなときは、ヨガの伝統的な呼吸法のひとつ「ブラーマリー呼吸法」をやってみましょう。

ブラーマリーとは、サンスクリット語で"大きなメスの蜂"を意味する言葉。鼻から息を吐きながら、まさに蜂の羽音を思わせるような音を出す呼吸法です。

基本の呼吸を続けながら、左右の耳の穴をそれぞれの手の親指でふさぎ、外の音をシャットアウト。さらに、他の指は目の上

参考文献

ブラーマリー呼吸法 インドの研究

K Abishek,et al.,The Efficacy of Yogic Breathing Exercise Bhramari Pranayama in Relieving Symptoms of Chronic Rhinosinusitis, Int J Yoga. ;12 (2) :120-123、2019

にそっと置いて光も遮ります。

準備ができたら、今ある息を口から「ハーッ」と全部出しきって鼻から息を吸います。吸いきったら、鼻から息を出しつつ口は閉じたまま「んー」と声を出してハミングしながら吐いていきます。

吐ききったら力をゆるめて息を深く吸い、また、蜂の羽音のような振動を感じながら音を出して息を吐きます。数回繰り返していきましょう。耳を指でふさいでいるので、音の振動を頭蓋骨に響かせることができます。うまくできた、できなかったなどの評価はせず、もし評価してしまったら、そう感じたことを静かに受け止めて、またこの呼吸に戻ります。

呼吸の秒数は、4秒吸って6秒吐く基本の呼吸でいいですが、音を出しながら吐くため簡単に長く息が吐けるはずです。その場合は、さらに長く吐いていき、あなたの心地よい秒数を探りながら行っていきましょう。

045

Q

首や肩がつらいのでからだをほぐしたいです

A

「カパラバティ呼吸法」で全身スッキリ

お腹をへこませながら息を吐いてリフレッシュ

首や肩がつらいのですね。実際に、テレワークが続いて、首こりや肩こりがひどくなったという方も多いと思います。滞った血流を促進し、からだを活性化したいときにおすすめなのが「カパラバティ呼吸法」。カパラは頭蓋骨、バティは輝きを表すサンスクリット語で、肺や横隔膜、腹筋を動かすことで血行がよくなり気分もスッキリ。内臓のマッサージや体幹を鍛えるのに最適な呼吸法と言われています。

先にカパラバティ呼吸→基本の呼吸でリラックスする、という順番でやると、安眠にもつながりますので試してみてください。

浴槽の背もたれに背中を預けずに、すっと姿勢を正します。いったん大きく息を吐いて両鼻から息を吸い、お腹を膨らませます。息を吸いきったら両鼻から一気に強く

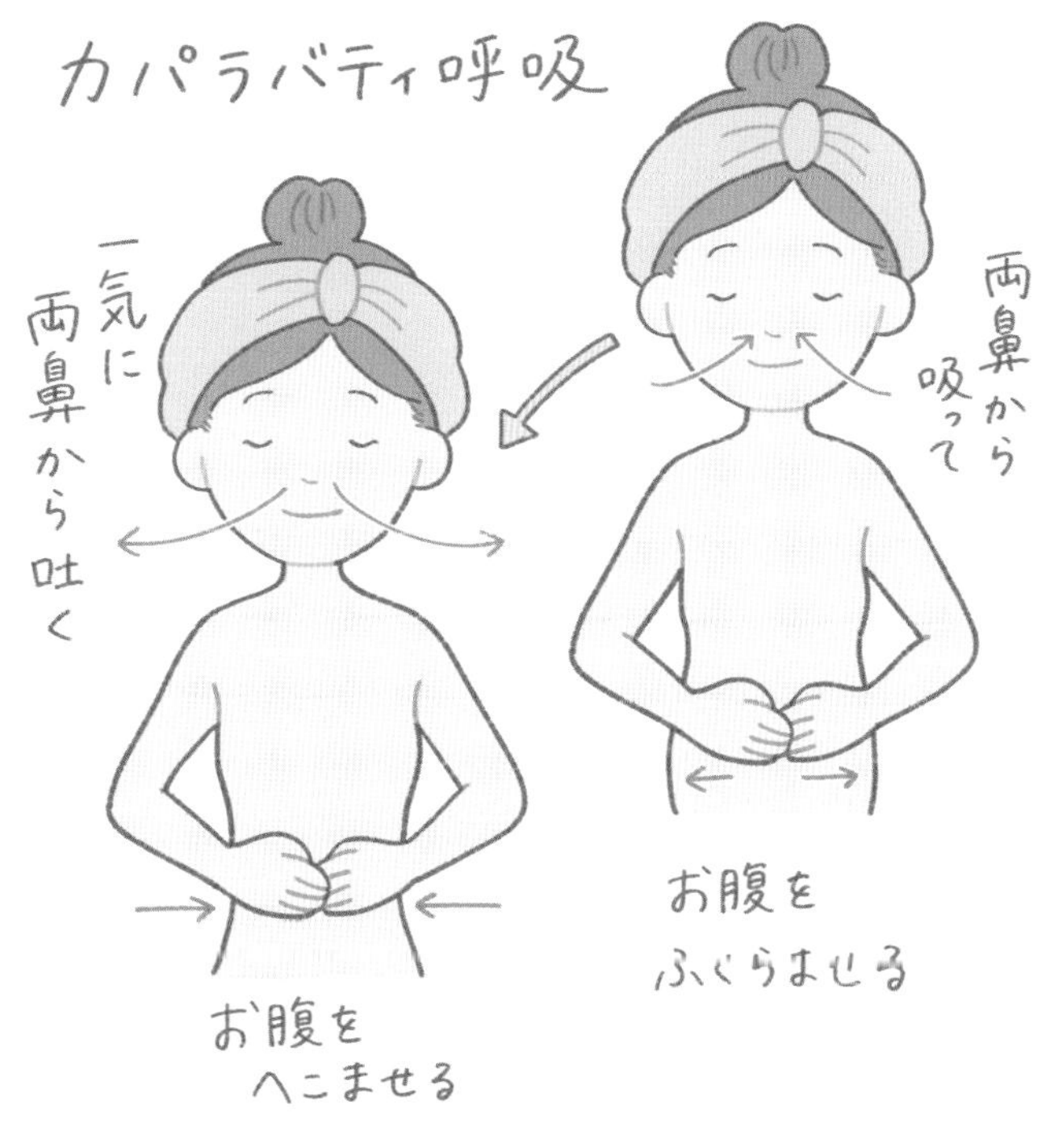

参考文献

カパラバティ呼吸法

S Lallitha,et al.,Immediate effect of Kapalbhathi pranayama on short term heart rate variability (HRV) in healthy volunteers, J Complement Integr Med. ;18 (1) :155-158,2020

息を吐き、同時に横隔膜を引き上げお腹をへこませます。そのあとは息を吐いた反動で自然に息を吸い、1秒間に1回のペースで鼻から息を吐き出しながらお腹をへこませます。20回ほど繰り返したら、最後は一気にお腹を強くへこませながら息を大きく吐きましょう。

感覚がつかみにくい場合は、肋骨の下部分に手を置いて腹筋に力が入っている様子を感じながら呼吸をするとやりやすいかもしれません。肩の力を抜いて、焦らず自分のペースで続けるのがポイントです。カパラバティ呼吸のあとは、背中や頭を浴槽に沿わせて脱力させ、基本の呼吸をゆったりと続けてからだをゆるめましょう。吐くときは、鼻からが楽であれば、先ほどと同じように鼻から吐いていきます。強い呼吸からゆったりと穏やかな呼吸にシフトし、からだの中へ酸素がたっぷり入って、からだを巡ってまた外へ出ていくのをただ感じていきましょう。

046

Q

最近、悪夢を見ることが多く、疲れます

A

「4―7―8呼吸法」でこころを落ち着かせましょう

深い腹式呼吸で副交感神経を優位に

夢をコントロールすることはできませんが、最近悪夢が増えたということはストレスや疲れが蓄積している可能性があります。そんなときは、「4―7―8呼吸法」を試してみてください。

アリゾナ大学の統合医療センターの創設者であるアンドルー・ワイルが2010年に発案したこの呼吸法は、過度の緊張を和らげリラックス効果や安眠効果があると言われ、故安倍晋三元首相も健康法として行われていたようです。

基本の呼吸を続けたあと、いったん息を完全に吐ききります。次に、鼻から4秒かけてゆっくりと息を吸い、息を止めて7秒キープしたら、8秒かけて息をゆっくりと吐き出します。ワイルは、最大限の効果を

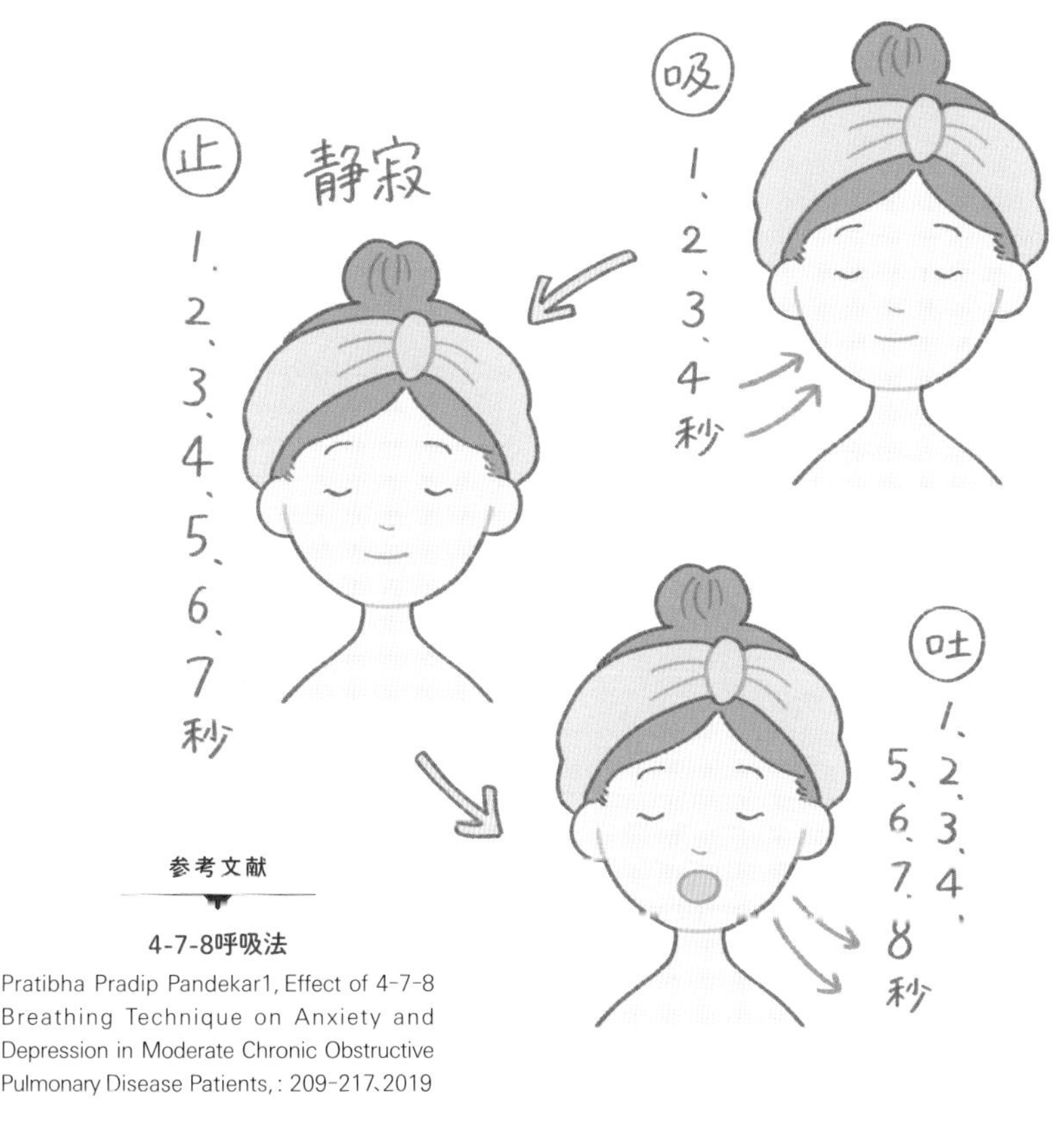

参考文献

4-7-8呼吸法

Pratibha Pradip Pandekar1, Effect of 4-7-8 Breathing Technique on Anxiety and Depression in Moderate Chronic Obstructive Pulmonary Disease Patients, : 209-217、2019

得るには8回繰り返すことと提唱しています。

カウントが長すぎて呼吸がつらくなってしまう場合は、息を止めるカウントを2から、吐くカウントを4からと、少しずつ増やしていきましょう。吸っても吐いてもいない、息をしていない時間が7秒あります。シーンと静まり返ったそのとき、どんな気持ちになっているでしょうか。何も考えていませんか？　それとも、過去のことや未来のことなどを考えていますか？　マインドフルネスは、過去でも未来でもなく、ただ、今、このときを見つめていきます。考えてはいけないわけではありません。考えてしまうのも自分。どんな自分も認めてあげて、どんな感情も否定することなく、次の吐く息にだけ意識を向けていきます。

この呼吸は、緊張しすぎてしまうテスト前や面接、プレゼン直前などに行うとリラックスして臨むことができますので、お風呂以外でもぜひ試してみてください。

047

Q 胃腸の調子がよくないです

A 「ゲシュタルト心理学」のボディワークでからだの声を聞いてみましょう

不調な部分になったつもりで自分のからだの声を聴く

胃腸の調子がよくない場合は、夜遅くの食事や休日と平日の食事時刻の違いなどで消化活動が正常に行われていないこともあります。また、真面目で頑張りすぎてしまう人は、知らず知らずのうちにストレスが溜まって胃腸の調子が悪くなることもあるかもしれません。

不調が気になったときは、「ゲシュタルト心理学」のボディワークを行ってみましょう。ゲシュタルトとは、ドイツ語で〝形

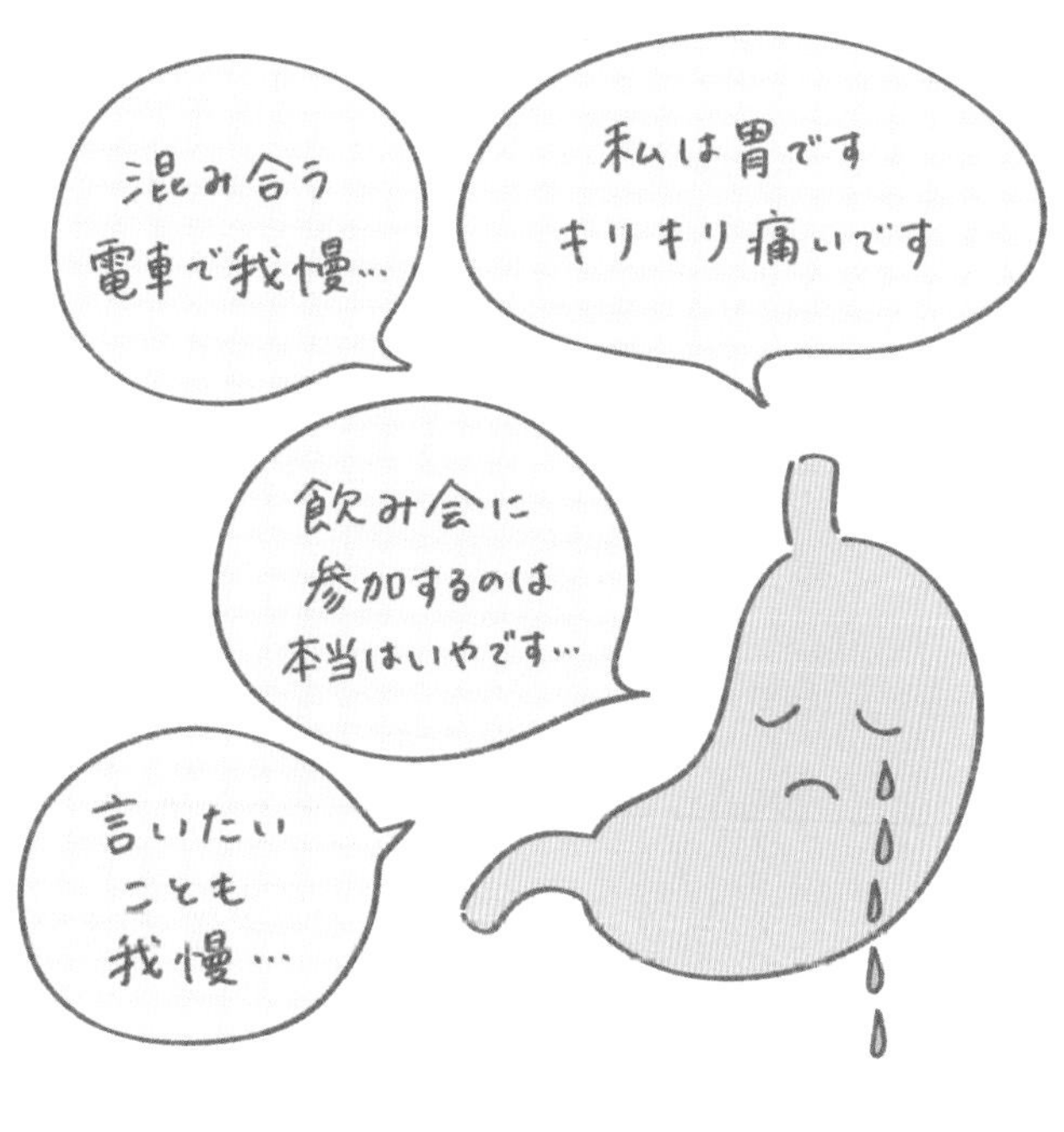

参考文献

ゲシュタルト心理学

S Brunnhuber ,［Gestalt theory of V. V. Weizsäcker from the viewpoint of the psychology emotions］Fortschr Neurol Psychiatr. 69 (7) :322-9,2001

態〟を意味する言葉。ゲシュタルト心理学は、ある現象を個々の要素の集まりとしてとらえるのではなく、全体のまとまりとしてとらえるアプローチのことです。そして、このボディワークはからだの中で不調を感じている部分に自分がなりきって、からだの言いたいことを聴くというちょっとユニークな手法です。

今回は胃腸の調子がよくないということなので、自分が胃や腸になったつもりで話します。基本の呼吸をゆったりと繰り返しながら、声に出して言ってみましょう。

例えば「私は胃です。毎日キリキリ痛いです」。そして、その理由について想いを巡らせてみます。

「毎日混み合う通勤電車。本当に我慢しているんだよね……」「できれば参加したくない飲み会が、本当に苦痛なんだ」……。

そうすることで自分自身に向き合い、からだの痛みについて考えるきっかけとなり、そこから深い気づきが生まれます。

048

Q

睡眠不足でお肌の調子が悪いです

A

香りの変化に意識を向けていきましょう

香りを意識することで自然と呼吸も深くなる

睡眠不足で吹き出物ができたり、顔色がくすんだりするのは、自律神経が乱れて新陳代謝が低下し、肌の血行が悪くなっているからかも。そんなときは、香りに意識をフォーカスしたマインドフルネスで深い呼吸を続け、副交感神経の活動を刺激し、皮膚の血流を促進していきます。入浴するときに、バスミルクを使用して香りの移り変わりを感じてみましょう。

香りはお好みのものでよいですが、リラックス効果のあるラベンダーがブレンドされているものがおすすめ。香りの移り変わりを感じたいので、天然精油100%と表記されているものがベストです。

まず基本の呼吸を続けたあと、バスミルクの蓋を開け、ボトルごと香りを嗅いでみます。次にバスミルクをお湯に入れ、溶けたその瞬間の香り、手でかき混ぜたときの

参考文献

ラベンダー
永井克也、自律神経による生体制御とその利用、化学と生物、51巻3号、2013

香り、少ししてから、というように香りの変化を感じながら呼吸をします。何かこころによぎったとしても、「あぁいい香りだなぁ」「何の香りだろう」「こころが落ち着いてきたなぁ」などと香りに意識を向けていきます。

また、香りを嗅ごうと意識することで自然に呼吸が深くなっていきます。いい香りが鼻の中に入ってきて、脳に伝わり、脳やからだがその香りで包まれ満たされているようなイメージをしていきましょう。

お風呂上がりはまじまじと皮膚を観察しないで。寝る前は理性的な脳の機能が低下しているので、お肌の荒れを見て悲観的に感じてしまうかもしれないからです。

寝る前にはこころは安定させておきたいので、あえてコンタクトレンズや眼鏡はせず、ぼんやりとぼやけた状態でスキンケアをして、翌朝、理性的な状態でお肌を観察して、生活習慣の改善に取り組んでいきましょう。

Q 049

月経前でからだが重い感じがします

A

お気に入りのハーブティーを五感で楽しんでみましょう

ハーブティーを飲んだら入浴剤としても利用

月経前は気分が落ち込んだり、逆にイライラして怒りっぽくなったり、からだが重だるい、むくみや肌荒れなど、人によっていろいろな症状が表れることがありますよね。月経前は、深部体温が就寝時にあまり低下しなかったり、睡眠を安定させるメラトニンの分泌が少ないので、どうしても睡眠の質が悪くなりがちです。

そんなときは、お風呂でティータイムを楽しんでみましょう。

ティーバッグのハーブティー（カモミール、チェストベリー、サフラワー、バレリアンなどが入った

ブレンドがおすすめ）をお気に入りのカップで淹れてお風呂に持ち込みます。

まずは飲む前にフレッシュな香りを感じていきます。リラックスのためには飲むことよりもハーブの香りを楽しむことを優先します。その後、ハーブティーの香りを感じながらゆっくり飲み、口の中が温かくなって、次に食道を通って胃のあたりも温かくなってくるのを感じてみましょう。さらに、飲み終わったらティーバッグを取り出して湯船に入れ、指でモミモミすると、ハーブティーの香りがお湯の中にも広がっていきます。

香りや、モミモミするときの皮膚の感触など、五感をフル稼働させて穏やかな呼吸を繰り返しながら今の状態を感じていきます。動くスピードや、話すスピードなどをゆっくりしていくことで、副交感神経の活動も同調してくるので、こうしたティータイムの時間を作るということ自体が、体調の安定につながります。

050

Q 月経痛がつらくて、気分がブルーです

A あなたを包み込んで「いつもありがとう」と感謝してみて

新しい1か月のスタートに心地よくからだと向き合う

月経が始まると、すべての循環がよくなり、肌つやもよくなります。これからまた新しいあなたが始まる1か月のスタートです。生まれ変わった、新しい自分に出会うワクワクした気持ちで迎えてほしいと思います。

とはいえ、痛みなど毎回不調が出る方は、ぜひお風呂の温熱作用を上手に使ってください。月経中は湯船に浸からないという方もいらっしゃいますが、月経痛には温熱作用が有効であるという文献はとても多いのです。水圧もありますから、大量の経血でなければお湯に浸かることでからだが楽になります。

お湯に浸かったら、基本の呼吸を繰り返し「いつもありがとう」と言いながら優しく両手であなたのからだを抱きしめてあげてください。今、ここにいる私自身を穏やかなこころで抱きしめながら、これから新しい1か月がスタートする、キラキラとした光がからだを包んでくれているようなイメージをしていきましょう。

不調のある方は、呼吸を繰り返しながらからだに何か違和感はないかを検討していきます。痛みやかゆみ、重さがあれば、その部分に空気を吹きかけるようなイメージで「はぁー」と静かに吐いていきます。月経中は、特に吸う息よりも吐く息を意識して、からだに向き合っていきましょう。

私は、月経初日は極力頭を洗わないよう指導しています。月経中は骨盤が開いている状態で、腰椎、胸椎、頸椎、そして頭蓋骨までいつもと同じ状態ではありません。なるべく、からだに負担をかけないように過ごすのがよいでしょう。

051

Q 頭痛がひどいときはどうしたらよいでしょう

A 基本の呼吸＋圧をかけて痛みを軽減しましょう

呼吸をしながら頭皮マッサージで血行促進

頭痛は、血管拡張によって起こる「片頭痛」と、頭の周囲の筋肉が緊張して痛む「緊張型頭痛」があります。血管が収縮している「緊張型頭痛」の場合は、血行促進によって症状が和らぐので、お風呂で頭皮マッサージをしながらマインドフルネス入浴法をするのがおすすめです。

基本の呼吸をゆったり繰り返しながら、右ひじをバスタブのふちに置き、親指の付け根あたりでこめかみから頭頂部付近にかけて圧をかけていきます。

息を3秒吸ってから、1か所につき5秒かけて吐きながら圧迫したら、3秒吸いな

がらゆっくりとじんわりと力を抜きます。圧をかけるときよりも抜くほうに意識を向け、急に力をゆるめるのではなく少しずつ力を抜いていきましょう。

せき止められていた血液がぎゅっと流れ出し、そのたびに脳がクリアになり、全身の力までもがふわーっと楽になっていくようなイメージです。場所を変えて同じように呼吸を繰り返しながら圧をかけていきます。終わったら左側へ。頭痛の影響でいろいろと制限されていることがあり、こころのストレスも溜まっているのかもしれません。ゆっくりと呼吸を繰り返す間に、嫌な気持ちやダイレクトな痛みがふわっとよぎっても、そこにはフォーカスせずにまた親指の付け根でじんわりと頭を押し、心地よさを感じていきましょう。

頭頂部は、あごを上に持ち上げ、頭のてっぺんを後ろの壁にぐーっと押し付けていきます。ゆっくりと呼吸と共に脱力して終了です。

Q 052

更年期の症状が気になります

A

温かいタオルで目、耳、首の後ろを温めて

ホットタオルでじんわり温めてリラックス

顔が急に熱くなったり汗が止まらなかったり、ちょっとしたことで疲れたり、少しフラッとめまいがしたり……。不定愁訴が頻繁に表れたら、少し立ち止まって、からだをいたわってあげる時間にしましょう。きっと、家事に仕事に毎日に追われてお疲れだと思います。まずは、自律神経を整えることが大切です。

お風呂に入りながら、ホットタオルを使って血流をよくしましょう。40℃くらいのお風呂のお湯だと、ぬるくてすぐに冷え

首の後ろから耳・目まで
タオルでおおう

参考文献

耳の迷走神経の刺激
Mohsin F Butt,et al.,The anatomical basis for transcutaneous auricular vagus nerve stimulation,; 236 (4) :588-611,2020

てしまいますので、洗面器に少し熱めの湯を入れてタオルを温め、ぎゅっと絞ったら目、耳、そして首の後ろまですべてをぐるっと巻いて温めていきます。

頭はバスタブのふちやバスピローに添えて脱力し、基本の呼吸を穏やかに繰り返します。温めながら「目が温められてほぐされるな」とか、「耳がぽかぽかしてきたな」とか「首元がじんわり温まってきたな」など、目、耳、首が温まっている様子をただただイメージしていきます。からだの痛みやちょっとした感情がふわっとよぎっても大丈夫。否定せず、今、温まっている部分をじっくりと見つめていきましょう。タオルが冷えてきたら、また温めて同じように巻きます。

目や耳は、血流がよくなることで心臓の交感神経の働きが低下するという調査報告があり、首の後ろを温めることでのリラックス効果も多数報告があります。お風呂の中なので、全部一気に温めてあげましょう。

053

Q

最近、髪の毛がパサつきがちです

A

アロマの美髪パックで香りを感じていきましょう

アロマのパックで香りを楽しみながら保湿

髪の毛がパサつくのは、主に保湿不足による乾燥や摩擦が原因。また、ストレス状態が続いて、頭皮の血流が悪くなると、栄養分がいきわたらず、それが髪の毛のパサつきにつながることもあります。

いつも急いで入浴をしているのなら、今日はゆっくりと湯船に浸かりながら、アロマの美髪パックで髪を潤してあげましょう。ポイントは香りを感じながら行うことです。

洗髪後、髪の毛の水滴をタオルで軽く拭き取ったら、いつものトリートメントに〝若返りのオイル〟とも呼ばれるフランキ

ンセンスの精油と、万能精油のラベンダーを1滴ずつ混ぜて髪全体をパック。混ぜる用に小皿があると便利です。タオルやヘアターバンで包み込んだら、そのまま湯船に浸かり、髪の毛の香りを感じながらゆったりと基本の呼吸をします。

もし可能ならば、トリートメントは頭皮まで塗布できるタイプのものがベスト。湯船の中でゆっくりと香りを感じたら、タオルをとって両手で頭皮をマッサージします。手にアロマオイルのいい香りが移りますので、手のひらを鼻先に持っていったりして、さらに香りを感じながら優雅な時間を過ごしましょう。

いい香りだなぁ、頭皮がぽかぽかしてきたなぁ、毛先までつるつるになってきたなぁ。そのときの様子を感じてみたり、イメージしてみたりと、ただケアを行うだけでなく気持ちのよい状態をこころに響かせながら行ってみましょう。充分に温まったら、お湯で洗い流します。

054

Q 顔や脚がむくんで、からだに違和感があります

A 違和感がある場所を「筋弛緩法」でほぐしていきましょう

違和感、痛みのある場所に10秒力を入れて脱力

理由は分からないけれど、「今日は脚がむくんでいるな」「腕が痛いな」など、からだに違和感を感じることはありますよね。

そういう場合は、アメリカの精神科医・生理学者のエドモンド・ジェイコブソンが開発した「漸進的筋弛緩法」でからだをゆるめてリラックスさせていきましょう。

基本の呼吸をゆったりと続けたあと、からだのむくみや痛み、違和感をモニタリングしてみます。違和感のあるところが見つかったら、その場所にあえて10秒力を入れてからスッと脱力します。これを何度か続

けてみましょう。特定の筋肉の緊張と弛緩を繰り返し行うことによって、からだの緊張をほぐしリラックスに導きます。

例えば脚がむくんでいると感じたら、ギューッと脚の下側の筋肉に力を入れます。力を入れているときも、脱力したときも、その場所のじわーっとした余韻を味わうことが大切。どくどくと血液の流れがよくなってきて、みるみるうちに脚がすっきりするようなイメージを持ってみましょう。次第にからだがゆるんで温かくなってくるのを感じてみてください。

参考文献

漸進的筋弛緩法

近藤由香 他、1987～2013年における国内の漸進的筋弛緩法に関する看護文献レビュー ―基礎研究と臨床研究の視点より―、日本看護研究学会雑誌、37巻5号、書誌、2014

055

Q なぜか息苦しくなります

A 「壺イメージ療法」で自分を受け止めましょう

あなたの「こころ」が入る壺をイメージして

あなたは、理由は分からないけれど、息苦しさを感じているのですね。原因が分からないのはとても不安なことです。そんなときは臨床心理学者・田嶌誠一が考案した「壺イメージ療法」を行ってみましょう。これは、こころが入っている「壺」を想像し、そこに出入りすることを行うイメージ療法の一種。特殊な心理療法ですが、何となく、でいいので行ってみましょう。基本の呼吸を続けながら、イメージをしていきます。

あなたのこころが入っている、壺のような入れ物があると想像します。ピンと来なくてもOK。何となく、のイメージです。それはどんな壺でしょうか。色は？　形は？　さわり心地は？

言葉にしてもいいですし、こころの中で考えてもいいのでイメージを膨らませてい

参考文献

▼

壺イメージ療法

森谷寛之、監修：成瀬悟策、編著：田嶌誠一『壺イメージ療法──その生いたちと事例研究』、創元社、2019

きましょう。また、他にも壺はないか確認していきます。あなたのこころは1つだけにぎゅうぎゅうに詰まっているのか、2個、3個、4個と分散しているのか？

壺がイメージできたら、その中の1つに入ってみましょう。入ってしばらく、中の居心地を味わいます。入りたくない場合は、無理に入らなくても大丈夫です。

次に、壺から出てきて蓋をします。

どんな蓋がいいですか？　蓋をしたら、その壺はどこに置きましょうか？　現実の場所でもいいし、空想上の場所でも大丈夫です。持ち運びたければ、どんなバッグに入れたいかイメージしてみます。

ちょっと不思議なワークですが、「こころ」をさわったり感じたりするものとイメージして、味わい、体験することに意味があります。そんなあなたを受け止めて、眺めて観察したら、基本の呼吸を続けながら「今、ここ」に戻ってきましょう。

056

Q いつも呼吸が浅いです

A 「丹田呼吸」でこころを穏やかにしましょう

お腹をへこませて丹田に意識を向けて呼吸

緊張や不安、ストレスを感じると、無意識に呼吸が浅くなります。浅い呼吸は肩や胸だけで行うため、肺の一部にしか酸素を届けることができず、血液中の酸素が不足してしまいます。呼吸が浅いと感じるのなら、丹田に意識を向けた呼吸を行うとよいでしょう。

丹田とは、おへその数センチ下の下腹部

あたりにある場所。東洋医学では「気」が集まる場所とも言われており、ここに意識を向けて呼吸をすることで、こころも穏やかになっていくでしょう。

基本の呼吸を続けたら両手を丹田にあて、口から息を吐きながらお腹をへこませ丹田に意識を向けます。吸うときは、鼻から。お腹の力を抜きながら自然とお腹に息が入ってくるのを感じましょう。慌てず、ゆっくりと自分が心地よいペースで行ってみてください。このときも、鼻から吸い込んだ空気が気管を通って肺いっぱいになることをイメージします。

横隔膜が下がって風船のように膨らんできました。ふっと力を抜きながら今度は口からどんどんと吐いていき、横隔膜が上がっていき、空気がどんどん抜けていきます。空気が抜けていって物足りなくなるというイメージではなく、いらないものや嫌な気持ちなどが、どんどんからだの外へ出ていくようなイメージもいいですね。

057

Q 常にマスクなので、無表情になった気がします

A 「ラフターヨガ」でアロハ笑いをしてみましょう

笑いでこころとからだの健康を

マスク生活が長く続いた影響で、「無表情になった」と感じるのですね。確かに、いつもマスクをしていることで表情が乏しくなったと感じる方は多いと思います。

気分が乗らないのに無理に笑顔になる必要はありませんが、笑顔になることで免疫力の向上、α波の増加などのストレス解消、緊張緩和やカタルシス効果といった心理作用について数々の報告があります。

「ラフターヨガ」はご存じでしょうか？笑いヨガともいい、インドの医師によって考案されたヨガです。様々な動きやポーズを笑いながら行うことで、自然に酸素を取り込み、心身の健康をつくっていくことが目的とされています。

参考文献

ラフターヨガ
福島裕人、ラフター（笑い）ヨガの効果に関する基礎的研究、笑い学研究、15巻、P56-63、2008

笑うことの生理的・心理的効果
森下伸也『もっと笑うためのユーモア学入門』、新曜社、2003

ラフターヨガは医学的にも、痛みを軽減したり、副交感神経が優位に働いたり、こころの安定にもつながるという研究報告があります。

お風呂の中でもラフターヨガを行って、思いっきり笑ってみませんか？

例えば「アロハ呼吸」。「アロハ」は、ハワイでおなじみの挨拶です。

イメージしてみてください、いつのまにかハワイにいることを。からだを少し下にかがめ、アーと言いながら口から息を吐き、今度はからだを持ち上げてローと言いながらたっぷり息を吸って（途中から空気を口から吸うようにして）、ハハハハハハハハハハハハハハHAHAHA!!!

どんな笑い方でもOKです。呼吸と共にアロハーと言いながら最後の言葉で大きく笑っていきましょう。何となく楽しくなりませんか？

気持ちよく笑ったら、ゆったりと基本の呼吸に戻って終了です。

058

Q 乾燥肌が気になります

A ボディトリートメントでこころもケアします

ボディオイルを塗ってそのまま湯船でケア

乾燥肌の原因は摩擦、紫外線などと言われますが、実はリラックス不足も原因のひとつ。副交感神経が優位な状態であれば、からだの表面の血流がよくなるので寝る前は手足がぽかぽか、新陳代謝もよくなり、栄養分や酸素が細部まで届き、お肌の保湿度も上がります。乾燥肌を解消するためにこころと向き合う習慣のある方は少ないと思いますが、基本の呼吸を行いながらあなた自身を優しくケアしていきましょう。

浴室に入って頭とからだを先に洗ったら、タオルで軽く水分をおさえて、お好みのボディオイル（脂溶性のオイル）を全身に塗り、その状態でお湯に浸かります。

基本の呼吸を続けたあと、呼吸の速度に

合わせて手のひらをからだの表面に密着させて滑らせていきます。だいたい、1秒で5センチほど進むくらい遅い速度が目安です。このとき、両手のどちらかは常に皮膚に触れている状態で行います。

右手を太もも部分に滑らせるときは、その後ろから左手も滑らせていき、右手が離れても左手は太もも部分に触れている状態にします。

ゆっくりと滑らかに、自分のからだに「いつもありがとう」と感謝を込めて、穏やかな気持ちで丁寧にケアをしていきましょう。何かがこころによぎっても、否定せずにまたゆっくりと手をお肌の上で滑らせていきます。

リラックスしてマッサージを行い副交感神経が優位になれば、からだの表面の血流がよくなり、肌つやもよくなります。脂溶性のオイルを塗布しているので、皮膚の角質層を保護して保湿因子の流出も防いでくれます。

059

Q

冷え性を改善したいです

A

自律訓練法で手足の温度に意識を向けましょう

指先からじわじわと温かくなることをイメージ

冷えを感じるのはつらいですよね。冷えの原因は様々ありますが、外気温の低さや運動不足、栄養バランスなどに課題がなければ、自律神経に課題があるかもしれません。リラックスが足りなければ、交感神経が刺激され、手足が冷たく感じるのです。

今回は、「自律訓練法」をヒントに、自分自身に自己暗示をかけていきましょう。自律訓練法とは、ドイツの精神科医ヨハネス・ハインリヒ・シュルツによって作られた心理療法です。

基本の呼吸を続けながら、まず「すでに、自然と気持ちが落ち着いている」という言葉をこころの中で繰り返していきます。頑張って気持ちを落ち着かせようとするのではなくて、楽な気持ちで今、こころが穏やかだなぁと感じ取っていきます。

参考文献

自律訓練法

岡孝和、自律訓練法の心理生理的効果と、心身症に対する奏効機序（〈特集〉心身医療の臨床に活かす自律訓練法）、心身医学、52巻1号、書誌、P25-31、2012

次に利き手に意識を向けます。利き手が右手であれば右手に意識を向けていきましょう。

どんどんと右手が重くなってきました。そして指先からじわじわと温かくなっていくことをイメージします。自然に温もりが感じられたら、それを受け入れます。

同じように、

・左手が重くなる→温かくなる
・右足が重くなる→温かくなる、左足が重くなる→温かくなる

こころの中でゆっくりと繰り返しながらイメージしてみてください。

余裕があれば上半身にも意識を向けます。

・お腹はぽかぽかと温かい
・おでこは涼しい風が吹いて気持ちいい

イメージをしながらゆっくり呼吸を繰り返します。

末端が温かくなってきたら成功です。最初は感覚がつかみにくいかもしれませんが、続けて行うことが大切です。ただ、眠くなってきたら背もたれにからだを預けているのはやめて、すっと姿勢を正して行ったり、うっすらと目を開けて行ってみてください。終わったら、両手両足でぐーぱーを繰り返し、伸びをしてからだを起こしましょう。

また、冷え性の方はお風呂の入り方や環境なども意識するとよいでしょう。冬は、浴室の換気扇は完全にオフ。先に洗髪し、湯船に浸かるのは後半に。上がったら手短に身支度してすぐ寝室に行きましょう。快眠には気温10℃台でも問題ないとの研究報告がありますが、お風呂上がりは冷えすぎないようにジャスト20℃になるよう温度計で確認してみてください。

060

Q

新陳代謝をよくしたいです

A

耳までお湯に浸かって温熱作用を高めましょう

お湯の外に顔だけ出して耳から入る音にフォーカス

新陳代謝をよくしておくことは、元気や若さを保つためにも不可欠。運動不足で汗をかかない、食生活の乱れによる酸素不足でも新陳代謝は低下します。

お風呂の中では、温熱作用を高めるワークをやってみましょう。

基本の呼吸を続けたあと、からだを前にスライドさせて、顔の表面だけをお湯の外

に出して耳まですっぽりと全身を湯船に沈ませます。からだが滑らないように気をつけましょう。髪の毛が気になる方は、前頭部あたりにお団子にしておけば毛先は濡れにくいです。

目を閉じて、聞こえてくるお湯のぼこぼこという音だけに耳を澄ませてみましょう。このとき、呼吸は止めずにゆったりと自分のペースで吸って、吐いてを繰り返してください。今までにない光景が広がるので、様々なことが脳をよぎるかもしれません。でも大丈夫。よぎった言葉は横に置いておき、また耳から聞こえる音にだけ意識を向け、穏やかな呼吸を繰り返します。

顔以外、すっぽりとお湯の中に浸かっているので、頭皮の血流もアップ。血流がよくなることで、お風呂上がりに放熱および脳の深部体温の低下を促すため、眠りの質の向上も期待できます。睡眠の質を高めることは、細胞一つひとつの新陳代謝を高めることにもつながります。

おわりに

もし、パートナーやお子さん、大切な人が何かに失敗して落ち込んでいたり、悲しんだり不安を抱えていたりしたら、あなたはなんと声をかけますか？
「そんなに気にしなくても、大丈夫。次はうまくいくから」と励ましますか？
「私も同じ失敗をしたことがあるから、気持ちはよく分かるよ」と伝えますか？

相手の気持ちに寄り添う言葉としては、同感と共感がありますが、より深く寄り添うのは「共感」です。

本書でも登場した、アルフレッド・アドラーの言葉に
「相手の目で見て、相手の耳で聴き、相手の心で感じること」というものがあります。
例えば、悲しんでいる人に寄り添い力になりたいと想うとき、まずはその人のありのままを認め、その人を主語にした共感を伝えてあげてください。

「そうだよね。あなたは今、すごく悲しい気持ちになっているんだね」と。

そこには、批判のこころも、助言をしてあげようというアグレッシブな気持ちも、一切加える必要はありません。ただ、その人のこころに寄り添うだけ。

すると、「この人は、私の気持ちを理解してくれているんだ」という安心感が生まれ、相手のこころは落ち着き、穏やかになっていきます。

つらいことがあったら、「そうだよね、つらかったよね」

悲しいことがあったら、「悲しいね、大変だったね」

嬉しいことがあったら、「それは嬉しいよね、よかったね」

マインドフルネスでも、あなたの言葉や考えは否定したり修正したりはしません。本書の「想う」でも、私が意識して記したのは「あなたはそう考えているのですね」という共感です。

60項目それぞれのお悩みへの回答は、あなた自身のこころの安らぎとなることを願って私自身が悩みつつ、何度も吟味しながら書き連ねました。そして、ここでの考え方は、あなたのパートナーやお子さん、ご両親、お友達、仕事関係者など、どんな間柄であっても当てはめることができるのではないかと思っています。

あなた自身がお風呂の中であなたのこころと向き合ったように、ぜひ本書を参考にして、あなたの周りの人たちにも「共感」のこころをもって穏やかに接し、その人の想いを包み込んであげてください。

あなた自身も、あなたの周りの人たちも、自分の中に生まれた感情を否定しないことでこころが救われていきます。

誰かに嫉妬してしまったり、理由もなく不安になったり、どうしても我慢できない怒りがあったり泣きたくなったり……。でも、いつでもどんな自分も、それは「あなた自身」なのです。

悲しくなってもいいじゃない！　怒ったっていいじゃない！

不完全、失敗続きで自己嫌悪に陥るような毎日であったとしても、まるごとひっくるめて、あなたはあなたです。

それをそのまま静かに「私は、こう思っているんだな」と受け止め、自分自身に優しく接してあげることで、日々の様々な出来事にとらわれず、決して揺るがない高い自己肯定感につながります。

発達心理学では、こころや精神の発達は、大人になってからも続くと考えられています。人は生涯を通してこころの変化、成長を続けるもの。つまり、命の終わりを迎えるそのときまでが「成長期」と言えるのです。

だから、あなたのこころと真摯に向き合うことを、どうかあきらめないでください。

「こういう性格だから、仕方ないよ」「私って、生まれつきこうなんだよね」

そんな言葉は、もう必要ありません。

あなたが、一生つき合っていくあなたのこころは、「自分のこころと向き合う」ことで、どんどんまろやかに、健やかに、しなやかに、強く成長していくのです。

本書が、皆さまの幸せな毎日へのヒントとなりますよう、こころから願っております。

小林麻利子

小林麻利子
公認心理師、SleepLIVE株式会社代表取締役社長。生活習慣改善サロンFlura主宰。睡眠改善インストラクター、温泉入浴指導員。

「美は自律神経を整えることから」を掲げ、科学的根拠のある最新データや研究を元に、睡眠に課題を抱える方へ睡眠や入浴をはじめとした、マンツーマン指導を行う。実践的な指導が人気を呼び、3750名以上もの悩みを解決。

2012年にスリープライブ睡眠研究所を立ち上げ、睡眠研究や、企業の睡眠改善事業のコンサルティング、睡眠専門家の育成にも力を注いでいる。

著書に『あきらめていた「体質」が極上の体に変わる』(ダイヤモンド社)、『ぐっすり眠れる、美人になれる！読む お風呂の魔法』(主婦の友社)、『寝かしつけ0秒、夜泣きもなくなる赤ちゃんとママの熟睡スイッチ』、『不美人習慣を3日で整える熟睡の練習帳』(ジービー)、『入浴の質が睡眠を決める』(カンゼン)がある。

[Instagram] @marikokobayashi.flura

「わたし」と向き合う1日10分のお風呂習慣
小林式 マインドフルネス入浴法

2023年2月1日　初版第1刷発行

著者
小林麻利子

発行人
山口康夫

発行
株式会社エムディエヌコーポレーション
〒101-0051　東京都千代田区神田神保町一丁目105番地
https://books.MdN.co.jp/

発売
株式会社インプレス
〒101-0051　東京都千代田区神田神保町一丁目105番地

印刷・製本
シナノ書籍印刷株式会社

Printed in Japan

定価はカバーに表示してあります。

[カスタマーセンター]
造本には万全を期しておりますが、万一、落丁・乱丁などがございましたら、送料小社負担にてお取り替えいたします。お手数ですが、カスタマーセンターまでご返送ください。

落丁・乱丁本などのご返送先
〒101-0051　東京都千代田区神田神保町一丁目105番地
株式会社エムディエヌコーポレーション カスタマーセンター
TEL：03-4334-2915

内容に関するお問い合わせ先
info@MdN.co.jp

書店・販売店のご注文受付
株式会社インプレス 受注センター　TEL：048-449-8040／FAX：048-449-8041

ISBN978-4-295-20405-3　C0077

デザイン
髙見朋子(文京図案室)

イラスト
おふみ

構成・編集協力
源川暢子

協力
名和裕寿(エキスパートナー)

校正・校閲
加藤優

担当編集
石川加奈子